Johannes Baumann

Lehrer sein!

Ein Plädoyer für Leidenschaft und Professionalität in einem anspruchsvollen Beruf

Klett | Kallmeyer

Bibliografische Information der Deutschen Nationalbibliothek
Die Deutsche Nationalbibliothek verzeichnet diese Publikation in der Deutschen Nationalbibliografie; detaillierte bibliografische Daten sind im Internet über http://dnb.d-nb.de abrufbar.

Impressum

Johannes Baumann
Lehrer sein!
Ein Plädoyer für Leidenschaft und Professionalität in einem anspruchsvollen Beruf

1. Auflage 2017

Redaktion: Rainer Bohn, Berlin
Realisation: Stefan Zielasko
Umschlagfoto: © Christian Schwier – Fotolia.com
Druck: BELTZ Bad Langensalza GmbH, Bad Langensalza
Printed in Germany

ISBN: 978-3-7727-1128-2

Johannes Baumann

Lehrer sein!

Ein Plädoyer für Leidenschaft und Professionalität in einem anspruchsvollen Beruf

Klett | Kallmeyer

Den aktiven und ehemaligen Wegbegleitern am Gymnasium Wilhelmsdorf
in Dankbarkeit gewidmet!

*Das Wichtigste auf der Welt ist meiner Meinung nach die Erziehung.
Denn wenn jemand den Anfang einer Sache, welche es auch sei, richtig macht,
dann darf man hoffen, dass auch das Ende gut werden wird.*

(Antiphon)

*Wenn du es schwer findest, einem Erzieher zu begegnen, wie wir ihn
uns wünschen, darfst du dich nicht wundern. Ich kann nur sagen:
Spare keine Mühe und kein Geld, einen solchen zu bekommen.*

(John Locke)

Bildung ist die stärkste Waffe, mit der wir die Welt verändern können.

(Nelson Mandela)

*Gute Schulen sind Schulen, in denen man das Gefühl hat,
etwas versäumt zu haben, wenn man nicht dort war.*

(Jürgen Baumert)

Vorwort

„Was kennzeichnet wirklich guten Unterricht?" Diese Frage wird häufig und auch zu Recht bei der Aus- und Fortbildung von Lehrkräften und bildungswissenschaftlichen sowie bildungspolitischen Diskussionen gestellt. Seit der Veröffentlichung der „Hattie-Studie" – und trotz der zum Teil berechtigten Kritik an der Aussagekraft der dort vermengten Meta-Analysen – ist die Lehrkraft stärker in den Vordergrund solcher Diskussionen gerückt. Bemerkenswert war der „Aha-Effekt", der durch diese Studie ausgelöst wurde: „Wirklich interessant, dass Lehrerinnen und Lehrer eine doch so große Bedeutung für die Qualität des Unterrichts haben". Mit etwas Abstand betrachtet muss man sicherlich sagen: Wer denn sonst? Vor allem die bildungspolitischen Diskussionen in Deutschland waren und sind überaus veränderungsresistent von Strukturfragen geprägt – hier geht es um G8 versus G9, um Gemeinschaftsschule versus Mehrgliedrigkeit und um Klassengrößen. Profilierungsmotive spielen bei diesen Diskussionen sicherlich eine große Rolle: Für G8 oder G9 zu stehen ist z. B. zweifelsohne stärker profilbildend als für „guten Unterricht" einzustehen – das wünschen sich irgendwie alle. Hattie ist es durch seine Publikationen gelungen, den Blick der Öffentlichkeit von der Strukturqualität stärker auf die Prozessqualität hin auszurichten – etwas, das der empirischen Bildungsforschung in Deutschland in den letzten 20 Jahren trotz zahlreicher Bemühungen nur eingeschränkt gelungen ist.

Was weiß man nun über „gute" Lehrkräfte? Empirische Befunde haben immer wieder gezeigt, dass es „die" guten Lehrerinnen und Lehrer schlichtweg nicht gibt, sondern dass sie vor dem Hintergrund einer fundierten Kenntnis ihrer Fachinhalte, der Didaktik ihres Faches, bildungswissenschaftlicher Theorien und Befunde, ihres Professionsverständnisses, ihrer Persönlichkeit und den Spezifika ihrer Schule individuell gelingendes Handeln entwickeln müssen. Sicherlich gibt es unbestrittene Merkmale guten Unterrichts, wie z. B. Störungsprävention und Strukturiertheit – dies sind jedoch lediglich Bausteine in einer Gesamtorchestration, in der alle Stimmgruppen bezüglich des Gesamtklangs Berücksichtigung finden müssen. Gelingendes Handeln in der Schule kann und soll individuell sein.

Es wäre geradezu paradox, der Forderung nach Individualisierung an Schulen nachzukommen zu wollen, ohne auch Lehrerinnen und Lehrer zu individualisiertem Handeln zu ermutigen – was das vorliegende Buch zweifelsfrei tut. Und dies kann Vorbildfunktion für die Schülerinnen und Schüler haben. Wie wichtig das ist, zeigen unter anderem die Ergebnisse einer aktuellen Studie des Centrums für Hochschulentwicklung. Hier wurden 9500 Professorinnen und Professoren dazu befragt, welche Fähigkeiten Studierende mitbringen sollten – selbstorganisiertes Lernen zählte zu den am häufigsten genannten Voraussetzungen für ein gelingendes Studium. Und selbstorganisiertes Lernen ist sicherlich nicht nur für das Studium, sondern für alle Lebensbereiche, sei es im Beruflichen oder im Privaten, von zentraler Bedeutung.

Den Titel dieses Buches aufgreifend: Man macht wohl in der Tat sehr vieles richtig, wenn individuelles Handeln in der Schule auf Leidenschaft und Professionalität basiert. Leidenschaft in Kombination mit Professionalität ist eine hervorragende Grundlage für gelingendes und sich stets weiterentwickelndes Handeln. In den Worten der empirischen Forschung kann man von einem Interaktionseffekt sprechen: Das eine wirkt nur, wenn auch das andere ausgeprägt ist. Leidenschaft ohne Professionalität ist Schein; Professionalität ohne Leidenschaft ist Ohnmacht.

Ebenfalls den Titel aufgreifend: Zweifelsohne üben Lehrerinnen und Lehrer einen anspruchsvollen Beruf aus. Ergänzen möchte ich, dass sie einen sehr wichtigen Beruf ausüben. Gymnasiallehrkräfte z. B. unterrichten im Laufe ihres Berufslebens durchschnittlich ca. 3500 unterschiedliche Schülerinnen und Schüler – allein diese Zahl verdeutlicht den gesellschaftlichen Einfluss von Lehrkräften. Und ich möchte ergänzen, dass es ein sehr angesehener Beruf ist, vor allem auch deshalb, weil man in öffentlichen Diskussionen immer wieder hört, dass das Berufsprestige der Lehrkräfte angeblich gering sei, was schlichtweg falsch ist. Ergebnisse einer Allensbach-Studie im Jahr 2013 und einer neueren, 2016 in *Forschung & Lehre* publizierten Studie zeigen, dass der Beruf der Lehrerin bzw. des Lehrers einer der zehn angesehensten Berufe in Deutschland ist.

Ich bin davon überzeugt, dass dieses Buch einen sehr bedeutsamen Beitrag zur Förderung der Interaktion von Leidenschaft und Professionalität von Lehrerinnen und Lehrern leisten kann – und dies vor dem Hintergrund eines breiten institutionellen und pädagogischen Verständnisses von Profession und Professionalität, das weit über das „Unterrichten" hinausgeht.

Konstanz, Kreuzlingen, Oktober 2016

Prof. Dr. Thomas Götz
Empirische Bildungsforschung
Universität Konstanz und Pädagogische Hochschule Thurgau (Schweiz)

1 Lehrkraft werden

1.1 Freude auf einen und in einem privilegierten Beruf

Den Beruf des Lehrers[1] kann man als einen privilegierten Beruf auffassen. Hier geht es nicht um vordergründige Aspekte wie Bezahlung, Beamtenstatus, Berufssicherheit, Vereinbarkeit von Familie und Beruf oder die Möglichkeit, in hohem Maße über seine eigene Zeit zu verfügen. Die Privilegierung ergibt sich aus dem hohen Potenzial an Sinnhaftigkeit und der Befriedigung, die sich aus einer verantwortlichen und vielfältigen, wenig routinisierten Tätigkeit ziehen lässt, in der es sehr auf menschliche Qualitäten und Beziehungen ankommt.

1.1.1 Begleitung von Jugendlichen

Viel stärker als in vielen anderen Berufen hat man es als Lehrkraft mit Menschen zu tun, mit Kindern und Jugendlichen, und man begegnet ihnen in einem besonderen Kontext, dem des Lernens. Es geht nicht um die Herstellung eines Produkts oder den Verkauf einer bestimmten Leistung. Man investiert – um in der Wirtschaftssprache zu bleiben – in Menschen. Damit ist dieser Beruf ein sehr ganzheitlicher. Konkrete Menschen in ihren unterschiedlichsten Befindlichkeiten und Ausgangslagen sitzen einem gegenüber. Dabei geht es zwar schwerpunktmäßig und vordergründig um fachliches Lernen, doch immer schwingen andere Aspekte – Persönlichkeitsentfaltung, Wertevermittlung – in sehr ganzheitlicher und nicht abtrennbarer Weise mit. Als Lehrkraft kann man in der Regel Schülerinnen und Schüler über mehrere Jahre begleiten. Es ist immer wieder ein bewegendes Erlebnis zu sehen, wie aus Kindern im Laufe der Schulzeit junge, selbstbewusste Persönlichkeiten mit ihrem eigenen, unverwechselbaren Profil werden, die mit Zuversicht und gut gerüstet ihren Weg in die Welt außerhalb bzw. nach der Schule starten. Natürlich ist das nicht nur ein Erfolg der Schule, sondern auch des Elternhauses, der Umwelt. Und natürlich gibt es vereinzelt – durch vielfältige Ursachen bedingt – auch die schmerzliche Erfahrung des Scheiterns.

1.1.2 Lebendiger Kontakt

Es kann ein beeindruckendes Erlebnis sein, einige Stunden in einer gut geführten Schule zu verbringen, sich auf einen Flur in der Nähe des Lehrerzimmers zu setzen und zu beobachten, was alles geschieht. Einige Schülerinnen holen einen Kollegen am Lehrerzimmer ab und versuchen mit viel Charme, ihm etwas über die bevorstehende Klassenarbeit zu entlocken. Ein weinendes Mädchen wird von einer Lehrerin, die sich zu ihm in eine Ecke setzt, liebevoll getröstet. Zwei Kollegen kommen ins Gespräch vertieft aus dem Unterricht.

1 Ich habe mich bemüht, weitestgehend gendergerecht zu formulieren, vereinzelt aber aus stilistischen Gründen Ausnahmen gemacht.

Die Schülersprecher suchen die Verbindungslehrer. Ein Kollege bringt mit einem Blick und einer kleinen Handbewegung Ruhe in eine etwas zu wild tobende Gruppe von Siebtklässlern. Die Kollegin der Pausenaufsicht steht umgeben von einigen Schülern an der Treppe und scheint mit ihnen allen gleichzeitig zu sprechen. Zwei Mädels kommen voll Stolz aus dem Lehrerzimmer, offensichtlich haben sie erreicht, was sie wollten. – Solche und ähnliche Szenen lassen sich vielfach täglich in den Schulen beobachten. Die Schulen sind ein wunderbarer, lebendiger Organismus, in dem mitzuwirken, den zu gestalten ein großes Privileg ist.

1.1.3 Verantwortung

Natürlich ist mit diesem Beruf ein hohes Maß an Verantwortung verbunden. Dabei zählt nicht nur die unterrichtliche Aktivität und die Qualität der unterrichtlichen Arbeit. Man wird als Lehrkraft auch von den Schülerinnen und Schülern ganzheitlich wahrgenommen: Wie verhält man sich in bestimmten Situationen? Welche Einstellungen sind bei der Lehrkraft erkennbar? Wie bringt sie sich in der Schule ein? Die Schülerinnen und Schüler nehmen die Kleidung wahr, den Umgangston. Das macht jeden Tag zu einer Herausforderung. Jeder Tag hat seinen Sinn. Das schafft in diesem Beruf – so anstrengend er dadurch manchmal auch sein mag – ein hohes Maß an Befriedigung.

1.1.4 Beruf für Kreative und Spontane

Zwar hat man als Lehrkraft eine Menge Berufswissen und eignet sich im Lauf der Zeit viel Erfahrung an. Dennoch ist jede Unterrichtsstunde, jede Begegnung mit einer Schülerin oder einem Schüler neu. In Sekundenschnelle hat man Entscheidungen zu treffen. Vielleicht verlässt man den eigentlich geplanten Pfad für die Stunde und lässt sich auf einen Exkurs ein. Man prüft, ob im aktuellen Fall Strenge oder Nachsicht angezeigt ist. Der Kern dieses Berufs kennt wenig Routinen. Die Situationen, mit denen man konfrontiert wird, sind immer wieder etwas Neues und nicht standardisierbar. Man handelt unter den Bedingungen von Ungewissheit. Für alle, die diese Offenheit schätzen, die nicht auf die Sicherheit des immer Gleichen angewiesen sind, ist dieser Beruf wunderbar.

1.1.5 Lebenslang lernen

Damit geht einher, dass man sich als Lehrkraft selbst in ständigen Lernprozessen auf unterschiedlichsten Ebenen wiederfindet. Die Neugier einiger besonders interessierter Schülerinnen und Schüler erfordert, fachlich am Ball zu bleiben. Alle möglichen Diskussionen im Unterricht oder am Rande des Unterrichts verlangen Präsenz, Wachheit und allgemeine Informiertheit über die tagesaktuellen politischen und gesellschaftlichen Vorgänge. Jede Konfliktsituation ist neu, weil individuelle Personen daran beteiligt sind, ein Universalschema, mit dem man sie lösen könnte, existiert nicht. Man ist lebenslang Lernender. Wenn man die Vielfalt und die Herausforderungen dieses Berufs wertschätzen kann, hält man sich durch seine unglaubliche Dynamik jung – auch im Denken.[2] Das macht den Beruf spannend und abwechslungsreich.

1.2 Wenn schon Lehrer, dann richtig!

Den Beruf der Lehrerin bzw. des Lehrers auszuüben hat hohe gesellschaftliche Bedeutung, kann viel Freude machen und ein Höchstmaß an Erfüllung mit sich bringen. Allerdings kommt es dabei darauf an, eine gute Lehrkraft zu sein, und das ist gar nicht so einfach – davon wird auf den folgenden Seiten die Rede sein. Es gehört viel dazu, eine gute Lehrkraft zu sein, und man ist es selten von Anfang an, denn es gibt nur wenig Naturtalente. Den Beruf der Lehrerin bzw. des Lehrers muss man lernen. Und es gibt viele (z. T. selbst beeinflussbare) Faktoren, die einen abhalten können, eine gute Lehrkraft zu werden und vor allem auch zu bleiben.

1.2.1 Falsche Vorstellungen und Erwartungen

- Der Beruf des Lehrers befindet sich in einem langsamen, kontinuierlichen Wandel. Kommt man als Junglehrer wieder an die Schule, trifft man sie nicht mehr so an, wie man sie wenige Jahre zuvor als Schülerin oder Schüler verlassen hat. Selbst wenn man an die frühere eigene Schule zurückkehrt – oder vielleicht gerade dann –, nimmt man Unterschiede wahr: Neue Kolleginnen und Kollegen unterrichten an der Schule und verändern ein wenig den Stil. Man hat es mit einer neuen Schülergeneration zu tun, die durchaus anders aufwächst und von einer anderen Elterngeneration erzogen wurde. Die Medienlandschaft, die starken Einfluss nimmt, hat sich weiterentwickelt, das Freizeit- und das Bewegungsverhalten haben sich verändert. Häufig werden auch Veränderungen im Wertebewusstsein registriert.
- Noch immer ist der Beruf des Lehrers mit ausgeprägten Erwartungen verknüpft, die Arbeitszeit in hohem Maß individuell gestalten zu können. Lehrersein wird hauptsächlich mit dem Unterrichten assoziiert, das immer noch überwiegend als Vormittagstätigkeit angesehen wird, wobei natürlich jeder weiß, dass Vorbereitungen und Korrekturen hinzukommen. Aber nur hin-

2 Schon Christian Gotthilf Salzmann, der 1784 im Thüringer Wald die Erziehungsanstalt Schnepfental gründete, hat in seinem „Ameisenbüchlein" (1806), dem vermutlich ersten Lehrbuch für angehende Lehrer (bis heute anregend zu lesen!), auf originelle Art den Gedanken geäußert, dass der Beruf des Lehrers jung erhalte: „Wird, wenn du wirklicher Erzieher wirst und du dich zu ihnen (den Kindern) herabstimmen lernst, ihre beständige Fröhlichkeit nicht einem wohltätigen Einfluß auf dich haben? Die Erfahrung lehrt, daß Männer, die in der jugendlichen Atmosphäre leben und weben, gemeiniglich alt werden, unterdessen daß von denjenigen ihrer Jugendfreunde, die in dem Dunstkreise der Erwachsenen arbeiten, einer nach dem anderen dahinwelkt." Salzmann schildert danach anschaulich einige Situationen und führt seinen Gedanken so zu Ende: „Nun ruft uns die Glocke ins Lehrzimmer, wo man, soll anders der Unterricht einen guten Erfolg haben, der üblen Laune entsagen und zum Frohsinn sich stimmen muß. So verjüngt der Erzieher, der seiner Bestimmung gemäß lebt, sich täglich und hält das Alter mit seinen mannigfachen Beschwerden von sich entfernt." (Salzmann 1806, S. 205)

sichtlich des Unterrichts ist die Arbeitszeit (Umfang und Platzierung) über den Stundenplan geregelt, d.h. vorgegeben. Den durchaus großen Rest der Arbeitszeit kann man selbst gestalten. Das erscheint an diesem Beruf nach wie vor attraktiv, entspricht aber zunehmend nicht mehr der Wirklichkeit und birgt darüber hinaus eigene Risiken (Abgrenzung zwischen Beruf und Freizeit, Umgang mit der frei verfügbaren Arbeitszeit; siehe hierzu auch Kapitel 3.4). Auch die vielen freien Tage infolge der Schulferien erscheinen attraktiv, gehen sie doch über die 30 Urlaubstage eines ‚normalen' Arbeitnehmers weit hinaus. Es ist desillusionierend, wenn man dann erfahren muss, dass man nicht unerhebliche Teile der Ferien für Vor- und Nachbereitung von Unterricht, für die Erstellung von Materialien oder für konzeptionelle Arbeiten aufwenden muss.

- Zur Vorstellung vom Lehrerberuf gehört auch – nicht ganz zu Unrecht – die Erwartung, als Kollege innerhalb der Schule mit weitgehenden Rechten ausgestattet zu sein und so die Grundlagen der schulischen Tätigkeit und bestimmte Rahmenbedingungen mitbestimmen und mitgestalten zu können. Es gibt Konferenzen, in denen man Stimmrecht hat; man kann Wünsche und Vorstellungen zum Lehrauftrag und zum Stundenplan äußern. Auch weitergehende Gestaltungsmöglichkeiten und Freiheiten sieht man für sich als gegeben an: Wenn man die Ausbildung erfolgreich abgeschlossen hat, schreibt einem niemand vor, wie man seinen Unterricht durchzuführen hat, auf welche Weise man mit den Schülern kommuniziert, mit welchen Materialien (Schulbuch, Filme, Kopien etc.) man arbeitet. Die pädagogische Freiheit, die man in dieser Hinsicht für sich reklamiert, nimmt man aber nur dann angemessen in Anspruch, wenn man sie mit einem Höchstmaß von Transparenz und pädagogischer Verantwortung ausübt.

Vielleicht wählt man den Beruf des Lehrers auch aus der Überzeugung, bei Kindern und Jugendlichen gut anzukommen, sie begeistern und beeinflussen zu können.

In all den genannten Bereichen kann es zu erheblichen Enttäuschungen und Desillusionierungen kommen. Unter Umständen drohen Berufskrisen mit entsprechender Demotivationsgefahr.

1.2.2 Mangelnde Systemkenntnis

Auch mangelnde Kenntnis des komplexen Systems Schule kann dazu beitragen, sich im Lehrerberuf nicht optimal zu entfalten. Wird mit dem Beruf schwerpunktmäßig die Tätigkeit des Unterrichtens assoziiert, so sieht man sich als Lehrer damit konfrontiert, mit Betreten des Schulgebäudes und selbstverständlich auch im Unterricht eine Aufsichtsfunktion ausüben zu sollen. Wie einfach könnte das Kerngeschäft des Unterrichtens (in der Regel: in den geliebten Fächern) sein, wenn da nicht die desinteressierten oder gar störenden Schüler wären, die es praktisch in jeder Lerngruppe gibt, die man nicht einfach aus dem Lernraum schicken kann, weil man auch sie zu beaufsichtigen hat. Mehr noch: Man ist herausgefordert, diese Schüler nicht nur unter Aufsicht zu halten, sondern gerade auch ihnen das höchstmögliche Maß an fachlichen Kompetenzen zu vermitteln.

Im System ist verankert, dass man als Lehrkraft auch eine Erziehungsfunktion und -wirkung hat, gleichgültig, ob man sich dessen bewusst ist oder nicht. Dieser Sachverhalt ergibt sich nicht nur aus dem von der Gesellschaft an die Schule delegierten Erziehungsauftrag, sondern ganz einfach aus dem Umstand, dass man Kindern und Heranwachsenden gegenübersteht: Sowenig wie man nicht nicht kommunizieren kann (denn auch durch Nicht-Kommunikation teilt man etwas mit), sowenig kann man nicht nicht erziehen – man kann nur so oder so, gut oder weniger gut erziehen oder erzieherisch wirken.

Eine mangelnde Kenntnis dieser Grundgegebenheiten der Profession schränkt die Kompetenz, Lehrkraft zu sein, ein, trägt zu einem dumpfen Unverständnis oder Fehldeutungen in der eigenen Tätigkeit bei.

1.2.3 Untaugliche Vorbilder, einseitige Prägungen, Theoriedefizite und mangelnde Optionalität

Als Lehrkraft kann man seine Möglichkeiten auch dadurch suboptimal ausschöpfen, dass man sein Verhalten allzu unreflektiert an eigenen biografischen Erfahrungen orientiert. Jeder bringt aus der eigenen Erziehung Vorstellungen mit, wie Erwachsene mit Kindern und Heranwachsenden umgehen sollten. Und jeder hat in zwölf oder 13 Schuljahren Erfahrungen mit Lehrerinnen und Lehrern gesammelt und deren Tätigkeit mit zunehmendem Alter reflektierter wahrgenommen. Man weiß genau, welche Lehrkraft wo ihre Stärken hatte und wie es einigen Lehrkräften gelang, sich in schwierigen Situationen – meist erinnert man sich dabei an einige wenige – durchzusetzen und Ruhe in die Klasse zu bringen. Solche Schlüsselszenen können prägend wirken und sich zu Vorbildern für die eigene Tätigkeit verdichten. Es gilt jedoch zu bedenken, dass es sehr vom eigenen Temperament oder auch von der Wertschätzung für bestimmte Lehrkräfte abhängt, welche Szenen zu solchen Schlüsselszenen werden. Welches Verhalten sich als wirksam und nachahmenswert einprägt, variiert von Person zu Person, weshalb man solche Orientierungen zu Recht „subjektive Theorien" genannt hat (vgl. Helmke 2007, S. 52; Haenisch 2016, S. 235). Sie haben wenig mit Professionswissen und nicht notwendiger Weise etwas mit professioneller Kompetenz zu tun. Verlässt man sich allzu sehr auf sie, schränkt man das eigene Verhaltensrepertoire ein und verfügt nicht mehr über die Optionalität eines Profis. Professionalität erfordert werteorientierte und theoriebasierte (evidenzbasierte) – und damit erlernte – Kompetenzen (Wissen, Fähigkeiten, Haltungen), die einen in die Lage versetzen, professionell zu handeln und zu reagieren. Das bezieht sich zum einen natürlich auf die unterrichtliche Situation, aber auch auf die gesamte Berufsausübung in ihrer Vielfältigkeit, die wir noch kennenlernen werden.

1.2.4 Einseitige, wenig praxisorientierte, wenig ganzheitliche Ausbildung

Die Lehrerausbildung besteht aus unterschiedlichen Phasen und Bausteinen. Die primäre Phase (Hochschule/Universität) ist – abgesehen von den mittlerweile je nach Bundesland in etwas anderer Form konzipierten Praktika – sehr theorieorientiert. Trotz der jüngsten Stärkung der Bildungswissenschaften liegt der Schwerpunkt des Hochschulstudiums bei den Fächern, die man später einmal zu unterrichten gedenkt. Aus (nur) teilweise nachvollziehbaren Gründen wird dabei wenig auf unterrichtliche und schulische (bildungsplanbezogene) Anforderungen geachtet.

In der zweiten Phase der Lehrerbildung dominiert die Fachdidaktik, während eine Art Kurzinstruktion in Schulrecht und pädagogischer Psychologie mitläuft. Die gelungene Lehrprobe wird zum Maß aller Dinge.

Ausgesprochene Junglehrermodelle (Baumann 2012, S. 74), die sich an das Referendariat anschließen und unter Anleitung eines erfahrenen Mentors in die ganze Breite der Profession einführen, gibt es in einigen Bundesländern in Ansätzen, aber selten mit den dafür notwendigen Ressourcen. Ohnehin wird suggeriert, dass man mit dem Bestehen des Staatsexamens allen Anforderungen des Berufs gewachsen sei (und man taucht ein in die Masse der als gleich qualifiziert geltenden und untereinander austauschbaren [verbeamteten] Lehrkräfte).

1.2.5 Nivellierende Macht des Kollegiums

Man sollte meinen, dass engagierte und motivierte Lehrerinnen und Lehrer und insbesondere die Spitzenkräfte sich in einem Kollegium entfalten können und nach besten Kräften gefördert werden. Schließlich hat doch jede Schule Interesse an hervorragenden Lehrkräften. Natürlich wird das in den meisten Fällen auch so kommuniziert und von der Schulleitung sicher auch zu praktizieren versucht. Doch die Wirklichkeit ist auch hier komplizierter. Es gibt in vielen Kollegien eine Tendenz zum Mittelmaß oder gar zum Minimalismus. Zum einen fehlen in den Schulen klare und akzeptierte Anreizsysteme und Möglichkeiten der Leistungsförderung. Zum anderen gibt es – wider besseres Wissen – den Anspruch einer prinzipiellen Gleichheit bei Kompetenz und Engagement. Alle Kollegen sind staatlich geprüft und – sofern sie die gleichen Fächer unterrichten – austauschbar. Jeder Schulleiter muss das so nach außen (gegenüber Eltern und Schülern) kommunizieren, um Wünschen von Eltern und Schülern zu begegnen, von einer bestimmten, vermeintlich besonders guten oder engagierten Lehrkraft unterrichtet zu werden.

Die normierende Macht des Kollegiums geht aber noch weiter. Zum einen hat ein Kollegium die Erwartung, dass in der Tat bestimmte Standards von allen eingehalten werden: Vokabeln oder Jahreszahlen, die in einem Schuljahr gelernt werden müssen; man hat mit dem Schulbuch fertig zu werden, man muss so und so weit im Stoff kommen; Klassenarbeiten und Klausuren sollen bestimmten formalen Kriterien entsprechen und ein einheitliches Niveau haben; man hat – insbesondere als Klassenlehrer – Ruhe und Ordnung zu gewährleisten, möglichst über den eigenen Unterricht hinaus. Hält man sich nicht an diese Erwartungen, kann das unangenehm werden. Zum anderen kann es sein, dass Kollegien besonders gute und (damit oft eng zusammenhängend) besonders engagierte Lehrkräfte ausbremsen. Zu viel Engagement verdirbt die Standards. Dieser nivellierende Einfluss kann offen oder sehr subtil daher kommen, kann sich besserwisserisch/besorgt geben („Teile deine Kräfte ein, du musst noch ein Berufsleben lang durchhalten.", „So haben wir alle mal angefangen.") oder mit feindseligen Untertönen versehen sein („Kümmere dich nicht um alles!", „Das ist Aufgabe der Eltern, die ihr Erziehungsgeschäft nicht ernst nehmen."). Auch im Hinblick auf die Notengebung gibt es häufig Erwartungen mit einer Tendenz zur Mitte, oder es entsteht ein erhöhter Rechtfertigungsbedarf, wenn die Noten zu gut (was manchmal eine Folge engagierten Unterrichts sein kann) oder zu schlecht erscheinen. Auch die Absicht, im Zuge der Schulentwicklung Verbesserungsvorschläge durchzusetzen – vor allem wenn diese Mehrarbeit oder eine Neuorientierung der Kolleginnen und Kollegen erfordern –, kann in Konferenzen an der Mehrheit des Kollegiums scheitern.

So kann der Anspruch, eine gute Lehrkraft zu sein, im Laufe der ersten Berufsjahre zur Mitte hin gestutzt werden. Man nimmt eigene Standards zurück und pflegt im Interesse des eigenen Selbstwertgefühls sein ‚Bessersein' oder den Wunsch, eigenen Ansprüchen zu genügen, vielleicht in marginalen Nischen. Auch hier stellt sich die Frage – und es ist teilweise eine systemische –, wie man dauerhaft eine gute Lehrkraft bleiben kann (was übrigens auch zahlreichen Lehrkräften gelingt), als solche vom Kollegium akzeptiert wird und – insofern systemisch – einen positiven Einfluss auf die Qualität und Leistungsbereitschaft der Kolleginnen und Kollegen ausüben kann.

1.2.6 Resignierender Umgang mit negativen Erfahrungen

In der Tat starten viele junge Kolleginnen und Kollegen ihr Berufsleben sehr idealistisch. Viele halten diesen Ansatz auch einige Jahre lang durch. Und natürlich ist es normal, dass Praxis und Erfahrung eine Lehrerpersönlichkeit im Sinne eines gesunden Realismus verändern und formen. Erfahrungen haben durchaus etwas Positives, solange darunter nicht die Professionalität (zu der auch ein entsprechendes Berufsethos gehört) leidet.

Insbesondere im komplexen System der Schule und angesichts der Tatsache, dass Schülerinnen und Schüler Heranwachsende sind, die sich ausprobieren müssen und deren Wertesystem sich noch in pubertätsbedingten Turbulenzen befindet, muss man sich darauf gefasst machen, dass es Konflikte und Enttäuschungen gibt – im eigenen Unterricht und auch darüber hinaus. Das gehört zum Alltag einer Lehrkraft. Hat man als Junglehrer vielleicht noch einen Bonus, so sieht man sich doch nach einiger Zeit auch als gute und engagierte Lehrkraft plötzlich – und vielleicht unerwartet – mit mehr oder weniger schwer wiegenden Problemen konfrontiert: Eltern ist der Unterricht nicht anspruchsvoll genug (oder er ist zu anspruchsvoll), es gibt zu wenige (oder zu viele) Hausaufgaben; einzelne Schülerinnen oder Schüler treten das ihnen entgegengebrachte Wohlwollen mit Füßen; es gibt Unterrichtsstörungen, man muss schlechtere Noten verteilen, als man eigentlich möchte (und man versieht die Noten mit einem hoffentlich disziplinierenden Nebengedanken); man fühlt sich – vielleicht auch durch Äußerungen einzelner Schülerinnen und Schüler oder durch das kollektive Verhalten einer Klasse – in seinen Intentionen missverstanden oder in seinen Emotionen verletzt.

Hier ist die Gefahr groß, dass man beginnt, schlecht über Schülerinnen und Schüler zu denken oder gar auf der Suche nach Gleichgesinnten (die man in jedem Kollegium findet) schlecht über sie zu reden. Man verliert seine professionelle Distanz und greift zu pädagogisch fragwürdigen Mitteln (Drohungen, Strafen, moralisierende Reaktionen, Abwertungen etc.), um zu erzwingen, was am Anfang mit größerer Leichtigkeit möglich war. Schnell sind Kolleginnen und Kollegen mit entsprechenden Ratschlägen („Da hilft nichts als hart durchzugreifen ...") oder Ansichten („Die Hälfte gehört ohnehin nicht aufs Gymnasium.", „Die Eltern nehmen ihre Erziehungsaufgabe nicht mehr ernst, wir müssen alles ausbaden.") zur Hand. Oder man besinnt sich darauf, wie ein bestimmter Lehrer während der eigenen Schulzeit für Ruhe und Ordnung gesorgt hat. Vielleicht helfen manche dieser Rezepte im Zuge eines restriktiven Turns ja auch tatsächlich (allerdings meistens in der Weise, dass die eingesetzten Mittel sich abnutzen und dass bei einigen Schülern – trotz der Intelligenz, die man ihnen bescheinigt – irgendwann die Abschulung im Raum steht), doch richtig glücklich ist niemand dabei. Und die hartnäckige, aber nur allzu berechtigte Frage bleibt, ob es sich dabei wirklich um professionelle Strategien zur Förderung nachhaltigen Lernens handelt.

1.2.7 Wenig ausgeprägtes und wenig reflektiertes Berufsethos

Schlechte Voraussetzungen, eine gute Lehrkraft zu sein, hat man, wenn berufsethische Grundeinstellungen nicht ausreichend ausgeprägt, zu wenig habitualisiert sind. Folgende minimale Standards sollten gewährleistet sein.

Wissen, dass man als Lehrkraft in einer Rolle agiert

Dieser Sachverhalt ist sehr komplex, er schützt Lehrkräfte und Schüler. Zur Rolle gehört, dass man nicht im eigenen Namen agiert, sondern einen staatlich-gesellschaftlichen Auftrag ausführt (das gilt übrigens auch an nichtstaatlichen Ersatz- und Ergänzungsschulen). Viele Konflikte, die der Beruf des Lehrers mit sich bringt, meinen nicht die Person, sondern sind primär durch die Rolle bedingt. Allerdings kann die Art, wie man in einer Rolle agiert, sie ausfüllt oder auch nicht ausfüllt, Konflikte entschärfen oder auch verstärken. Grundsätzlich sorgen Rollen für Akzeptanz, sie gewährleisten professionelle Distanz und helfen, Probleme oder Störungen konstruktiv handhaben zu können.

Der Förderung der Schülerinnen und Schüler verpflichtet sein

Die berufliche Leidenschaft sollte der Förderung der Schülerinnen und Schüler gelten. Das sollten sowohl (und zu allererst) die Schülerinnen und Schüler als auch die Eltern und die Kolleginnen und Kollegen spüren. Natürlich hat man im Lehrerberuf vielfältige eigene Interessen (möglichst gute Arbeitsbedingungen, guter Stundenplan etc.), die Leidenschaft für die Schülerinnen und Schüler sollte aber erkennbar an erster Stelle stehen. Und Förderung der Schülerinnen und Schüler ist ganzheitlich zu verstehen. Die fachliche Förderung ist ein wichtiger, aber bei weitem nicht der einzige Aspekt. Ermöglichung von Reife, Wachsen am Widerstand, Lernen von Verantwortung, selbstständig werden und die Einübung von demokratischen Grundregeln sind allesamt wichtige weitere Aspekte einer ganzheitlichen, den Schülerinnen und Schülern als Menschen verpflichteten Förderung.

Herausforderung Adoleszenz

Es ist ein Privileg, junge Menschen in ihrer Entwicklungsphase vom Kind zum Erwachsenen begleiten zu dürfen. Das stellt allerdings höchste Ansprüche an die Lehrkräfte. Schülerinnen und Schüler als Heranwachsende – zumal in der kritischen Phase der Pubertät, in der sich das Wertesystem erst nachhaltig konstituiert – müssen sich in vielfältiger Weise ausprobieren. Aus Erwachsenensicht oder von einem rationalen Standpunkt aus betrachtet hat man es dabei häufig mit Irrationalitäten, Provokationen, Nachlässigkeiten und widerständigem Verhalten zu tun, das die Lehrkräfte als Vertreter der Institution Schule trifft (es trifft auch die Eltern als Vertreter der gesellschaftlichen Institution Familie). Oben wurde schon gesagt, dass man derlei als Lehrkraft nicht persönlich nehmen sollte. Es nützt auch nichts und dient niemandem, über den Verfall der Sitten und Werte zu klagen. Man hat es in aller Regel auch nicht mit dem radikal Bösen zu tun (auch wenn man, wenn die Beziehungsebene vergiftet ist, als Beteiligter gern zu solchen Interpretationen neigt). Diese wissende Grundeinstellung bzw. Sichtweise hilft, Problemlagen und Konflikte zu entmoralisieren – was keinesfalls bedeutet, alles zu akzeptieren oder geschehen zu lassen, im Gegenteil!

Würde in der Schule

In der Schule herrscht zwischen Lehrkräften und der Schülerschaft ein Machtgefälle, das auf Lehrerseite durch zahlreiche Rechte (Weisungsbefugnis) und Sanktionsmöglichkeiten (Erzwingung der Schulpflicht, Verhängung von Erziehungs- und Ordnungsmaßnahmen, Notengebung etc.) konstituiert wird. Dennoch und umso mehr gilt es, stets einen würdevollen Umgang mit den Schülerinnen und Schülern zu pflegen und deren Würde gerade auch in angespannten Situationen zu wahren. Die Schwelle, als Lehrkraft unwürdig zu (re-)agieren, ist in der Schule niedrig, und manchmal wird ihre subtile Überschreitung kaum wahrgenommen. Leistungsrückstände, Verweigerung, Provokationen, Kränkungen (ob persönlich gemeint oder nicht), Stresssituationen, Ermüdung im Beruf, sich häufende Enttäuschungserfahrungen bauen Hemmungen ab, ironisch, verletzend, zweideutig oder gar zynisch und damit häufig entwürdigend zu reagieren. Dabei kommt es eigentlich darauf an, Schülerinnen und Schüler in vorbildlicher Weise das Verhalten vorzuleben, von dem man sich wünschen würde, dass es eine Gesellschaft in allen ihren Teilen und in der Zukunft prägt.

1.2.8 Mangelnde Fortbildungsbereitschaft

Man hat als Lehrkraft nie ausgelernt, man ist – trotz primärer Ausbildung an der Hochschule/Universität und sekundärer Lehrerbildung im Seminar – nie fertig. Wie in vielen anderen Berufen auch hat Erfolg in hohem Maße mit lebenslangem Lernen zu tun. Dabei geht es nicht nur um die fachliche (was ist der neueste Forschungsstand in meinem Fach?) und fachdidaktische Aktualität. Auch politisch, soziologisch und hinsichtlich der philosophischen Implikationen der eigenen Fächer sollte man auf dem Stand der Dinge sein. Lehrkräfte sind auch Berater in mancherlei Belangen und Entwicklungsbegleiter, auch für Eltern sind sie wichtige Gesprächspartner. Gleichzeitig sind sie Akteure der Schulentwicklung (also innerhalb eines komplexen Systems tätig). Die umfangreichen inhaltlichen und methodischen Kompetenzen für all diese Herausforderungen des Berufs muss man sich zu großen Teilen selbst erarbeiten. Der Besuch von Fortbildungen und die Bereitschaft, sich durch Gespräche und Lektüren unablässig weiterzubilden, sind Grundbedingungen für erfolgreiche Lehrkräfte.

1.2.9 Überforderung und Überlastung

Auch Überforderung („Ich bin der Aufgabe, den Anforderungen des Lehrerberufs nicht gewachsen.") oder Überlastung („Die Zahl der Anforderungen ist zu viel, die Zeit reicht hinten und vorne nicht.") hindern daran, auf die Dauer eine gute Lehrkraft zu sein.

In beiden Fällen sind gründlich die Ursachen zu analysieren. Wodurch kommt die Überforderung zustande? Entsteht die Überforderung im Kerngeschäft (Unterricht)? Handelt es sich um eine objektive Überforderung oder das Erlebnis, den eigenen Ansprüchen nicht gerecht zu werden? Wird man von außen (von Eltern, Kollegen, Schulleitung) mit überzogenen Erwartungen konfrontiert? Gibt es Disziplinprobleme, die unlösbar erscheinen? Gibt es belastende Konflikte? Welche Maßnahmen (Gespräche, Aufgabenumverteilung, Qualifikation) sind denkbar? Ähnliches gilt im Fall der Überlastung: Ist sie akut, periodisch oder chronisch? Wodurch kommt sie zustande (durch den Lehrauftrag, durch übertragene Zusatzaufgaben, durch eigenes Engagement, durch problematische Ereignisse im privaten Bereich)? Gelingt es nicht, die Ursachen von Überforderung oder Überlastung zu identifizieren und Wege der Abhilfe zu finden, droht ein Verlust von Motivation und Arbeitskraft. Schnell bleibt man unter seinen Möglichkeiten und ist nicht die gute Lehrkraft, die man eigentlich sein könnte und sicher auch einmal sein wollte.

1.3 Motive für die Berufswahl

Es gibt sehr unterschiedliche Gründe, Lehrerin oder Lehrer zu werden. Die Motive für die Berufswahl – so unterschiedlich sie sein mögen – sind kein zuverlässiger Prädiktor für die Qualität der späteren Arbeit. Der Beruf des Lehrers/der Lehrerin ist ein Lernfeld, unabhängig von den ursprünglichen Motiven entscheidet sich in den ersten Berufsjahren, was man dann tatsächlich als Lehrkraft aus sich macht. Dennoch ist es nicht unwichtig, sich über die Motive für die Berufswahl Klarheit zu verschaffen. Nicht jedes Motiv passt zu den angestiegenen und sich ständig wandelnden Anforderungen des Berufs. Eine realistische Sichtweise (möglichst auf der Basis fundierter Praxiserfahrungen und zahlreicher Gespräche mit Kolleginnen und Kollegen) auf das Berufsbild des Lehrers/der Lehrerin und ein ehrlicher Abgleich der Motive mit den Anforderungen des Berufs würde manches vereinfachen und manche schmerzhafte, konfliktbelastete Enttäuschung später verhindern.

1.3.1 Freude an den Fächern

Lehren heißt zeigen, dass man etwas liebt.
(Fulbert Stefenski)

Viele Lehrerinnen und Lehrer haben eine hohe Affinität zu ihren Fächern. Während ihrer eigenen Schulzeit haben sie ihre Begabung und Liebe für bestimmte thematische und fachliche Aspekte entdeckt. Vielfach wird jungen Leuten ja auch mit auf den Weg gegeben, das zu studieren, was ihnen Spaß mache, alles Weitere werde sich finden. Die Liebe zum Fach, das Gefühl, Experte zu sein, lässt sich häufig im Studium vertiefen. Wenn auch der Lehrberuf hierbei nicht im Vordergrund steht, gewinnt man doch im Laufe der Zeit die Überzeugung, es könnte sinnvoll und erfüllend sein, auch andere an der Begeisterung für das Fach teilhaben zu lassen, zumal möglicherweise die wissenschaftliche Vertiefung der Fachlichkeit oder anderweitige Berufsperspektiven – immerhin hat man es an der Schule auch mit Menschen zu tun, und viele wollen beruflich ‚etwas mit Menschen' machen – an Attraktivität verlieren.

Positiv an dieser Einstellung ist die Begeisterung für das Fach bzw. die hohe Fachlichkeit. Deren Bedeutung kann für den Lehrberuf gar nicht hoch genug eingeschätzt werden. Allerdings sind Ernüchterungen programmiert: Nur Bruchteile des Fachlichen lassen sich im schulischen Kontext vermitteln. Leider wird sich zeigen, dass längst nicht alle Schülerinnen und Schüler für die eigenen Fächer zu begeistern sind, weil Lernen in der Schule – im Gegensatz zur Universität – nicht freiwillig stattfindet. Mehr oder weniger überrascht wird man auch von der Komplexität der schulischen Anforderungen sein, die eben weit über das Vermitteln von fachlichen Inhalten hinausgehen. Dass zur Fachlichkeit auch didaktische und methodische Kompetenzen hinzukommen müssen, lässt sich dabei noch antizipieren, darauf wird man auch im Studium (peripher) und im Referendariat vorbereitet, aber nur eingeschränkt auf die Vielfältigkeit der Anforderungen (Aufsichten, Elterngespräche, Konfliktmanagement, Schulentwicklung, Verhalten in Konferenzen etc.).

1.3.2 Überzeugung, gut erklären zu können

Es ist ein Beweis hoher Bildung, die größten Dinge auf die einfachste Art zu sagen.
(Ralph Waldo Emerson)

Es ist eine schöne Erfahrung, wenn man irgendwann – meist während seiner eigenen Schulzeit oder im Studium (man ist vielleicht als Nachhilfelehrer gefragt) – merkt, dass man eine gewisse Begabung hat, auch komplizierte Sachverhalte gut erklären zu können. Man kann sich gut in andere hineinversetzen, hat eine schnelle Auffassungsgabe, sodass man eventuelle Missverständnisse und Missdeutungen schnell erkennt und sozusagen simultan-reaktiv seine Erklärung adaptiert. Manche können auch deshalb gut erklären, weil sie selbst mit den Hemmnissen des Stoffes gerungen haben und in ihrer eigenen Erarbeitung des Stoffes Strategien des Verstehens, des Annäherns an den Stoff und der Selbstmotivation entwickelt haben. Auch die positiv wahrgenommene Erfahrung von Lehrkräften während der eigenen Schulzeit wirkt oft über ein ganzes Berufsleben prägend und vorbildhaft.

Das sind in der Tat für die Anforderungen der unterrichtlichen Praxis beste Voraussetzungen. Allerdings ist auch hier darauf hinzuweisen, dass Schule mehr als Unterricht ist. Zur Schule gehört unter anderem auch, Noten zu geben (was sehr ernüchternd wirken kann); nicht immer steht man als guter Erklärer vor seinen Schülern, Unterricht findet heute vielfach auch in zunehmend von Schülern selbst gesteuerten Lernarrangements statt. Was Sitzungen und Konferenzen einem abverlangen sowie viele erzieherische Fragen gehen weit über die Grundkompetenz, gut erklären zu können, hinaus.

1.3.3 Freude am Umgang mit Kindern und Jugendlichen

Nichts kann den Menschen mehr stärken als das Vertrauen, das man ihm entgegenbringt.
(Adolf von Harnack)

Diese Motivation ist für den Lehrerberuf von entscheidender Bedeutung. Oft ist sie typisch für Menschen, die sich während ihrer Schulzeit und meist bis weit ins Studium hinein in irgend einer Weise mit Jugendlichen engagiert haben, sei es in einem Sportverein, bei den Pfadfindern, in der kirchlichen oder einer sonstigen Jugendarbeit. Häufig waren sie dabei in Teamstrukturen tätig und haben Erfahrungen im Organisieren gesammelt. Für den Lehrerberuf muss die solide Fachlichkeit, der Wille, hier etwas weiterzuvermitteln, hinzukommen. Anders auch als in der Jugendarbeit – dort ist man ehrenamtlich tätig und bezieht seine Befriedigung aus der Wertschätzung der Arbeit durch andere und aus dem Erfolg, dem Gelingen – hat man es in der Schule mit einer anderen Klientel zu tun. Die Tätigkeit ist nicht mehr ehrenamtlich. Es gibt ein hohes Maß an Fremdbestimmung (Schulgesetz, Bildungsplan, Stundenplan, Leitbild, kollegiale Anforderungen und Vorgaben der Schulleitung). Auch Erfolg lässt sich im schulischen Kontext nicht so eindeutig definieren, ist schwerer zu greifen und erfordert einen ungemein langen Atem. Dennoch sollte jede Lehrkraft darum bemüht sein, sich die Stärken dieser Anfangsmotivation zu bewahren und es nicht verlernen, auch als älter werdender Mensch und auf professionelle Weise die Freude an den Kindern und Jugendlichen, die Neugier auf sie zu bewahren und immer wieder neu tragfähige Arbeitsbündnisse mit und Beziehungen zu ihnen herzustellen.

1.3.4 Hohe Erwartungen bezüglich Freiheit und Autonomie in der Berufsausübung

Tatsächlich bietet der Lehrerberuf viele Freiheiten, wie sie in anderen Berufen vielleicht erst in höheren Führungspositionen denkbar sind. Das liegt an der besonderen Struktur der Lehrerarbeitszeit. Sie ist hauptsächlich und traditionell durch den Unterricht – je nach Schulart und Bundesland sind das zwischen 24 und 28 Stunden pro Woche – geregelt. Bei 30 Tagen Jahresurlaub und einer regulären Arbeitszeit von 41 Wochenstunden stellt sich für die Lehrkräfte die Situation so dar, dass die weit über 30 Tage hinausgehenden Ferientage auf die durchschnittliche wöchentliche Arbeitszeit angerechnet werden müssen, was diese natürlich erhöht. Gleichzeitig gibt es die Faustregel, dass die unterrichtliche Tätigkeit (einschließlich Vor- und Nachbereitung des Unterrichts) 85 Prozent der Lehrerarbeitszeit ausmacht. Die restlichen 15 Prozent entfallen auf alle sonstigen Tätigkeiten, die im Zusammenhang der Berufsausübung stehen (Schülergespräche, Elterngespräche, Mitarbeit in schulischen Arbeitsgruppen, Konferenzen, sonstige schulische Veranstaltungen, Aufsichten etc.). Tatsächlich gibt es nur für den unterrichtlichen Teil (ohne die Vor- und Nachbereitungszeit, also je nach Schulart für ca. 50 bis 60 Prozent der Arbeitszeit) einen konkreten und vorgegebenen Arbeitsplan, nämlich in Form des Stundenplans. Die übrige Arbeit findet in der Regel selbstbestimmt, außerhalb der Schule und ohne irgend eine Dokumentation der Arbeitszeit oder Kontrolle statt (abgesehen von den an vielen Schulen verbreiteten Kooperationszeiten, die zumindest von anderweitigen Terminen freigehalten werden müssen, sodass schulische Termine Vorrang haben). Damit verfügen Lehrerinnen und Lehrer traditionell über ein hohes Maß an Freiheit und Selbstbestimmung hinsichtlich ihrer Arbeitszeit. Wer beispielsweise gern abends oder nachts arbeitet, kann nachmittags frei machen. Dieses Muster (nach dem Unterricht verschwindet man aus der Schule) erodiert zwar seit einigen Jahren, prägt aber vielfach noch die Berufserwartung von angehenden Lehrkräften, weil es ihrer – häufig übrigens nicht zutreffenden – Wahrnehmung in ihrer eigenen Schulzeit entspricht.

Wer heute daran denkt, den Lehrerberuf zu ergreifen, ist gut beraten, diese Vorstellungen zu korrigieren. Schulen sind heute längst nicht mehr die klassischen Halbtagsschulen, sie machen immer mehr hochwertige ganztägige Angebote. Von Lehrkräften wird auch wesentlich mehr indirekte pädagogische Arbeit verlangt, die sie nach Möglichkeit im Team zu erbringen haben. Auch im Umgang mit Schülerinnen und Schülern und den Eltern wird ein hohes Maß an Gesprächsbereitschaft erwartet. Arbeitsgruppen und Sitzungen zur Schulentwicklung oder zur Schaffung neuer Lernarrangements sind alltägliche Praxis. Das Bild vom Lehrer, der vormittags hinter verschlossenen Türen seinen Unterricht abhält, am Nachmittag zuhause gewissenhaft den Unterricht des nächsten Tages vorbereitet und im Laufe der Woche seine Korrekturen abarbeitet, gehört also der Vergangenheit an. Das hat sicher nicht nur mit einer tatsächlichen Verdichtung und Erhöhung der Anforderungen an den Beruf der Lehrkraft zu tun, sondern auch mit irreversiblen Paradigmenwechseln im Lehrberuf. Wer dies nicht antizipiert (und zum Gegenstand einer bewussten und reflektierten Berufsentscheidung macht) oder die Flexibilität, sich darauf einzulassen, nicht mitbringt, wird sich im Beruf vergeblich gegen die Rahmenbedingungen auflehnen und vermutlich kaum glücklich werden.

1.3.5 Gute Vereinbarkeit von Familie und Beruf

Wie in kaum einem anderen Beruf kann man als Lehrkraft die gute Vereinbarkeit von Familie und Beruf genießen. Als Beamtin oder Beamter hat man einen sicheren Arbeitsplatz und kann auch nach familienbedingten Unterbrechungen schnell dort an seiner Karriere weiterarbeiten, wo man aufgehört hat. Sehr flexible Regelungen sind dabei behilflich. So kann man von Jahr zu Jahr den wöchentlichen Umfang seiner Arbeitszeit neu definieren. Das ist in hohem Maße gerade für Frauen attraktiv und sicher ein maßgebender – wenn auch gewiss nicht der einzige – Faktor, warum der Lehrerberuf gerade für Frauen so ungemein attraktiv ist; selbst an Gymnasien steuert inzwischen der Frauenanteil auf die Zweidrittelmarke zu. Das sind in der Tat wichtige familienpolitische Errungenschaften, von denen man sich wünschen würde, sie hielten auch in Betrieben außerhalb des Schulbereichs Einzug, gleichwohl taugen sie bei Weitem nicht als hinreichende Motivation für den Lehrberuf!

1.3.6 Hohe Arbeitsplatzsicherheit

Vielen gilt der Beamtenstatus als wichtiges Motiv für die Berufswahl. Voraussetzung für das Erlangen dieses Status ist das erfolgreiche Bestehen des Referendariats, während dessen man Beamter auf Widerruf ist. Erhält man im Anschluss eine Stelle, wird man in der Regel Beamter auf Probe. Hat man auch diese Hürde gemeistert – was nach dem bestandenen Referendariat keine allzu große Herausforderung mehr ist –, steht der Verbeamtung auf Lebenszeit nichts mehr im Weg. Der Dienstherr, in der Regel das Land, erwartet, dass man sich fortan mit ‚voller Hingabe' einsetzt. Die Gegenleistung ist eine durchaus attraktive Besoldung und höchste Arbeitsplatzsicherheit.

Hier ist nicht der Ort, den Beamtenstatus der Lehrkräfte kritisch zu diskutieren. Der Beamtenstatus ist jedenfalls kein Hemmnis, eine gute Lehrkraft zu sein. Als dominantes Berufswahlmotiv muss er aber sehr kritisch gesehen werden. Gelegentlich scheint es vorzukommen, dass nach der Verbeamtung auf Lebenszeit die Leistungsbereitschaft signifikant abfällt, aber das ist zum Glück nicht die Regel.

Das Berufsbild des Lehrers/der Lehrerin ist komplex und das Berufsfeld Schule ist ausgesprochen dynamisch, weil immer neue Schülergenerationen und eine unter Handlungsdruck stehende Bildungspolitik, die auf gesellschaftlichen Wandel reagieren muss, die Rahmenbedingungen fortwährend verändern. Daher kann es nicht die eine, einzige und richtige Motivation für den Lehramtsberuf geben. Wer heute seine Motivation selbstkritisch prüft, sollte nicht vorschnell glauben, die Anforderungen des Lehrerberufs schon zu kennen, weil er/sie ja früher selbst zur Schule gegangen ist. Besser ist, sich sehr intensiv mit den Anforderungen und der Komplexität des Berufsbildes vertraut zu machen. Dafür ist eine Kombination aus Praktika, Gesprächen und Lektüren zu empfehlen. Aber auch hier gilt: Man sieht nur, was man gelernt hat zu sehen, man kann nur erfragen, wofür man ein Bewusstsein entwickelt hat. Ohne diese Voraussetzungen besteht die Gefahr, ein Praktikum ohne wirkliche Horizonterweiterung zu absolvieren. Ein hervorragendes Kompendium für Praktikanten mit vielfältigen Anregungen zur Beobachtung und Erkundung von Unterricht bietet der „Leitfaden Schulpraktikum" (Zierer 2014).

1.4 Die Bedeutung von Lehrerinnen und Lehrern

Daher bin ich der Meinung, dass der Beruf des Erziehers der schwerste und zugleich der höchste ist. Nur dass unsere Gesellschaft … das noch nicht gemerkt hat, weil die politische Welt so sehr überschätzt und die pädagogische beiseite gedrängt wird.
(Martin Buber)

Ob sie es wollen oder nicht, ob es ihnen bewusst ist oder nicht: Lehrkräfte sind sehr einflussreiche Personen. Damit kommt ihnen ein hohes Maß an Verantwortung zu. Dieser prinzipiell hohe Einfluss – ob zum Guten oder weniger Guten – ergibt sich aus unterschiedlichen Gründen.

1.4.1 Adoleszenz als prägende Lebensphase

Diese Jugend ist ohne Zweifel unerträglich, rücksichtslos und altklug.
(Hesiod)

Lehrerinnen und Lehrer haben es in ihrer beruflichen Tätigkeit mit Heranwachsenden, je nach Altersstufe mit Kindern und Jugendlichen in verschiedenen Abschnitten der Adoleszenz, zu tun. Kinder durchlaufen in dieser Zeit tiefgreifende

Entwicklungen, erleben während ihrer Schulzeit die Pubertät. Ihr Wertekompass prägt sich aus. Die Adoleszenz ist eine sensible Phase, nicht wiederholbar und in ihrer Prägung nahezu unumkehrbar. Das bedeutet für die Schule, dass sie ein geschützter Raum sein muss, in dem bei Bedarf wirkungsvolle Hilfsangebote zur Verfügung stehen. Wie jeder weiß, ist diese Phase für alle Beteiligten mitunter nicht ganz einfach und erfordert eine hohe situative Kompetenz. Das gilt insbesondere für die Lehrkräfte, die nicht nur ein solides Wissen über Entwicklungspsychologie parat haben, sondern auch geübt sein sollten im entsprechenden alltagspraktischen Verhalten. Mangelndes Verständnis, mangelnde Empathie, aber auch fehlende professionelle Distanz können sich im Einzelfall schnell verhängnisvoll auswirken. Es gibt vielfältige Eskalationsmöglichkeiten (traumatische Verletzung der Gefühle von Schülerinnen und Schülern, Schulunlust, Schulangst, Verweigerung, Schulwechsel etc.). Auch das Umgekehrte ist möglich und vielfältige Realität in Schulen: dass Schülerinnen und Schüler aufblühen, sich für ein Fach zu interessieren beginnen, zunehmend bereit sind, Verantwortung (z. B. in der Klasse, als Mentor, in der SMV etc.) zu übernehmen. Auch hier wirken immer wieder einzelne Lehrkräfte in hohem Maße prägend.

1.4.2 Schülerinnen/Schüler (und Lehrkräfte) haben keine Wahl

Lehrkräfte und ihre Klassen werden von der Schulleitung zugeteilt. Aus guten Gründen können weder die Lehrkräfte ihre Klassen noch die Schülerinnen und Schüler ihre Lehrpersonen wählen. Das Unterrichten der Lehrkräfte und das Lernen der Schülerinnen und Schüler vollzieht sich also in einer Art Zwangsgemeinschaft (darüber wird wenig reflektiert, weil es traditionell so ist und kaum anders vorstellbar ist). Erschwert werden kann diese Situation dadurch, dass auch schon die Klassenzusammensetzung fremdbestimmt erfolgt, was nicht von jedem Mitglied einer Schulklasse als lern- und entwicklungsförderlich angesehen wird. Korrekturen an diesen Sachverhalten sind in der Regel nur in wenigen, extrem konfliktbelasteten Einzelfällen möglich. Zu den Erwartungen an die Professionalität einer Lehrkraft gehört dementsprechend, dass es ihr im Normalfall gelingt, diese Ausgangslage zu kompensieren und mit ihren Klassen eine belastbare Beziehungsebene und ein tragfähiges Arbeitsbündnis herzustellen. Im Großen und Ganzen gelingt dies auch gut. Besonderer Sorgfalt aber bedürfen einzelne Schülerinnen und Schüler, deren Entwicklung nicht im gleichen Takt verläuft wie die der anderen, die in der Klasse am Rand stehen oder bei denen es mühsam ist, einen guten Draht zwischen Lehrkraft und Schüler/in herzustellen.

1.4.3 Keine gegenseitige Erprobung

Die beschriebenen Sachverhalte werden dadurch zugespitzt, dass es keine gegenseitige Erprobung gibt. Nur in seltenen dramatischen Ausnahmefällen wechselt ein Schulleiter während des Jahres die Pferde. Im Allgemeinen gibt es gute Gründe, eine Lehrkraft auch über mehrere Jahre in einer Klasse zu belassen. Lehrkräfte sollten es also als eine besondere Herausforderung ihrer Profession ansehen, Klassen über längere Zeiträume erfolgreich führen zu können und dabei auch die – aus welchen Gründen auch immer – am Rande stehenden, weniger integrierten, vielleicht auch durch ihr Verhalten auffälligen Schülerinnen und Schüler mitzunehmen. Gelingt dies nicht, können sich sehr verhängnisvolle negative und chronische Folgen einstellen.

1.4.4 Begleitung und Prägung vieler Schülergenerationen

Den Lehrkräften kommt auch deshalb eine große Bedeutung zu, weil sie in der Regel ein langes Berufsleben im selben Arbeitsfeld vor sich haben. Man kann von 35 Dienstjahren ausgehen – bei leicht steigender Tendenz durch die Verlängerung der Lebensarbeitszeit. Das bedeutet, dass eine Lehrkraft unzählige Schülergenerationen prägt. Die Wirkungen reichen weit über die Schule hinaus: Das öffentliche Lehrerbild wird mitbeeinflusst, ebenso die Art, wie ehemalige Schülerinnen und Schüler als Erwachsene über die Schule und die Lehrerschaft denken und was sie dann entsprechend an ihre Kinder – mitunter sehr subtil – weitergeben. Lehrerinnen und Lehrer sind auf lange Sicht prägende Personen.

1.4.5 Die Frage nach dem Erfolg

Schulen sind – wie jede Form von Bildung – Investitionen in die Zukunft eines Landes. Die Qualität dieser Investitionen hängt in hohem Maße von der Arbeit der Lehrkräfte ab.[3] Natürlich gibt es auch regelnde strukturelle und rechtliche Vorgaben, von denen man sich eine Sicherstellung der Qualität der schulischen Arbeit erwartet. Stundentafeln und Bildungspläne sind vorgegeben, Lehrerbildung und Lehrerfortbildung sind nicht ohne Einfluss. Bildungsmonitoring und Formen der Evaluation versuchen Grundlagen für effektives Lehrerhandeln zu schaffen. Dieses ist jedoch in hohem Maße vom Engagement, der Beziehungsfähigkeit, der Fähigkeit zur Selbstmotivation, der Klarheit und dem Willen abhängig, zusammen mit den Schülerinnen und Schülern gute Ergebnisse zu erzielen. Es kommt stark auf die Lehrkräfte an, auch wenn in der Regel eindeutige Erfolgszuschreibungen kaum möglich sind!

Die Verantwortung in diesem Beruf ist ungemein hoch. Der Einfluss von Lehrkräften auf die zahllosen Generationen von Schülerinnen und Schülern ist stark. Das trifft im positiven wie im negativen Sinn zu. Auch eine durchschnittliche Lehrkraft prägt ihre Schülerinnen und Schüler. Allerdings haben Schülerinnen und Schüler vor allem in den weiterführenden Schulen immer gleichzeitig mehrere Lehrkräfte, und die einzelne Lehrkraft unterrichtet sie in der

3 Hattie (2014, S. 21) stellt fest: „Lehrpersonen gehören zu den wirkungsvollsten Einflüssen beim Lernen." Allerdings gibt es eine hohe Varianz: „Der Unterschied zwischen Lehrpersonen mit großem Effekt im Vergleich mit solchen mit geringem Effekt beträgt d=0,25. Das bedeutet, dass eine Schülerin oder ein Schüler in einer Klasse einer Lehrperson mit großem Effekt einen Vorteil von fast einem Jahr gegenüber Gleichaltrigen in einer Klasse einer Lehrperson mit geringem Effekt hat." (ebd., S. 24. Vgl. auch Hattie 2013, S. 129 ff.)

Regel nicht länger als zwei Jahre. Das entlastet die einzelne Lehrkraft etwas, entbindet sie aber gerade nicht von ihrer hohen Verantwortung. Mittelmaß im Team zu verstecken ist keine gute Strategie! Auch dass die Schule nicht die einzige Bildungs- und Erziehungsagentur ist, trifft zu. Neben ihr spielen das Elternhaus, die Peergroup, das Fernsehen, die neuen Medien eine nicht zu unterschätzende Rolle. Aber auch hier gilt: Aus dieser objektiven Relativierung kann keine Selbstrelativierung abgeleitet werden. Vielmehr muss die Schule, müssen die Lehrkräfte sozusagen in der Konkurrenz der Erziehungsagenturen ihre Arbeit mit größter Sorgfalt tun, um bestehen und wirkungsvoll sein zu können.

1.5 Lehrkraft sein – ein anstrengender Beruf

Es ist allgemein bekannt und wurde vielfach beschrieben, dass der Lehrerberuf nicht nur ein ausfüllender und im Idealfall mit hoher Zufriedenheit und dem Erlebnis von Sinnhaftigkeit verbundener, sondern auch ein extrem fordernder und anstrengender Beruf ist. Auf der einen Seite steht tatsächlich die Vielfalt der Aufgaben. Auf der anderen Seite findet sich die gefühlte Belastung, die sich aus den komplexen Anforderungen des Berufsalltags ergibt. Natürlich wird diese Belastung subjektiv sehr unterschiedlich wahrgenommen. Für die einen ist sie sinnstiftend und beinahe ein Lebenselixier, die anderen wähnen sich an der Grenze zum Burnout. Was macht den Beruf so fordernd?

Unterrichtssituationen verlangen Lehrkräften ein Höchstmaß an Konzentration ab. Mit dem Unterrichtsziel im Auge sieht sich die Lehrkraft 20 bis 30 Schülerinnen und Schülern gegenüber. Nicht alle haben die gleiche Motivation und schon gar nicht den gleichen Leistungsstand (hier gibt es z. T. elementare Unterschiede, die sich häufig bereits in der Art zeigen, wie ein Schüler z. B. einer neunten Klasse einen kurzen Text vorlesen kann). Einige Schülerinnen bzw. Schüler bringen ein erhöhtes Störungspotenzial mit (nicht einmal mutwillig, es ist ihr Naturell oder Resultat der häuslichen Erziehung oder Prägung). Innerhalb der Klasse herrscht eine eigene (soziale) Dynamik (Gruppenprozesse), die wenig mit dem unterrichtlichen Vorankommen zu tun hat, sondern es möglicherweise behindert. Einzelne Schülerinnen oder Schüler brauchen aus unterschiedlichen Gründen besondere Zuwendung. Interessierte Schülerinnen oder Schüler konfrontieren die Lehrkraft mit spannenden, aber unvermuteten Fragen. Auch in den Pausen bleibt die Beanspruchung hoch. Einzelne Schülerinnen oder Schüler haben Fragen (zu den Noten, zum bevorstehenden Ausflug). Zwei Schüler wurden zu einem Konfliktgespräch einbestellt. Einige Kolleginnen oder Kollegen haben wichtige Informationen oder wollen Auskünfte. Am Nachmittag – mindestens einmal in der Woche, in der Kooperationszeit – tagen Arbeitsgruppen und Konferenzen, die eine mehr oder weniger intensive Vorbereitung erfordern. Zuhause wird Unterricht vorbereitet, Unterrichtsmaterialien werden entwickelt. Vielleicht ist ein neuer Bildungsplan zu adaptieren. Die Fachschaft überlegt, ob ein neues Schulbuch eingeführt werden soll, was die Sichtung der Angebote notwendig macht. An der Schule wird mit schülerzentrierten oder die Eigenverantwortlichkeit stärkenden oder differenzierenden Lernformen (Lernplan, Portfolioarbeit, Projektunterricht etc.) experimentiert. Hausaufgaben oder sonstige Hausarbeiten werden durchgesehen. Klassenarbeiten sind zu korrigieren. Am späten Nachmittag stehen zwei Telefonate mit Eltern an. Über mehrere Wochen wird täglich einige Zeit für die Vorbereitung und Organisation einer Studienfahrt oder eines Schullandheimaufenthalts aufgewendet.

Diese Auflistung ist bei Weitem nicht vollständig, aber sie illustriert bereits, dass ständig eine hohe Grundanspannung herrscht. Man arbeitet immer auf mehreren Ebenen. In einzelnen Situationen ist echtes Multitasking erforderlich. Das Stresserleben ist intensiv, und Stress kann in der Tat grenzwertig werden, wenn man ihn nicht positiv empfindet und vor allem, wenn er dauerhaft anhält und man keine Strategien im Umgang damit entwickelt hat. Wenn dann emotional/psychisch belastende Situationen – ein schwieriges Verhältnis zu einer Klasse, Angriffe von Eltern, Vorwürfe von Kolleginnen oder Kollegen – hinzukommen, geht das schnell an die Substanz.

1.6 Überlegungen zur Professionalität von Lehrkräften

Die hierüber angestellten Betrachtungen geben Anlass, sich etwas eingehender und systematischer mit Professionsaspekten im Lehrerberuf zu beschäftigen. Auf den Lehrerberuf treffen eine ganze Reihe von Aspekten zu, die gemeinhin als Merkmale einer Profession verstanden werden; einige andere treffen nicht oder nur eingeschränkt zu, wären aber perspektivisch im Sinne einer Weiterentwicklung, eines Ausbaus der Professionalität von Lehrkräften wünschenswert.

1.6.1 Wissenschaftliche Ausbildung

Die Berufsausbildung von Lehrkräften basiert – wie bei Ärzten, Ingenieuren, Juristen – auf einem längeren wissenschaftlichen Studium. Allerdings erfolgt der wissenschaftliche (universitäre) Teil der Ausbildung nicht durch Mitglieder der eigenen Profession (also in der Forschung tätige Lehrkräfte), sondern im Wesentlichen durch Fach-Professoren (Physiker, Politikwissenschaftler etc.), die mit der Lehrerbildung nicht viel zu tun haben. In den während der letzten Jahre gestärkten Pflichtbausteinen der Bildungswissenschaften (Pädagogik, Psychologie, Didaktik) kann – je nach Universität – der Bezug zur Schule durch den Einsatz von Schulpraktikern auch tatsächlich gegeben sein. Die eigentliche schulpraktische Ausbildung erfolgt im Rahmen des Referendariats zwar auch curricular, aber eher an der Erfahrung der einzelnen Fachleiter orientiert als evidenzbasiert. Ein ausgesprochenes Mentoratssystem für Junglehrer gibt es nur an einzelnen Schulen auf freiwilliger Basis. Dabei birgt die Begleitung von Junglehrern in den ersten Berufsjahren durch eine erfahrene Lehrkraft enormes Potenzial: Durch Zuschauen und Mitmachen könnten Unterrichtssituationen, Korrekturen, Gesprächsführung, Konfliktmanagement, Elterngespräche, effektive Mitarbeit in Arbeitsgruppen, ökonomische Arbeitsstrategien etc. auf anschauliche Weise gelernt und verinnerlicht werden.

1.6.2 Anwendung abstrakten Wissens in offenen Situationen

Wie in anderen Professionen kommt es in der Berufsausübung von Lehrkräften in hohem Maße darauf an, abstraktes Wissen auf konkrete und immer – nicht nur in Nuancen – unterschiedliche Situationen anzuwenden. Die berufliche Tätigkeit ist vom Kern (das unterrichtliche Agieren) bis weit in die Peripherie (Gespräche führen, Klassenarbeiten aufsetzen etc.) wenig standardisierbar. Das macht den Beruf zunächst spannend. Jeder Tag, jede Stunde ist ein Erlebnis, eine Herausforderung. Unvorhergesehenes kann ständig auftreten. Oft müssen beinahe im Sekundentakt Entscheidungen getroffen werden: Zwei Schüler melden sich gleichzeitig, welchen nehme ich (zuerst) dran? Wie soll ich eine Provokation bewerten, soll ich sie ignorieren, humorvoll registrieren, sanktionieren? Nicht gemachte Hausaufgaben stellen die Unterrichtskonzeption in Frage – soll ich flexibel reagieren oder mein Konzept durchziehen?

1.6.3 Berufsethos

Ärzte verfügen über ein eigenes dezidiertes Berufsethos (Hippokratischer Eid). Lehrkräfte – soweit sie Beamte sind – sind auf die Verfassung und mithin auf deren Grundwerte vereidigt. Ein allgemein akzeptiertes, berufsspezifisches Berufsleitbild (vgl. Kapitel 4.5) gibt es nicht. Es wäre sinnvoll, eines zu entwickeln, wiewohl es fast voraussehbar ist, dass die Entwicklung an der Vielfalt der Lehrkräfte und ihren unterschiedlichen Berufsauffassungen scheitern wird. Ersatzweise behelfen sich viele Schulen mit einem Leitbild, das in der Regel in einem gemeinsamen Leitbildprozess erarbeitet wird. Kritisch bleibt hier jedoch nach der Verbindlichkeit und damit der konkreten Bedeutung der Leitbilder zu fragen. In manchen Professionen gibt es Berufsverbände, die auch über die Einhaltung der berufsethischen Grundsätze wachen und die Profession nach außen vertreten. Lehrer – sofern sie es wollen – organisieren sich zwar auch in Lehrerverbänden, die aber eher gewerkschaftliche Vertretungen sind und keinerlei Kompetenz im Hinblick auf die Mitglieder haben.

1.6.4 Expertenstatus

Von Mitgliedern einer Profession wird erwartet, dass sie über berufsspezifische Kompetenzen verfügen und in ihrer Berufsausübung in hohem Maße autonom agieren; soweit diese Erwartungen gemeinhin erfüllt werden, werden die Professionsangehörigen auch als Experten anerkannt. Lehrkräfte unterliegen auf der einen Seite vielfältigen Abhängigkeiten, insbesondere im Hinblick auf das Kerngeschäft des Unterrichtens. Im Rahmen der Stundentafel werden sie Klassen zugeteilt, in denen sie Fachunterricht in einer vorgegebenen Stundenzahl erteilen. (Es gibt neuere Modelle, wonach Kolleginnen und Kollegen gemeinsam in weit größerer Autonomie Verantwortung für eine Klasse übernehmen oder in freieren Lernarrangements wie z. B. Werkstattunterricht eingesetzt werden.) Die Stunden und ihre Abfolge sind durch den individuellen Stundenplan geregelt. In der unterrichtlichen Tätigkeit gilt es, den verbindlichen Bildungsplan (die Bildungsstandards) umzusetzen, der je nach Bundesland in unterschiedlicher Konkretion vorgibt, welche fachlichen und überfachlichen (z. B. sozialen) Kompetenzen bei den Schülern anzustreben sind. Die Notenverordnung und zahlreiche weitere Verordnungen machen klare Vorgaben. Auf der anderen Seite bestehen auf der Handlungsebene und in der konkreten Umsetzung erhebliche Spielräume (Was wird exemplarisch vertieft, was eher kursorisch unterrichtet? An welchen Beispielen soll das zu Lernende veranschaulicht werden? Welche Methoden sind geeignet? Welche Unterrichtsmaterialien – Schulbuch, Arbeitsblatt, Lehrfilm etc. – kommen zum Einsatz? Wie ist eine Schülerleistung zu bewerten, welcher Spielraum bei der Bewertung eines ‚Ausrutschers' besteht?). Diese und viele andere Entscheidungen trifft jede Lehrkraft autonom in ihrer pädagogischen Verantwortung.

Der Lehrberuf unterscheidet sich in der Ausbildung von Professionsmerkmalen nicht gravierend von anderen Professionen. Dennoch gibt es erhebliche Unterschiede in der Wahrnehmung und im Ansehen. Menschen gehen im sicheren Wissen, einen Profi zu benötigen, zum Arzt oder Anwalt. Im Regelfall lohnt sich ein Besuch beim Rechtsanwalt oder Arzt, im Idealfall spürt man die positiven Auswirkungen zeitlich nah und in kausalem Zusammenhang. Der Besuch einer Schule hingegen beruht nicht auf einer freiwilligen Entscheidung, sondern man gehorcht der Schulpflicht, und anders als beim Arzt oder Anwalt ist es nicht mit ein, zwei, drei Konsultationen getan, sondern man muss die Schule über einen langen Zeitraum besuchen. Erfolge lassen sich nicht eindeutig kausal zuordnen: Was ist der Schule, was der einfach mit dem Alter zunehmenden Reife, was dem Elternhaus oder der Umgebung geschuldet? Hinzu kommt, dass jeder meint, sich im Berufsfeld Lehrer ausreichend gut auszukennen und mitreden zu können, weil er selbst über viele Jahre eine Schule besucht hat. Für Lehrkräfte ist es aus diesem Grund sicher wichtig, wo immer möglich an der (gemeinsamen) Weiterentwicklung der Professionalität zu arbeiten und die Professionalität durch gemeinsame Standards (dazu gehören auch berufsethische Basics) zu fundieren. Meist beschränkt sich die Tiefe der Professionalität – insbesondere in den weiterführenden Schulen – noch zu sehr auf die Fachlichkeit. Weiterentwicklungen durch die Berücksichtigung evidenzbasierter Leitlinien für das Lehrerhandeln wären in der Tat wünschenswert, sie würden die Professionalität erhöhen und das Ansehen der Profession steigern. Das ist eine Herausforderung an jede einzelne Lehrkraft, aber auch für die Berufsverbände sowie die Lehrerfortbildungsagenturen und sollte auch auf der politischen Agenda (etwa im Hinblick auf Möglichkeiten der Lehrerbildung) seinen Niederschlag finden.

1.7 Die passende Schule finden und sich einführen

Hat man Studium und Referendariat erfolgreich hinter sich gebracht, steht man vor der Herausforderung, eine Stelle zu finden – und nach Möglichkeit eben nicht irgendeine, sondern die passende. Je nach Fächerkombination und Abschluss gestaltet sich das etwas einfacher oder schwieriger. Leider kommt hinzu, dass es bei der Lehrereinstellung durch die Länder periodische Schwankungen gibt, sodass sich Phasen des Lehrermangels mit solchen abwechseln, in denen nur wenige Einstellungen getätigt werden.

1.7.1 Sich bewerben

Teilweise können die Schulen ihre Stellen über schulscharfe Ausschreibungen besetzen. Dann ergibt sich der klassische Fall der Bewerbung. Hier soll auf die einzelnen Schritte kurz eingegangen werden (ausführlicher in Baumann/Baumann 2012, S. 161 ff.).

Die schriftliche Bewerbung

Zur schriftlichen Bewerbung gehört ein persönliches Anschreiben. Neben den übrigen Bewerbungsunterlagen ist dieses Anschreiben ein wichtiges Dokument. Es sollte die persönlichen Beweggründe darlegen, die zur Bewerbung genau an dieser Schule geführt haben. In authentischer Weise sollte also erkennbar sein, dass man sich bereits mit der betreffenden Schule auseinandergesetzt hat. Nach Möglichkeit ergibt sich eine Passung von persönlichem Profil und Profil/Konzeption der Schule, die die Bewerbung motiviert. Das Anschreiben sollte die zentrale Frage beantworten, worin für die Schule im Fall einer Einstellung der Mehrwert bestünde – abgesehen von den Fächern, die man vertritt und die die Schule gerade braucht. Dass man hier etwas zu bieten hat, sollte die Neugier der Schule wecken. In die Bewerbungsmappe gehören sodann der gut strukturierte und übersichtlich dargestellte Lebenslauf und Kopien von allen Zertifikaten (Abitur, Bachelor- und Master-Abschluss bzw. Staatsexamen). Falls vorhanden können Nachweise über zusätzliche und relevante Qualifikationen beigelegt werden. Unvollständige Lebensläufe und fehlende Dokumente lösen möglicherweise unangenehme Fragen aus. Fehlerhafte Bewerbungen (Flüchtigkeitsfehler, Rechtschreibfehler, unkorrekte Daten) oder auch nach Zigarettenrauch riechende Unterlagen können unter Umständen dazu führen, dass man gar nicht erst zum Bewerbungsgespräch eingeladen wird.

Das Vorstellungsgespräch

Wird man zu einem Vorstellungsgespräch eingeladen, hat man die erste Hürde genommen. So wie die Korrektheit bei der schriftlichen Bewerbung ein absolutes Muss ist, sind es die gepflegte Erscheinung und das freundliche und verbindliche Auftreten im Vorstellungsgespräch. Auch die eigene Neugier auf die Schule, die sich in vielen Fragen und auch Nachfragen zeigt, ist nicht unwichtig. Seitens der Schule nehmen am Vorstellungsgespräch in der Regel mehrere Personen (Schulleiter, Stellvertreter oder Abteilungsleiter und Vertreter aus dem Personalrat) teil. Ein solches Gespräch kann zwischen 30 und 120 Minuten dauern. Meist läuft es – mit großen Unterschieden in der Ausgestaltung von Schule zu Schule – in unterschiedlichen Phasen ab, idealtypischer Weise etwa so:

- Kurzer Smalltalk
  Inhaltlich geht es hier um Belanglosigkeiten („Wie war die Anfahrt?", „Haben Sie die Schule gut gefunden?"). Diese kurze Phase dient der Entspannung. Man hat Zeit, die Gesprächsteilnehmer und den Raum anzuschauen, man kann die Atmosphäre für das Gespräch erspüren.
- Erklärung des Ablaufs
  Nach einer kurzen Vorstellung der Gesprächsteilnehmer seitens der Schule wird der Schulleiter den vorgesehenen Ablauf des Gesprächs skizzieren.
- Vorstellung des Bewerbers
  Hier haben die Schulen unterschiedliche Gepflogenheiten. Folgende Bausteine können zum Tragen kommen:
  - Freie Vorstellung entsprechend dem Lebenslauf und dem Anschreiben bzw. diese ergänzend
  - Freies Gespräch
    oder:
  - (teil-)strukturiertes Interview
    Sinn und Ziel des (teil-)strukturierten Interviews ist es, auf der einen Seite möglichst systematisch die für die Schule relevanten Qualifikationen des Bewerbers abzufragen, auf der anderen eine höhere und etwas objektivierte Vergleichbarkeit zu schaffen, indem allen Bewerbern die gleichen Fragen gestellt werden. Teilstrukturiert bedeutet, dass sehr wohl zusätzliche und vertiefende Fragen gestellt werden können und viel Raum auch für freie Phasen besteht.
  - Relevante Erkundungsbereiche könnten sein:
    - Fachliche und überfachliche Qualifikationen
    - Motivierung von Schülerinnen und Schülern
    - Fähigkeit zur Klassenführung
    - Umgang mit Konflikten/Belastbarkeit
    - Selbstorganisation
    - Verlässlichkeit in der Schule.

    Zu jedem dieser Teilbereiche können mehrere Merkmale definiert sein. So können die zu erfragenden Merkmale des Teilbereichs ‚Klassenführung' z. B. sein:
    - Empathie, soziale Sensibilität
    - Natürliche Autorität
    - Strukturiertheit
    - Leistungs- und Ergebniswille
    - Ausdrucksfähigkeit, Stimme.

    Zu den meisten Merkmalen – insofern sie nicht indirekt beobachtbar sind – wird es unterschiedliche, aber typische Fragen geben. Die Fragen können offen sein („Nennen Sie eine Erkenntnis der Lehr-Lern-Forschung, die Sie persönlich für bedeutsam halten! Begründen Sie Ihre Meinung."), sie können biografisch sein („Wo haben Sie erste Erfahrungen im Umgang mit Kindern und Jugendlichen gesammelt? Beschreiben Sie Ihre Erfahrungen!"), oder sie können situativ sein („Zwei Schüler einer 8. Klasse beginnen nach der Stellung eines Arbeitsauftrags mit Ihnen über den Nutzen dieses methodischen Schrittes zu diskutieren. Wie reagieren Sie?"). Selbstverständlich werden die Gesprächspartner sich Notizen machen. Davon darf man sich nicht irritieren lassen, sondern sollte es positiv sehen: Man ist möglicherweise ein Bewerber unter mehreren, und durch Notizen wird gewährleistet, dass wichtige Eindrücke nicht verloren gehen.

- Informationen zur Schule
  Die Schule hätte die Stelle nicht ausgeschrieben, wenn sie nicht selbst ein großes Interesse an einem guten Bewerber hätte. Also muss auch die Schule in den Vorstellungsgesprächen sich ihrerseits um die oder den besten Bewerber bewerben. Sie wird sich also Zeit nehmen, sich ihrerseits vorzustellen. Hier empfiehlt es sich, da und dort gezielt nachzufragen, sich auch die Hintergründe/pädagogischen Ansätze von bestimmten Maßnahmen im Schulprogramm erklären zu lassen.
- Rundgang
  Zur Vorstellung der Schule gehört billigerweise auch ein Rundgang durch das Schulgebäude.
- Ausblick auf das weitere Verfahren
  Das Vorstellungsgespräch endet mit einem Ausblick auf das weitere Verfahren. Die Schule kann zu erkennen geben, bis wann sie eine Entscheidung treffen möchte und was dann die nächsten Schritte sein könnten. Ebenso kann man als Bewerber die größtmögliche Transparenz zeigen („Natürlich habe ich mich auch an anderen Schulen beworben, aber meine Entscheidung kann bis dahin stehen."). Vorsichtige Einschätzungen von beiden Seiten (Schule: „So wie wir Sie jetzt kennengelernt haben, könnten wir uns eine Zusammenarbeit mit Ihnen sehr gut vorstellen.", „Ihre Kompetenzen und Fächer würden sehr gut zu unserer Schule passen."; Bewerber: „Ihre Schule könnte für mich ein sehr attraktiver Arbeitsplatz sein.", „Ich denke, an Ihrer Schule könnte ich mich mit meinen Kompetenzen sehr gut einbringen.") geben erste, für den weiteren Entscheidungsprozess nicht unwichtige Anhaltspunkte.

1.7.2 Die passende Schule finden

So wie Schulen sich um zu ihnen passende Lehrkräfte bemühen und der Personalauswahl höchste Sorgfalt widmen müssen, ist es umgekehrt auch wichtig, als Lehrkraft möglichst genau die Schule zu finden, die zu einem passt. Auch innerhalb einer Schulart ist heute längst nicht mehr eine Schule wie jede andere. Schulen bilden ihren eigenen Charakter aus, der sich nur langsam wandelt (daher sollte man sich auch nicht der Illusion hingeben, man könne durch Einflussnahme die Schule schon in die gewünschte Richtung lenken; Schulen sind wie Hochseetanker, die nur sehr langsam in ihrem Kurs zu korrigieren sind). Schulen unterscheiden sich in der Lernkultur, im Umgang mit den Schülerinnen und Schülern, in der Abschulungs- und Nichtversetztenquote, in der Hausaufgabenkultur, in der Diskussionskultur, im Stand der Schulentwicklung und in der Art und Weise, wie diese gehandhabt wird, in der Organisations- und Führungsstruktur, im Grad der Transparenz, in den Mitwirkungsmöglichkeiten von Eltern, in der SMV-Arbeit und in vielen anderen Dingen. Partnerschaften, Austauschprogramme, die Wettbewerbskultur und vieles andere mehr kommen hinzu. Die vielfältigen Unterschiede dürfen aber nicht darüber hinwegtäuschen, dass es auf nur einige wenige Essentials ankommt, um sich an einer Schule dauerhaft wohl und heimisch zu fühlen. Es lohnt sich also im Vorfeld einer Stellensuche – vor allem, wenn es sich um ausgeschriebene Stellen handelt –, sich sehr genau mit den Schulen, an denen man sich bewirbt, zu befassen und sich gleichzeitig über die präferierten Profile klar zu werden.

Oft lässt sich eine ganze Reihe von Informationen durch das Internet gewinnen (vielleicht wartet die Schule aber gerade auf jemanden, der eine Internetpräsenz aufbauen möchte!). Vielleicht gibt es an der Schule auch ein aussagekräftiges, veröffentlichtes Leitbild. Nur, wie kann man wissen, ob es auch umgesetzt wird? Vielleicht hilft ein Blick auf die Seiten der Eltern und der Schüler auf der Homepage weiter. Vielleicht kommt man zum Vorstellungsgespräch etwas früher, schaut sich die Schule an und versucht aufzunehmen, was sie ausstrahlt: Hängen – neue – Bilder an den Wänden? Macht die Schule einen gepflegten und gut geführten Eindruck? Wie unterhalten sich Kolleginnen und Kollegen miteinander? Gibt es Nischen für Schülerinnen und Schüler? Wie nehmen sich Lehrkräfte und Schüler wahr? Grüßt man sich? Stehen Pflanzen auf den Fluren? Gibt es Spuren von Vandalismus? Wie verhält sich die Schulleiterin/der Schulleiter – möchte man sie/ihn als Vorgesetze/n? Wie agiert das Schulleitungsteam untereinander? Wie viel Zeit nimmt man sich für das Vorstellungsgespräch? Wie gründlich und offen wird die Schule vorgestellt und gezeigt? Vielleicht hat man darüber hinaus die Gelegenheit, mit Schülerinnen und Schülern und mit Kolleginnen und Kollegen ins Gespräch zu kommen: Reagieren sie freundlich? Wird einem weitergeholfen, wenn man nach dem Sekretariat fragt? Die Nähe der Schule zum eigenen Wohnort oder zum Wohnort des Partners mag für die Entscheidung eine legitime Rolle spielen, sollte aber angesichts der Bedeutung des Arbeitsplatzes für das persönliche Wohlbefinden und für die eigenen Entfaltungsmöglichkeiten nicht übermäßig hoch gewertet werden. Umgekehrt sollten große Entfernungen sorgfältig erwogen werden: Tägliche lange Anfahrten werden auf die Dauer als belastend und zeitraubend empfunden und können – je nach Verkehrsdichte – erheblichen Stress verursachen. Auch dieser Aspekt sollte bei der dauerhaften Arbeitsplatzwahl berücksichtigt werden.

Hat man sich erfolgreich an einer Schule beworben oder wurde einer Schule zugeteilt, beginnt in der Tat ein wichtiger neuer Lebensabschnitt.

1.7.3 Neu an der Schule

Neu an einer Schule zu sein, ist ein großes und mit gemischten Gefühlen (freudige Erwartung, Neugier, aber auch Ängste) verbundenes Ereignis, das in der Regel mit Beginn des Vorbereitungsdienstes, möglicherweise aber noch öfter im Laufe der Berufszeit als Lehrkraft auf einen zukommt. Aus vielfältigen Anlässen kann es zu Schulwechseln kommen: Beendigung der Ausbildung, Umzug, Bewerbung auf eine Funktionsstelle, Abordnung, Auslandsschuldienst bzw. Rückkehr aus dem Auslandsschuldienst etc. Neben allen Unwägbarkeiten, die ein Schulwechsel mit sich bringt, stellt er immer auch eine gute Gelegenheit dar, sich auf Neues einzulassen, seine bisherigen Erfahrungen einzubringen, sich selbst neu zu positionieren. Auch hier – wie so oft – kommt dem Anfang, den ersten unscheinbaren Begegnungen, durchaus große Bedeutung zu.

Sich vorstellen

Voll Spannung schaut ein Kollegium in der Regel zu Beginn des Schuljahres, wer neu ins Team kommt. Meist erhält man im Rahmen einer ersten Gesamtlehrerkonferenz die Gelegenheit, sich mit einigen Worten selbst vorzustellen. Das ist eine gute Gelegenheit anzudeuten, wofür man steht und welche Erwartungen man mit der neuen Schule verbindet.

Sich mit der Schülerschaft bekannt machen

Ebenso groß ist die Spannung bei den ersten unterrichtlichen Begegnungen mit den Schülerinnen und Schülern. Schülerinnen und Schüler wollen nicht nur wissen, was fachlich auf sie zukommt und auf welche formalen Aspekte im Schuljahr geachtet wird, sondern vor allem, was für eine Person da vor ihnen steht. Dabei ist es nicht notwendig, vor den Schülerinnen und Schülern seine Biografie auszubreiten, wichtig ist vielmehr, sich so natürlich und authentisch wie möglich zu zeigen: Wie geschieht die Kontaktaufnahme? Wie geht die oder der Neue mit Fragen und Anregungen um? Auch das Erscheinungsbild wird sorgfältig registriert.

Manche Schulen bieten in Vollversammlungen oder Begrüßungsfeiern zu Beginn des Schuljahres den neuen Kolleginnen und Kollegen die Gelegenheit, sich der gesamten Schülerschaft vorzustellen. Das ist sehr hilfreich und ebenfalls eine gute Gelegenheit, sich zu präsentieren. Es ist wichtig, von allen gekannt zu werden, weil man prinzipiell – z. B. bei einer Pausenaufsicht – in der Tat für alle verantwortlich ist, und stärkt den Zusammenhalt in der Schule, indem es ein Signal der Wertschätzung und Transparenz gegenüber den Lehrkräften, aber auch gegenüber den Schülerinnen und Schülern aussendet. Natürlich können auch Infobriefe der Schulleitung und die Homepage zu einer entsprechenden Transparenz beitragen, vor allem im Hinblick auf die Elternschaft.

Gespräche mit Keyholdern

Gezielt sollte man in den ersten Tagen bzw. Wochen an einer neuen Schule das Gespräch mit den Keyholdern suchen, also mit den – neben der Schulleitung – wichtigen Verantwortungsträgern und einflussreichen Personen. Das können die Stellvertreterin bzw. der Stellvertreter sein, Abteilungsleiter, Fachschaftsvorsitzende, Verbindungslehrer, Personalräte, aber auch die Klassenelternvertreter oder die Klassensprecher der Klassen, in denen man unterrichtet. Sehr viel kann man auch von den Sekretärinnen lernen, insbesondere wenn es um Abläufe und Verwaltungsaufgaben geht. In ruhigen Phasen – also eher nicht im Vormittagsstress – geben sie in aller Regel gern Auskunft und es ist ihnen durchaus lieb, bestimmte Abläufe erklären zu können, um späteren Aufwand minimieren zu können. Es ist von großem Vorteil, sich mit diesen Personen bekannt zu machen und mit ihnen über die Schule zu sprechen, anstatt zu warten, bis irgendwelche Situationen möglicherweise unter ungünstigem Vorzeichen (Konfliktfall etc.) zur ersten Begegnung führen.

Geschriebenes und Ungeschriebenes oder: Wann gehört man richtig dazu?

Jede Schule ist eine sehr komplexe Organisation. Man darf sich nicht entmutigen lassen, wenn man am Anfang auf der einen Seite erhebliche Informationslücken hat und auf der anderen Seite dermaßen viele und durchaus verhaltensrelevante neue Informationen auf einen einstürzen, dass man sich beinahe überfordert fühlt. Das kann zu einer grenzwertigen Anfangsbelastung führen, die einige Monate anhält, und man begegnet ihr am besten durch unentwegtes Fragen. Von Vorteil ist es, wenn eine Schule wesentliche Informationen über schulinterne Regelungen (Geschäftsverteilungsplan, Ablaufdiagramme, Gremienstruktur, Leitbild und Schulprogramm etc.), Vereinbarungen und Dokumente in einem leicht zugänglichen Portfolio oder Handbuch hinterlegt hat. Auch die Fragen nach der an der Schule bereitstehenden Medientechnik und den für spezielle Aufgaben zur Verfügung stehenden Ressourcen sind nicht ohne Bedeutung. Klarheit sollte man sich auch über Schlüsselberechtigungen und Schließpflichten und entsprechende Verantwortlichkeiten verschaffen. Dennoch wird ein Neuer immer wieder auf bestimmte ihm unbekannte Gepflogenheiten an der Schule stoßen, die den ‚Eingesessenen' so selbstverständlich erscheinen, dass niemand bislang auf die Idee gekommen wäre, das zu dokumentieren. Neben dem Geschriebenen gibt es einen großen Bereich des Ungeschriebenen, auch eine Art hidden agenda. Hier hilft nur Zuschauen, hier hilft ein hilfsbereites und aufgeschlossenes Kollegium, gelegentlich braucht es Mut zur Lücke – insbesondere solange man noch die (Narren-)Freiheit des Anfängers hat.

Bis man nicht mehr als Fremder wahrgenommen wird und sich auch selbst als konstituierenden Teil dieser Schule fühlt, bis man gleichsam ihren ‚Stallgeruch' angenommen hat, kann es mitunter ein längerer Weg sein.

2 Lehrkraft sein

Sich selbst wirksam erleben zu können, ist Dünger für die eigene Lern- und Problemlösefähigkeit. Dieses Selbstwirksamkeitserleben kann in Erfahrungen reifen, in denen die Lernenden immer wieder Gelegenheit haben, sich etwas zuzutrauen.
(Rolf Arnold)

2.1 Der Umgang mit den Schülerinnen und Schülern

Die für die Arbeit einer Schule maßgebliche Prozessqualität ergibt sich zu großen Teilen aus dem Umgang der Lehrkräfte mit den Schülerinnen und Schülern. In der täglichen Interaktion während des Unterrichts und in den Pausen, bei zahlreichen Gesprächen entscheidet sich, welches Klima an einer Schule herrscht und wie das Lernen der Schülerinnen und Schüler gefördert wird.

2.1.1 Die Grundeinstellung zu Schülerinnen und Schülern

Kinder brauchen Liebe. Besonders wenn sie sie nicht verdienen.
(Henry David Thoreau)

Wir helfen einem Menschen mehr, wenn wir ihm ein günstiges Bild seiner selbst vorhalten, als wenn wir ihn unablässig mit seinen Fehlern konfrontieren.
(Albert Camus)

Essenziell für das dauerhafte gelingende Miteinander ist eine positive und möglichst robuste Grundeinstellung, die man als Lehrkraft gegenüber Schülerinnen und Schülern haben muss. Es ist ein Gebot der Fairness gegenüber der aktuellen Schülergeneration, sie nicht für mögliche negative Erfahrungen verantwortlich zu machen, die eine Lehrkraft mit vorauslaufenden Schülergenerationen gemacht haben mag. Schülerinnen und Schüler sind auf ihrem Weg ins Leben; sie durchlaufen unterschiedliche und für ihre Entwicklung notwendige Phasen. Lehrkräfte dienen hier häufig als Projektionsfläche und empfinden sich als Zielscheibe adoleszenter Eruptionen. Es ist ein Teil der professionell-positiven Grundeinstellung, um diese Phänomene zu wissen und sie einordnen zu können. Wenn man sich persönlich angegriffen und verletzt fühlt, kann es in Einzelfällen zugegebenermaßen sehr schwer sein, seine Professionalität – und das dazugehörige reflektierte und angemessene Verhalten – aufrecht zu erhalten. Wie in allen sozialen Berufen gehört zur Aufrechterhaltung der Professionalität auch Supervision. Es ist ein gravierendes Defizit, dass weder die Bildungsverantwortlichen noch die Lehrkräfte selbst längst auf eine regelmäßige Supervision als selbstverständlichen Teil des Berufs gesetzt haben.

Eine positive Grundeinstellung ist nicht zu verwechseln mit einem irrationalen Blick auf die Schülerinnen und Schüler, der wesentliche Teile der Realität ausblendet oder alles Wahrgenommene schönfärbt. Eine positive Grundeinstellung bedeutet vielmehr, an dem Schüler, mit dem man es gerade zu tun hat, Interesse zu haben, neugierig auf ihn, seine Geschichte und seine Möglichkeiten zu sein und zu schauen, wie man als Lehrkraft zu einer positiven Entwicklung seines Lernens und seiner Persönlichkeit beitragen kann. Dabei bewegt man sich mehrfach im Ungewissen, man kann sich in seiner Wahrnehmung täuschen, man geht das Risiko ein, dass die beabsichtigten Schritte und Maßnahmen nicht zum gewünschten Erfolg führen. Dennoch wird die Schülerin/der Schüler das in sie/ihn gesetzte Vertrauen und den Rückhalt, die Ermutigung spüren. Diese Ungewissheit ist für menschliche Beziehungen generell normal, sie gilt es auszuhalten. An wirksame Verhaltensmuster muss man sich herantasten – oft auch im Dialog mit Kolleginnen und Kollegen; hier ist viel gemeinsame Fantasie gefragt.

Die positive Grundeinstellung bedeutet, selbst in seinem Handeln sehr klar und konsequent zu sein, Grenzen zu ziehen und die Einhaltung von Grenzen in verlässlicher Weise zu gewährleisten. Diese Grundeinstellung beinhaltet zudem Fairness und Gerechtigkeit, getragen von einem grundlegenden Wohlwollen, das sich in Freundlichkeit und dem Bemühen ausdrückt, die Kommunikation mit den Schülerinnen und Schülern nach Möglichkeit auf Augenhöhe zu führen. Nicht akzeptabel sind versteckte subversive Botschaften, Ironie gegenüber Schülerinnen und Schülern oder gar zynische Anspielungen. Zur positiven Grundeinstellung und einer Atmosphäre des Wohlwollens gehört auch die grundsätzliche Bereitschaft zum Humor, wo immer sich eine entsprechende Gelegenheit bietet. Miteinander über etwas zu lachen, verbindet und schafft Vertrauen. Dies umfasst auch die Bereitschaft, eigene Fehler einzugestehen und mit einer Prise Selbstironie über sich selbst zu lachen.

2.1.2 Lernen ermöglichen

Aus dem den Kindern zu erteilenden Unterricht soll man kein Spiel machen;
denn das Lernen ist kein Spiel für sie. Es ist mit Mühe und Unlust verbunden.
(Aristoteles)

Die größte Kunst besteht darin, alles, was sie zu tun haben,
zu vergnüglichem Spiel und Kurzweil zu machen.
(John Locke)

Alle unterrichtlichen Arrangements sollten auf das Lernen der Schülerinnen und Schüler zielen. Dabei gilt es, nicht dem sog. Lehr-Lern-Kurzschluss zu erliegen (lehren bedeutet nicht gleich lernen). Dem Lehren – insbesondere wenn es sich auf der Basis eines tragfähigen Lehrer-Schüler-Verhältnisses vollzieht (vgl. Roth 2011) und von Enthusiasmus für die Sache geprägt ist – sowohl im Hinblick auf eine Klasse (Input, Lehrervortrag) als auch in individualisierten Konstellationen (wiederholte oder vertiefende Erklärung eines Sachverhalts für einen Schüler oder eine kleine Gruppe) sehr große Bedeutung zu. Wichtige Voraussetzungen sind, die (Lern-)Ausgangslagen der Schülerinnen und Schüler zu kennen, ihr Vorwissen zu eruieren, die Sinnhaftigkeit des zu Lernenden, seine lebensweltlichen Bezüge zu zeigen und damit Motivation zu schaffen. Und dennoch ist das Lernen selbst immer eine Aktivität der Schülerinnen und Schüler. Nicht erst seit Hattie (2014) wissen wir, dass ein günstiges Klassenklima und die Lernatmosphäre maßgeblich sind. Die Lernkultur der Zukunft ist weniger an dogmatischen Fragen des Unterrichtsarrangements orientiert als an der ständig neu zu stellenden Frage, wie das Lernen der Schülerinnen und Schüler, mit denen man es konkret zu tun hat, optimal angeregt und gefördert werden kann. Dass dies eine hohe Virtuosität (Präsenz, Flexibilität, Adaptivität) und Optionalität (unterschiedliche Unterrichts- und Lernsettings, breites Methodenrepertoire, Kompetenz bei kooperativen Lernformen, Material- und Selbstlernaufgabenfundus) der Lehrkräfte erfordert, ist einleuchtend und eine Erwartung an die Professionalität jeder (zukünftigen) Lehrkraft.

2.1.3 Feedback holen und geben

Mehr über sich selbst und seine Wirkung auf die Schülerinnen und Schüler kann man erfahren, wenn man sich von den Schülerinnen und Schülern (regelmäßig) Feedback holt. Es gibt unterschiedliche Möglichkeiten und gute Instrumente, die einem die Wahrnehmung durch die Schülerinnen und Schüler zeigen können. Das Einholen von Feedback setzt die grundsätzliche Bereitschaft voraus, über sich als Lehrperson nachzudenken, und ein großes Interesse daran, seine Wirkung und das sie hervorrufende unterrichtliche Verhalten besser kennen zu lernen und nach Möglichkeit zu verbessern. Feedback holen anerkennt die Kompetenz der Schülerinnen und Schüler, signalisiert Vertrauen und die Bereitschaft, sich noch besser auf die Schülerinnen und Schüler und ihre Bedürfnisse (Niveau, Adaptivität des Unterrichts, Methodik, Lehrerverhalten etc.) einzustellen.

Natürlich kann es auch extrem hilfreich sein, sich von Kolleginnen und Kollegen gezieltes Feedback zu holen, möglicherweise im Anschluss an ein systematisches Schülerfeedback. Kollegiales Feedback dient der Selbstoptimierung. Eine Kollegin/ein Kollege wird in den Unterricht mit einem klaren, fokussierten Beobachtungsauftrag eingeladen und anschließend um ihre/seine Wahrnehmung gebeten. Im Idealfall findet ein gemeinsames Nachdenken über den Unterricht statt; der Beobachter erteilt keine Ratschläge, sondern stellt Fragen und gibt Anregungen. Das kollegiale Feedback setzt sehr viel Vertrauen voraus und ist in der Tat eine hilfreiche, auch entlastende Ergänzung zum Schülerfeedback.

2.1.4 Beraten und begleiten

Kinder und Jugendliche in einem sensiblen Abschnitt ihres Lebens begleiten und professionell an ihrer Entwicklung mitwirken zu dürfen, ist ein Privileg und eine Herausforderung. Dass man ihnen ein optimales Lernen ermöglicht, ist dabei ein wichtiger Aspekt. Hierzu gehört – wie bereits ausgeführt – auch die Rückspiegelung über ihre Lernstände und das Gespräch über ihr Lernen. Gleichzeitig gilt es, die Schülerinnen und Schüler auch in ihrer Persönlichkeitsentwicklung wahrzunehmen und allseitig zu fördern. Das kann nur durch Neugier und Interesse, durch aufmerksames ganzheitliches Wahrnehmen und zahlreiche Gespräche gelingen. Die Beratung durch die Lehrkräfte wird eher ein zurückhaltend eingesetztes Instrument sein, denn Beratung ist nur wirkungsvoll, wenn sie als solche erwünscht ist. Idealerweise ist das Verhältnis zwischen den Lehrkräften und Schülern durch ein belastbares Grundvertrauen geprägt. Das wiederum setzt auf Seiten der Lehrkräfte eine hohe Glaubwürdigkeit, Integrität und Authentizität voraus. Schülerinnen und Schüler orientieren sich an Vorbildern!

2.1.5 Einsatz von Strafen?

Je mehr Verbot, umso mehr Übertretung. Je mehr Vorschrift, umso mehr Nichterfüllung.
(Laotse)

Von der Rute habe ich keine andere Wirkung beobachtet, als dass sie die Seelen schlaff und feig oder heimtückisch und starrsinnig machte.
(Michel de Montaigne)

In den Schulgesetzen der Länder gibt es Regelungen zu Erziehungs- und Ordnungsmaßnahmen. Der Begriff der Strafe wird in der schulischen Gesetzgebung vermieden, ist aber im schulischen Alltag bei Schülern, Lehrkräften und Eltern selbstverständlich und weitestgehend akzeptiert. Während schulische Ordnungsmaßnahmen schwerwiegende Eingriffe sein können, gehört eine Fülle von ‚kleineren' Strafmaßnahmen zur schulischen Alltagswirklichkeit. Striche, Zusatzaufgaben (Strafarbeiten), Vor-der-Türe-stehen-Müssen, Nachsitzen, Einträge oder Verweise im Klassenbuch, die dann schwerere Strafen (etwa Nachsitzen beim Schulleiter und Einbestellung der Eltern) nach sich ziehen, sind täglich tausendfache Realität. Meist sind Strafen welcher Art auch immer (endlos viele) Drohungen vorausgegangen oder begleiten die Strafmaßnahmen. Strafen – teilweise werden sie auch Konsequenzen genannt – gehören für viele Lehrkräfte zur Strategie des (mühsamen) Überlebens. Es gibt Hardliner unter den Lehrkräften, die gern noch viel rigoroser durchgreifen würden (allerdings mit welchem Ende?). Lehrkräfte haben eine unterschiedlich ausgeprägte Toleranz, und Schülerinnen und Schüler reagieren auf manche Lehrkräfte anders als auf manche andere. Lehrkräfte mit einer bestimmten (Wohlwollen signalisierenden) Ausstrahlung, einer klaren und konsequenten Art und reflektierten Verhaltensmustern erwerben meist eine hohe Akzeptanz und kommen fast ohne Strafen aus. Vieles können sie durch gezielten Blickkontakt oder im (Pausen-)Gespräch regeln. Es lohnt sich, solchen Kolleginnen und Kollegen, die vermutlich kaum ein

Rezept für ihren Erfolg formulieren können, im Unterricht und bei ihren zahllosen Begegnungen mit den Schülerinnen und Schülern zuzuschauen.

Schulgeschichtlich waren Strafen die selbstverständlichen Mittel zur Disziplinierung der Schülerinnen und Schüler und zur Erzwingung der Ordnung. Heute, im Licht neuerer Erkenntnisse zum Verhalten von Menschen, weiß man einerseits, welche Möglichkeiten der Motivation es gibt, und andererseits, dass Strafen verhältnismäßig wenig zu einer wirklichen Verhaltensmodifikation beitragen, aber durchaus nicht intendierte Nebenwirkungen zeitigen (können). „Strafe", schreibt Roth (2015, S. 281), „ist die am wenigsten wirksame Form instrumenteller Konditionierung". Strafe führe längerfristig nie zu einer vollständigen Unterdrückung des unerwünschten Verhaltens, sie wirke u. U. sogar verstärkend; die Wahrscheinlichkeit sei hoch, dass Strafen an Wirkung verlieren (Gewöhnungseffekt).

2.1.6 Konflikte

Eine Begründung wiegt zehn Drohungen, sechs
Ermahnungen und zwei Überredungsversuche auf.
(Friedrich Wilhelm Holländer)

Konflikte gehören zum sozialen Miteinander an jeder Schule, wo täglich unendlich viele Interaktionen stattfinden und unterschiedliche Interessen aufeinanderstoßen. Kinder und Jugendliche mit verschiedenem Background begegnen sich, sitzen in einer Klasse. Die Schule hat Erwartungen, denen die Schülerinnen und Schüler nicht immer entsprechen wollen oder können. Manchmal kann unterrichtliches Setting – eine schlecht vorbereitete oder von Schülern langweilig empfundene Stunde – das Klima für Konflikte begünstigen. Freundschaften werden in der Schule geschlossen und gehen auch wieder auseinander. Es gibt Eifersucht, Neid und Mobbing. Mit all dem ist die Schule ein soziales Lernfeld für alle Beteiligten, insbesondere für die Schülerinnen und Schüler.

Die möglichen Konstellationen sind vielfältig. Schülerinnen/Schüler können untereinander Konflikte haben oder mit einer Lehrkraft. In beiden Fällen sind die Lehrkräfte gefragt.

Haben Schüler/innen untereinander Konflikte, beeinträchtigt das in aller Regel ihr Lernverhalten und strahlt häufig auch negativ in die Klassen aus. Störungen des Klassenklimas sollte man sorgfältig registrieren und schnell zu beheben versuchen. Hierfür gibt es leider keine Patentrezepte, weil jeder Fall anders gelagert ist und es immer um Personen mit ihrer je eigenen Geschichte und Prägung geht. Erfahrene Lehrkräfte wissen das und gehen nicht mit fertigen Mustern in Konfliktlösungsgespräche, sondern mit dem Vorsatz der Offenheit. Wann immer möglich sollten Lösungen angestrebt werden, bei denen es nicht einen Gewinner und einen Verlierer gibt, sondern die gegenseitiges Verständnis und Einsicht schaffen. Demütigungen sind der Keim für neue Konflikte. Win-Win-

Situationen und das abschließende Gefühl, dass alle Beteiligten etwas gelernt haben und nach dem Konflikt besser dastehen als vorher, sind die besten Gesprächsergebnisse.

Ist man als Lehrkraft selbst Teil eines Konflikts, was genauso normal ist, gelten im Prinzip die gleichen Grundsätze. Zunächst ist es billig, einen Schüler anzuhören, der sich vielleicht ungerecht behandelt oder durch eine Äußerung verletzt fühlt. Grundsätzlich sollte man in Betracht ziehen, dass man als Lehrkraft ungerecht bzw. verletzend wirken kann und sicher gelegentlich so wirkt. Es wäre realitätsfern zu leugnen, dass einem angesichts der Anforderungsdichte Fehler unterlaufen können, dass man gelegentlich Ungeduld oder Unmut äußert oder Aussagen generalisiert, die eigentlich nur auf wenige in einer Klasse zutreffen, dass der angestaute Ärger nicht den Verursacher trifft, sondern eine Schülerin, die lediglich das Fass zum Überlaufen bringt. Schwerer wiegt, wenn Schülerinnen und Schüler erteilte Noten nicht nachvollziehen können oder als ungerecht empfinden, wie es ebenfalls normal und tägliche Realität ist. In der Tat kommt es vor, dass Schülerinnen und Schüler sich subjektiv als sehr gut auf eine Klassenarbeit oder einen Test vorbereitet empfinden und meinen, sehr viel gearbeitet zu haben. Aber vielleicht haben sie ineffektiv oder das Falsche gelernt. Vielleicht ist es ihnen nicht gelungen, das Gelernte zu reproduzieren. Selbstverständlich löst das Frust aus und schafft Gesprächsbedarf. Grundsätzlich sollte man als Lehrkraft bereit sein, sein Verhalten zu reflektieren und selbstkritisch zu hinterfragen. In berechtigten Fällen nachzugeben, sich zu entschuldigen und eine Entscheidung zu korrigieren, ist kein Zeichen von Schwäche, sondern von Souveränität und Größe.

2.1.7 Gespräche

Das gute Gelingen ist zwar nichts Kleines, fängt aber mit Kleinigkeiten an.
(Sokrates)

Es ist mehrfach deutlich geworden, dass neben der unterrichtlichen Tätigkeit ein erheblicher Teil der Wirksamkeit einer Lehrkraft aus den Gesprächen resultiert, die sie führt. Deshalb sollen hier noch einige Hinweise gegeben werden, die helfen können, dass Gespräche mit Schülerinnen und Schülern gelingen. Grundsätzlich ist es dabei wichtig, unangenehme (Konflikt-)Gespräche nicht (zu lange) aufzuschieben, aber – wenn man selbst Betroffener ist – sie auch nicht aus dem Affekt heraus sofort anzustreben.

- Sich Zeit nehmen
  Viele Gespräche, die Lehrkräfte mit Schülerinnen und Schülern führen, finden irgendwie zwischen Tür und Angel statt: vor dem Lehrerzimmer, auf dem Flur, auf dem Weg von einem Klassenzimmer ins andere. Das hat durchaus seine Berechtigung. Man muss allerdings ein Gespür dafür entwickeln, wann man sich für ein Gespräch mehr Zeit nehmen muss. Dann sollte man in der

Tat genügend Zeit einplanen, sodass das Gespräch ohne äußeren Zeitdruck stattfinden kann. Und man sollte dem Gesprächspartner auch signalisieren, dass man Zeit hat.

- Auf angenehme Atmosphäre achten
  Wichtig ist, sich für Gespräche in einen ruhigen und geschützten Raum zurückzuziehen, in dem man keine Störung befürchten muss, selbst wenn ein solcher Raum in Schulen nicht immer einfach zu finden ist. Ein Bitte-nicht-stören-Schild an der Türe kann hilfreich sein. Es hat sich bewährt, bei Gesprächen einen Tisch zwischen sich zu haben, das schafft Sicherheit und gewährleistet auch die notwendige Distanz. Die Stühle sollten bequem sein, die Lichtverhältnisse gut (kein Gesprächspartner sollte irgendwie geblendet sein; es muss hell genug sein, um auch die Mimik des Gesprächspartners erkennen zu können). Wenn auf dem Tisch Gläser und Mineralwasser stehen und der Gesprächspartner zuerst etwas zu trinken angeboten bekommt, kann das zur Entspannung beitragen.
- Gesprächseröffnung
  Zu Beginn empfehlen sich entspannende freundliche Worte, man kann sich z. B. nach dem bisherigen Verlauf des Tages erkundigen, um dann allerdings zügig zur Sache zu kommen und diese auch präzise zu benennen. Es ist wichtig, von vornherein gleiche Augenhöhe und Symmetrie zu signalisieren. Als Lehrkraft neigt man dazu, auch in Gesprächen etwas zu erklären oder seine Sichtweise als die wahrscheinlich zutreffende darzustellen. Damit vergibt man eine große Chance, nämlich die für den Schüler oder die Schülerin authentische Sichtweise überhaupt kennenzulernen. Generell sollten Gespräche mit Schülerinnen und Schülern von großer Neugier geprägt sein; Lehrkräfte müssen davon ausgehen, dass sie in der Regel nicht allzu viel von ihren Schülerinnen und Schülern und deren Umständen wissen. Wenn Schüler Interesse an ihrer Person spüren, sind sie eher bereit, sich auf ein Gespräch einzulassen.
- Offenheit
  In jedes Gespräch sollte man offen hineingehen, andernfalls handelt es sich nicht um ein Gespräch, sondern um eine Mitteilung. Gespräche sind die Chance, neue Gesichtspunkte kennenzulernen, neue Erkenntnisse zu gewinnen. Sie müssen auf jeden Fall gewürdigt werden und zum – möglichst gemeinsam gefundenen – Ergebnis beitragen. Das kann man den Schülerinnen und Schülern im Verlauf des Gesprächs auch signalisieren („Ah, ich habe gar nicht gewusst, dass …", „Diese Information ist mir jetzt neu …", „Wenn ich das gewusst hätte, hätte ich gestern sicher anders reagiert …"). So kann man sich ohne Gesichtsverlust aufeinander zubewegen.
- Zuhören, zurückhaltend sein
  Zur Gesprächskultur gehört auch, dass man zuhört, den Gesprächspartner ausreden lässt, dabei signalisiert, dass man sehr konzentriert präsent ist und zuhört. Man sollte mit eigenen Worten das Verstandene zusammenfassen

(ohne es dabei umzudeuten!), nach Möglichkeit strukturieren (das macht die weitere Unterhaltung einfacher) und fragen, ob man das Gegenüber richtig verstanden hat.

- Offenheit würdigen
  Man muss und wird in Gesprächen vielfach nicht der gleichen Meinung sein wie der Gesprächspartner. Aber selbst bei Angriffen und wenn Emotionen im Spiel sind, kann man die Offenheit des Gegenübers (vielleicht sogar seinen Mut, etwas zur Sprache zu bringen) würdigen.
- Gemeinsamkeiten hervorheben
  Auf einer allgemeinen Ebene gibt es sicher auch in schwierigen Konfliktfällen einige Gemeinsamkeiten. Der schulische Erfolg (nicht: „Du solltest aber an deinen schulischen Erfolg denken!", sondern: „Wir sind uns wahrscheinlich beide einig, dass du deinen Abschluss erreichen möchtest."), das friedliche Miteinander in der Klasse und ähnliche geteilte Ziele und Werte sollten im Gespräch akzentuiert werden.
- Kränkungen vermeiden
  Schuldzuschreibungen – insbesondere wenn sie einseitig gerichtet sind – sind ein rückwärtsgewandter Ansatz, bei dem es im Prinzip ums Rechthaben geht. Das ist einer konstruktiven Lösungsfindung nicht zuträglich und kann kränkend und demütigend wirken. Auch Formulierungen wie „Das habe ich dir schon x-mal gesagt.", „Du reagierst immer so.", „Ich vermisse bei dir sowieso den nötigen Biss." etc. sind aufrechnend, generalisierend. Dann geht es nicht mehr um einen konkreten Sachverhalt, sondern plötzlich um Persönlichkeits- und Charaktermerkmale, das sind – weil kaum zu ändern – im Grunde nichts anderes als Festlegungen, die der Weiterentwicklung und der Verhaltensänderung im Wege stehen.
- Perspektivenwechsel
  Hilfreich ist es in manchen schwierigen Gesprächen, zu einem Perspektivenwechsel einzuladen: „Kannst du dir vorstellen, wie Schülerin XY jetzt zumute ist?", „Wie würdest du reagieren, wenn du auf meinem Platz säßest?", „Was würdest du als Lehrkraft zu deinem Verhalten in der Klasse/gegenüber dem Mitschüler sagen?" Auch als Lehrkraft ist es sehr hilfreich, sich in das Gegenüber einzudenken: Nach allem, was ich weiß – wie würde ich mich in der Rolle meines Gesprächspartners fühlen?
- Kreative, unerwartete Gedanken zulassen oder sogar provozieren
  Oft hat man ein fertiges Schema für Konfliktgespräche im Kopf, das – im Wiederholungsfall – auch der gegenübersitzende Schüler bereits verinnerlicht hat und antizipieren kann (es wird ein bisschen geredet, dann bekomme ich gesagt, was ich zu tun habe). Als Lehrkraft meint man häufig auch, das Verhalten einer Schülerin bzw. eines Schülers zu verstehen und erklären zu können (wenn man selbst Konfliktpartner ist, ein leicht vermessener Ansatz). Für Betroffene sieht eine plausible Erklärung möglicherweise anders aus. Man hat viel gewonnen, wenn es gelingt, den Gesprächspartner selbst an der Su-

che nach Lösungen zu beteiligen („Wie würdest du denn das Problem gerne lösen?", „Was könnte dein nächster Schritt sein?", „Was würde dir im Augenblick helfen?", „Ich habe da gerade eine Idee, von der ich nicht weiß, ob sie dich weiterbringt ..."). Aus einem Betroffenen wird dann ein Beteiligter.

- Lösungen nicht übers Knie brechen
  Wenn man spürt, dass sich in einem Gespräch noch keine Lösung abzeichnet, dass die Zeit noch nicht reif ist, hilft es, sich zu vertagen. Das bedeutet gerade nicht zu resignieren oder eben eine Lösung zu diktieren, sondern Zeit zu gewinnen. Das Gespräch wird nachklingen: „Wir haben jetzt nicht wirklich eine Lösung gefunden, wahrscheinlich brauchen wir noch etwas Zeit.", „Können wir, nachdem wir unsere Positionen jetzt ausgetauscht haben, eine Nacht darüber schlafen/uns eine Woche Zeit nehmen und uns dann noch einmal zusammensetzen?" In den meisten Fällen ist es richtig und wichtig, sofort einen Anschlusstermin zu vereinbaren – als klares Signal, dass das Gespräch unterbrochen, aber keinesfalls beendet ist und die gemeinsam zu findende Lösung noch aussteht.

2.1.8 Gespräche über Schülerinnen und Schüler

In Schulen sprechen Lehrkräfte formell und informell viel über die Schülerinnen und Schüler. Kollegen kommen aus dem Unterricht und lassen Dampf ab. Im Lehrerzimmer tragen verschiedene Lehrkräfte ihre Erfahrungen mit Schüler XY bei. Und selbstverständlich wird in Klassen- oder Zeugniskonferenzen über Schülerinnen und Schüler gesprochen. Sehr leicht schaukeln sich solche Situationen auf. In einer Art Gruppendynamik kann ein Schüler schnell in den Fokus geraten: Eine Lehrkraft hat mit einem Schüler Probleme und sucht nun ‚Verbündete'. Es gibt Lehrkräfte, die ebenfalls etwas zum Sündenregister beitragen. Man fühlt sich entlastet, da es offensichtlich den anderen Kolleginnen und Kollegen mit dem betreffenden Schüler ähnlich geht, man fühlt sich bestätigt. Wenn solche Prozesse stattfinden, ist es wichtig, sie aufzudecken, einen Schritt zurückzugehen, sich um Objektivität und Ausgewogenheit der Wahrnehmung zu bemühen. Das ist nicht immer ganz einfach, können doch u. U. erhebliche Emotionen bei einzelnen Lehrkräften im Spiel sein.

2.1.9 Führen im schulischen Kontext

Aufgrund der Rollenverteilung kommt den Lehrkräften eine permanente Führungsverantwortung zu. Gegenüber Kindern und Jugendlichen besteht eine – wenn auch mit zunehmendem Alter und fortschreitender Reife sich abschwächende – Notwendigkeit zur Führung (Erziehung). Diese Aufgabe gilt es ebenso entschlossen wie umsichtig und altersangepasst wahrzunehmen. Sie stellt das eine Paradigma jedes Lehrerhandelns dar. Das andere, nicht weniger wichtige Paradigma ist das des Wachsenlassens, der Reifung, der Entwicklung, das in hohem Maße auf die Anlagen und Potenziale der Schülerinnen und Schüler vertraut. In beiden Paradigmen muss man sich sicher bewegen und sich insbesondere klar sein, wann man wie aufzutreten hat. Je nach Situation können dabei unterschiedliche Aspekte im Vordergrund stehen (Gewährleistung von Disziplin und Ordnung, Schaffung eines förderlichen Arbeitsklimas, gute Klassenführung, Ermöglichung von Lernen, Gewährleistung der Sicherheit etwa bei einer Exkursion etc.).

Eine Klasse führen

Verglichen mit den vielfältigen Kontakten und Gesprächen mit Schülerinnen und Schülern außerhalb des eigentlichen Unterrichts ist die Führung einer Klasse eine besondere Herausforderung, für die eigene Gesetze gelten. In Klassenraumsituationen ist das Rollenverhalten wesentlich ausgeprägter als in Einzelgesprächen. Das gilt für die Lehrkräfte wie für die Schülerinnen und Schüler, wobei es für diese auch inoffizielle, versteckte Rollenerwartungen und Rollenverteilungen bzw. -zuschreibungen in der Klasse gibt, die durch die Gruppendynamik massiv verstärkt werden können. Wann immer eine Lehrkraft eine Klasse betritt, ist sie (auch) in einer Führungsrolle.

Classroommanagement

Der Klassenführung (Classroommanagement) durch den jeweiligen Fachlehrer kommt sehr große Bedeutung zu. Hier bewegt sich eine Lehrkraft auf der Ebene der Prozessqualität. Klassenführung wirkt sich unmittelbar auf die Ergebnisqualität aus. Ziel einer guten Klassenführung ist, dass die Schülerinnen und Schüler möglichst intensiv und möglichst über die ganze Dauer der Stunde zum Lernen kommen oder die Dinge tun, die gezielt die intendierten Kompetenzen (selbstständig arbeiten, in der Gruppe arbeiten, etwas präsentieren etc.) fördern. Dass dieses Ziel immer nur eingeschränkt erreicht werden kann, entbindet nicht von der Verpflichtung, es mit der ganzen zur Verfügung stehenden Professionalität anzustreben.

Klassenführung beginnt mit der Vorbereitung und Planung der Stunde, die in Kenntnis der Lerngruppe (Zusammensetzung, Besonderheiten, Vorwissen, Rolle einzelner Schülerinnen und Schüler etc.) zu erfolgen hat. Während des Unterrichts ist von der Lehrkraft höchste Präsenz gefordert. Sie muss alle Schülerinnen und Schüler, ihre Arbeit, ihre möglichen Interaktionen im Auge haben, Konflikten sofort begegnen, Phasen des Leerlaufs (vielleicht nur bei einzelnen Schülerinnen und Schülern) durch neue, sinnvolle Arbeitsschritte unterbinden. Unvorhergesehenem – aufkommenden Fragen, einer sich abzeichnenden Überforderung einzelner Schülerinnen und Schüler – ist situativ und nach Möglichkeit adaptiv zu begegnen. Es wirkt in hohem Maße störungspräventiv, wenn die Planung der Stunde auf die Schüler abgestimmt, anspruchsvoll und nach Möglichkeit in den Anforderungen differenziert ist, wenn sie Leerlauf und Unter-/Überforderung vermeidet und wenn sie von den Schülerinnen und Schülern als durchdacht und sinnvoll empfunden wird. Ebenso spielen sorgfältig vorbereitete und gut aufbereitete Arbeitsmaterialien und – wenn verwendet – zuverlässig funktionierende technische Medien (Beamer, Whiteboard etc.) eine wichtige Rolle. Gleichwohl wird es im unterrichtlichen Alltag immer wieder zu Störungen kommen: klassenintern durch einen hyperaktiven Schüler, durch einen sich aufschaukelnden Streit zwischen Schülern, oder von außen infolge einer Klausur in der vorhergehenden Stunde, durch eine Durchsage der Schulleitung, die mitten in eine konzentrierte Arbeitsphase platzt, durch plötzlichen Lärm auf dem Flur etc. Hier gehört es zu einer kompetenten Klassenführung, schnell wieder die Arbeitsatmosphäre herstellen zu können. Hilfreich dabei ist das – inhaltliche wie methodische – Transparentmachen der Unterrichts- und Lernziele zu Beginn der Stunde sowie eine Bezugnahme darauf am Ende der Stunde: „Was haben wir heute gemeinsam gelernt?", „Welches Ziel haben wir erreicht?". Die Basis einer guten Klassenführung sind ein tragfähiges, von Wohlwollen und Vertrauen geprägtes Lehrer-Schüler-Verhältnis und eine wirksame Vorbildfunktion der Lehrkraft im Hinblick auf das erwartete Verhalten der Schülerinnen und Schüler.

Zur Klassenführung gibt es zahlreiche Ansätze und Forschungsergebnisse. Einen guten Überblick bieten Helmke (2007, S. 78 ff.); Kiel/Weiß in Zierer (2014, S. 88 ff.). Machtspiele im Klassenzimmer – Spiele, die die Lehrkraft oft nur verlieren kann – und wie man aus solchen Spielen aussteigen kann, zeigt Miller (2011, S. 72) anhand einiger Beispiele.

Klassenlehrkraft sein

Klassenlehrerinnen und -lehrern kommt eine große, oft noch unterschätzte Bedeutung zu. In der Regel sind sie mit mehreren Fächern und dadurch mit einer höheren Stundenzahl in einer Klasse präsent. In manchen Schulen bzw. Jahrgangsstufen sind sie mit einer eigenen Klassenlehrerstunde ausgestattet, die ihnen helfen kann, die Entwicklung der Klasse voranzubringen. Klassenlehrer berufen regelmäßig die Klassenkonferenz ein und leiten diese. Sie stehen auch sonst in engem Kontakt mit den übrigen Fachlehrern einer Klasse. Neben dem Unterricht sind sie in der Regel auch für Ausflüge, Klassenfahrten und manch andere Dinge zuständig. Meist sind sie der erste Ansprechpartner für die Schulleitung, für Eltern, Lehrkräfte oder Schülerinnen und Schüler, die irgendein Problem innerhalb oder mit der Klasse haben. Von ihnen wird Vermittlung und Ausgleich erwartet (oft nehmen sie eine typische Sandwichstellung ein). Von den Fachlehrern kommt die Erwartung, die Klasse umsichtig zu führen und in der Klasse für die Einhaltung bestimmter Regeln und Abläufe zu sorgen. Eine ganze Reihe weiterer, meist organisatorischer Aufgaben kommt hinzu. Erfahrene Klassenlehrer wissen, dass es für das gedeihliche Arbeiten einer Klasse ebenso wichtig ist, auch das Team der in der Klasse unterrichtenden Lehrkräfte zu führen.

2.2 Das vernachlässigte Lernen[4]

Wie bereits mehrfach angesprochen, steht in der Schule das fachliche Lernen im Mittelpunkt. Dies widerspiegelt die Tatsache, dass in industrialisierten Gesellschaften oder Informationsgesellschaften ein solides Basiswissen (ausreichend breit und mit der notwendigen Tiefe) und ebenso der Erwerb von Aneignungs- oder Zugangsstrategien eine große Rolle spielen. Ob allerdings der traditionelle Bildungskanon dieses Basiswissen abbildet, muss in Frage gestellt werden; ebenso, ob die Balance zwischen Wissensquantitäten und Metastrategien als ausgewogen gelten kann. Und schließlich stellt sich die Frage, ob wichtige Aspekte möglichen schulischen Lernens dabei zu kurz kommen. Lehrkräfte, immer als Fachlehrer ausgebildet, brauchen manchmal einige Jahre, um zu sehen, dass die Schule ihren Schülerinnen und Schülern mehr schuldet und vor allem mehr bieten kann.

2.2.1 Die traditionelle Fixierung der Schule auf die fachlichen Leistungen

Die meisten Lehrer … betrachten den Erwerb und die Ansammlung von Wissen als einzige Aufgabe einer glanzvollen Erziehung und bedenken nicht, dass oftmals ein gelehrter Tor törichter ist als ein unwissender.
(Jean-Jaques Rousseau)

Der Fokus auf dem fachlichen Lernen hat eine lange Tradition, die durch verschiedene, stark wirkende Kräfte zementiert worden ist. In Zeiten mit einer niedrigen Übergangsquote beispielsweise auf die Gymnasien war es völlig ausreichend, den Schwerpunkt der Schule, die am Vormittag stattfand, auf fachliche Aspekte zu legen. Die notwendige erzieherische Arbeit und persönliche Förderung fand vorwiegend zuhause statt und vollzog sich dort zu großen Teilen als Sozialisation im Rahmen eines ausgeprägt bürgerlichen Milieus. Die fachlichen Inhalte dienten unter anderem auch dazu, die kulturelle Teilhabe zu verfestigen. Eine entsprechende Lehrerbildung orientierte über Generationen hinweg die Lehrkräfte insbesondere der Gymnasien auf die Vermittlung von Fachwissen als zentralen und einzig leitenden Gesichtspunkt der beruflichen Tätigkeit. Hinzu kommt bis heute die leichte Prüfbarkeit von fachlichen Inhalten. Darüber lässt sich auch bis in die Gegenwart hinein die Selektionsfunktion der Schule aufrechterhalten. Der Klarheit halber sei betont, dass zur Schule selbstverständlich das fachliche Lernen gehört. Allerdings sollte das zu Lernende sich sinnhaft erschließen, sich quantitativ in einem angemessenen Rahmen bewegen, und dem vertieften, gründlichen Lernen, dem tiefen Durchdringen sollte weitgehend Vorzug vor der bloßen Quantität gegeben werden.

4 2015 habe ich unter diesem Titel eine Ausgabe der Zeitschrift *Lehren und Lernen* herausgegeben, die zahlreiche Praxisbeiträge zum ganzheitlichen Lernen vorstellt (Baumann 2015).

2.2.2 Elemente ganzheitlichen Lernens und Möglichkeiten der schulischen Förderung

Unter dem Stichwort ‚ganzheitliches Lernen' geht es um Aspekte schulischen Lernens, die durchaus in den Schulen praktiziert werden und die sich auch in den Bildungsplänen sowie in zahlreichen Leitbildern von Schulen wiederfinden. Dennoch erscheint seine Praxis in den Schulen als ausbaufähig. Eine Schlüsselstellung für die schulische Praxis kommt hierbei den Lehrkräften zu, wobei fraglich ist, wie weit sie diesen Anspruch verinnerlicht haben und wie weit sie dafür ausgebildet sind. Konkret geht es bei Aspekten des anderen, vernachlässigten Lernens um den Erwerb von Kompetenzen wie Neugier, Verantwortung, Demokratiefähigkeit, Selbstregulation und weitere Selbst- und Sozialkompetenzen. Es versteht sich von selbst, dass gerade in Ganztagsschulen oder Schulen mit Ganztagsangeboten diesem anderen Lernen eine zusätzliche Bedeutung zukommt.

2.2.3 Formate ganzheitlichen Lernens

Es gibt in den Schulen schon zahlreiche Formate und Strukturen, die das Lernen dieser Kompetenzen unterstützen. Sie sollen zum einen hier kurz vorgestellt werden, zum anderen soll die Frage gestellt werden, was ihren Ausbau bis hin zu nachhaltigem Lernen behindert.

Nicht mit jeder Form lassen sich alle oben beschriebenen Kompetenzen aufbauen. Deshalb ist bei jedem Format zu fragen – und entsprechend kann es eingesetzt werden –, was es zusätzlich zu den angestrebten fachlich-inhaltlichen Kompetenzen zu leisten vermag.

Hausarbeiten/Facharbeiten/Jahresarbeiten/Wettbewerbe

Hausarbeiten werden in der Schule im Rahmen eines Faches – oder mehrere Fächer verbindend – vereinbart und aufgegeben. Dann ist es Sache des Schülers/der Schülerin, die Arbeit innerhalb einer festgesetzten Zeit anzufertigen. Zunächst sollten die Schülerinnen und Schüler im Unterricht oder mittels eines Merkblatts mit den Standards für Hausarbeiten (Bibliotheksnutzung, Erstellen eines Arbeitsplans, Recherche, Zitierweise, Erstellen einer Gliederung, Anfertigung eines Exposés) vertraut gemacht werden. Zwischenschritte und regelmäßige Gespräche mit der Lehrkraft („Wie weit bist du gekommen?", „Wo klemmt es?", „Wie lässt sich das Niveau steigern?") empfehlen sich. In der Regel wird die fertige Hausarbeit in ihren wesentlichen Ergebnissen im Unterricht präsentiert, auch hierfür sind die Erwartungen zu kommunizieren. Hausarbeiten dieser Art binden – je nach Umfang und Aufgabenstellung, hier sind natürlich vielfältige Variationen möglich – auf der einen Seite sehr viel Zeit, auf der anderen Seite führen sie zu einer fachlich vertieften Auseinandersetzung des Schülers/der Schülerin mit dem Stoff. Hausarbeiten sind damit Formate, in denen die Qualität – Tiefe der Durchdringung des Stoffes und reflektierte Auseinandersetzung – Vorrang vor der Quantität, der Stofffülle hat. Im Idealfall werden bei der Verfertigung einer Hausarbeit wichtige Kompetenzen aufgebaut. Die Schüler tragen für eine komplexe Aufgabe selbst die Verantwortung und müssen auf vielfältige Weise eigeninitiativ werden. Sie müssen ihre Zeit planen und eine komplexe Aufgabe strukturieren. Sie müssen sich für die Zwischenberichterstattung fit machen. Sie lernen zu recherchieren, korrekt zu zitieren und nicht zuletzt, vor der Mühe des Schreibens eines längeren konsistenten Textes nicht zu kapitulieren. Sie müssen sich immer wieder selbst motivieren, lernen aber auch die Freude über kleine Erfolge. Für die Abschlusspräsentation müssen sie den Stoff adressatenbezogen aufbereiten, eine leicht verständliche und möglichst ein breiteres Publikum interessierende Fokusbildung vornehmen, Grundregeln des Präsentierens einhalten und sich bei alledem bewusst sein, dass man immer auch sich selbst als Person präsentiert. Sie lernen also ihre Wirkung auf andere zu reflektieren. Eine Hausarbeit in all ihren Schritten ist also ein sehr komplexes Format, eine Form ganzheitlichen Lernens.

Natürlich birgt es auch Risiken, denen es zu begegnen gilt: Überforderung, Selbstüberschätzung, Gefahr des Abschreibens etc. Die größere Hausarbeit oder Jahresarbeit ist sicher ein Format für Oberstufenschüler; es sollte in einer Schule durch viele Vorformen (kleinere Hausarbeiten, regelmäßige Präsentationen, themenbezogene Recherchen) in der Sek. I vorbereitet werden. Idealerweise gibt es hierüber einen Konsens an der Schule. Für Lehrkräfte bleiben offene Fragen: Sollen alle Schüler einer Klasse/eines Jahrgangs eine Hausarbeit schreiben? Welcher Umfang soll vorgegeben und erwartet werden? Welchen Zeitaufwand kann ich als Lehrkraft in der Betreuung realistischer Weise bewältigen? Welcher Aufwand ist den Schülerinnen und Schülern zuzumuten? Wie lassen sich die Kompetenzen bereits in der Unter- und Mittelstufe anbahnen?

Schülerfirmen

An zahlreichen Schulen gibt es Schülerfirmen. Das sind sehr vernünftige Einrichtungen. Sie können dauerhaft installiert und damit fester Bestandteil einer Schule sein, aber auch temporären, projektartigen Charakter haben (z. B. Verkauf eines selbst gefertigten Produkts auf dem Weihnachtsmarkt). In der Regel sind Schülerfirmen klassen- und jahrgangsübergreifend. Natürlich braucht es betreuende Lehrkräfte, die je nach Altersstufe mehr oder weniger im Hintergrund agieren. Zu jeder Schülerfirma gehört irgendeine Geschäftsidee, also irgendein Produkt oder eine Dienstleistung, das bzw. die es zu vermarkten gilt. Meist sind die Abnehmer Mitschülerinnen und Mitschüler, es ist aber auch denkbar und wird in vielen Schülerfirmen so praktiziert, dass auch Kunden von außerhalb bedient werden. Weit verbreitet – vor allem im Sek.-I-Bereich – sind Schülerfirmen, die schulische Gebrauchsgegenstände (also Schulhefte, Ordner, Stifte, Radiergummi etc.) ein- oder mehrmals pro Woche in einer Pause verkaufen. Die Schüler haben dann den Einkauf zu organisieren, müssen einen Dienstplan für den Pausenverkauf erstellen, führen eine Kasse, wobei sie elementare Grundregeln der Buchführung und Rechnungslegung lernen. Zusammenarbeit, das Treffen verbindlicher Absprachen und Verantwortlichkeit werden gelernt.

Viele Schülerfirmen bieten kreative, selbst gefertigte Produkte an oder offerieren mit viel Fantasie Dienstleistungen, wie folgende Beispiele von Schülerfirmen illustrieren:

- Computerreparaturwerkstatt
  Unter Schülern gibt es immer wieder einige, die über erstaunliche Kenntnisse und Fertigkeiten im Umgang mit Computern verfügen und denen es gelingt, defekte Computer wieder zum Laufen zu bringen oder schadhafte Bauteile aufzuspüren und zu ersetzen. Mancher PC könnte auf diese Weise vielleicht noch etwas länger leben. Da PCs sensible Geräte und Datenträger sind, gilt es hier natürlich, mit den Anforderungen verantwortlich und zuverlässig umzugehen. Neben dem technischen Knowhow stellen sich hier weitere Aufgaben: Kunden gewinnen, Beratungsgespräche führen, jüngere Schülerinnen und Schüler in die Firma einführen und qualifizieren.
- Computerkurse für ältere Menschen
  Immer noch tun sich viele ältere Menschen schwer im Umgang mit Computern. Eine neue Software oder das Erlernen neuer Funktionen sind ungewohnte Herausforderungen. Das Geschäftsmodell kann von der individuellen Beratung bis zur Abhaltung von Kursen für Senioren reichen. Neben der fachlichen Kompetenz ist in diesem Zusammenhang sehr viel Einfühlungsvermögen und soziale Kompetenz gefragt.
- Betreiben eines Schülercafés
  An einigen Schulen gibt es Schülerfirmen, die ein Schülercafé betreiben. Auch das ist mit zahlreichen Aufgaben verbunden. Dienstpläne für die Öffnungszeiten müssen geschrieben, der Einkauf muss organisiert, das Angebotssortiment überprüft werden. Im Schülercafé können besondere Events stattfinden (kleine Auftritte, Lesungen). Investitionen können getätigt werden (eine leistungsfähigere Kaffeemaschine, eine Musikanlage, Spieleangebote für die Cafébesucher). Vielleicht ist sich das Team einig, nur Fairtrade-Produkte zu verkaufen. Es ist zu klären, ob das Café auch Sonderaufträge (z.B. bestimmte Bewirtungsanlässe in der Schule etc.) annimmt. Vielleicht gibt man sich für solche Anlässe ein einheitliches Outfit, um die Bedeutung und Stellung des Cafés an der Schule hervorzuheben. Wie in allen Schülerfirmen darf nicht vergessen werden, den eigenen Nachwuchs qualifiziert heranzuziehen und das firmeninterne Knowhow weiterzugeben. Schülercafés sind nicht nur ein umfassendes Lernfeld, sondern eine Bereicherung für die ganze Schule.
- Technikteam
  An manchen Schulen gibt es Technikteams, die als Schülerfirma organisiert sind. Sie übernehmen insbesondere bei schulischen Veranstaltungen (Theater, Schulvorstellung, Vorträge, Vollversammlungen, Abschlussbälle etc.) die Verantwortung für die gesamte Technik (Bühnentechnik, Licht- und Tontechnik). Aber auch Bestuhlung und Dekoration können zum Aufgabenfeld eines Technikteams gehören – je nachdem, wie groß es ist und wie es sich aufstellt.

Das ist zeitlich sehr aufwändig. Die teilnehmenden Schülerinnen und Schüler verbringen Stunden außerhalb ihres Unterrichts (und oft genug auch während des Unterrichts!) mit der Technik. Sie entwickeln sich für die Schule zu wichtigen Personen. Natürlich müssen sie von einem fachkundigen Kollegen betreut werden, der vor allem darauf achtet, dass alle Sicherheitsvorschriften eingehalten werden.

Seminarfach

Das Seminarfach wird in den Oberstufenklassen von Gymnasien als Unterrichtsfach angeboten, je nach Bundesland verpflichtend für alle Schülerinnen und Schüler oder als Wahlfach. Meist wird im Seminarfach mit einem fächerübergreifenden Ansatz gearbeitet, häufig werden Seminarfächer auch von einem Kollegenteam angeboten. Es gibt verschiedene Möglichkeiten der Durchführung. Bei einer Spielart arbeiten die Schüler – nach einer theoretischen Einführungsphase zu den Anforderungen des selbstständigen Arbeitens – an selbst gewählten Themen oder Projekten. Manche Schulen sind dazu übergegangen, die Schülerinnen und Schüler Echtprojekte durchführen zu lassen, z. B. die Gestaltung des Tags der offenen Tür für Azubis in einem mittelständischen Betrieb, die Durchführung von Kundenbefragungen für ein kleineres Unternehmen am Ort, eine Befragung von ehemaligen Schülerinnen und Schülern im Auftrag der Schulleitung, die Durchführung eines bestimmten Projektes an einer Grundschule. In anderen Schulen hat das gesamte Seminarfach ein gemeinsames, projektartiges Thema, bei dem alle Seminarfachteilnehmer eine Teilaufgabe übernehmen. In anderen Seminarfächern arbeiten die Schüler eher im Sinne einer Hausarbeit, wobei sie auch Befragungen oder Archivbesuche vornehmen, wenn das Thema es nahelegt. Allen Seminarfächern gemeinsam ist die sehr hohe Eigenverantwortung der Schülerinnen und Schüler und die Arbeit an einer mehr oder weniger selbst gewählten Thematik. Forschendes und explorierendes Arbeiten kommen – je nach Ansatz – hinzu.

Projekte

Projektunterrichtsphasen können – in Umfang und Anspruch angepasst – im Unterricht aller Altersstufen (zumindest ab Sek. I) realisiert werden. In der Regel arbeiten die Schülerinnen und Schüler dabei an einem komplexeren Thema, dessen Unterthemen oder Teilaspekte von einzelnen Schülern oder Schülergruppen bearbeitet werden. Damit wird die Lerngruppe für das gemeinsame Ganze, zu dem jeder beiträgt, verantwortlich. Im Gegensatz zum Lernzirkel machen nicht alle Schülerinnen und Schüler – wenn auch in unterschiedlicher Reihenfolge – dasselbe, sondern jeder erbringt für die Gruppe eine Teilleistung. Entsprechend müssen am Ende einer Projektphase (z. B. die Bedeutung des Wassers für unser Leben und der verantwortliche Umgang damit) die Teilaspekte zusammengeführt werden (Plakate, Ausstellung im Schulhaus oder eine gemeinsame Präsentation der Ergebnisse in einer Parallelklasse oder an einem Elternabend etc.).

Lernplan/Planarbeit/Lernzirkel

Auch Planarbeitsphasen oder die Arbeit mit Lernplänen bzw. Lernzirkeln bieten nicht nur Differenzierungsmöglichkeiten (s. o.), sondern fördern auch die Eigenverantwortlichkeit und das selbstständige Arbeiten (Wie gehe ich mit meiner Zeit um? Welche Hilfsmittel brauche ich, um meine Aufgabe lösen zu können? Etc.).

Zusammenarbeit mit der Schülervertretung

Ein noch viel zu wenig beachtetes, geschweige denn ausreichend gefördertes Lernfeld an den Schulen ist die Arbeit der Schülervertretung (SV) bzw. Schülermitverantwortung (SMV). Die SV ist zwar in den Schulen gesetzlich installiert und ihre Grundstrukturen sind vorgegeben. Aber eine lebendige SV-Arbeit ist ein Lernfeld ohnegleichen für zahlreiche Schülerinnen und Schüler. Motivierte und gut unterstütze Schülersprecher bauen eine lebendige SV-Arbeit auf, in der zahlreiche Arbeitskreise (AK Sport, AK Disco etc.) entstehen können, die mit ihren Angeboten das Schulleben bereichern. Die Wirkungen sind vielfältig. Die Schülerinnen und Schüler lernen Verantwortung zu übernehmen, indem sie sich engagieren. Sie tun etwas für die Schulgemeinschaft und wirken für nachwachsende Schülergenerationen in hohem Maße vorbildlich. Es gibt zahlreiche Möglichkeiten, die demokratisch legitimierte Arbeit der SMV in dieser Hinsicht noch weiter zu stärken. Neben dem obligatorischen Schülerrat kann die SMV auch durch die Etablierung des Klassenrats oder gar eine regelmäßig stattfindende Schülervollversammlung (eine Art Schülerparlament) gestärkt werden. In einer Schule ist es wichtig, dass die SV-Arbeit einen breiten Rückhalt hat und nicht nur die gewählten Verbindungs- oder Vertrauenslehrer die SV in ihrer Arbeit unterstützen.

Exkursionen/Studienfahrten

Exkursionen und Studienfahrten gehören zum Repertoire jeder Schule. Sie öffnen die Schule und erlauben ganzheitliches Lernen vor Ort. Sie bieten auch die Gelegenheit, die Schülerinnen und Schüler sowohl in der Vorbereitung als auch bei der Durchführung – in altersgemäßer Weise – verantwortlich einzubeziehen und die Exkursion/Studienfahrt mit anderen Formaten (z. B. einem Vortrag vor Ort) zu verbinden. Ebenso können einzelne Schüler für bestimmte Projekte/Besichtigungen die Verantwortung übernehmen.

Austausche

Auch Austausche sind vielfältige, ganzheitliche Erfahrungs- und Lernmöglichkeiten für die Schülerinnen und Schüler. Insbesondere Individualaustausche über einen längeren Zeitraum tragen viel zur Entfaltung der Selbstständigkeit bei.

Arbeit mit Schülermentoren

Zahlreiche Schulen sind dabei, die vielfältigen Vorteile zu entdecken, die der Einsatz von Schülermentoren mit sich bringt. Schülermentoren sind ältere Schülerinnen und Schüler, die je nach Interesse und Bedarf in unterschiedlichen Feldern eingesetzt werden können. In vielen Schulen sind die Mentoren aus der schulischen Hausaufgabenbetreuung nicht mehr wegzudenken. Sie können aber auch im Sport, in der Mathematik- oder Deutschwerkstatt (sofern an der Schule vorhanden) eingesetzt werden. Es gibt Schulen, die mit mehrwöchigen Kursen/Ateliers (Wahlpflichtbereich, vor allem im Ganztag interessant) arbeiten und dabei den Mentoren die Verantwortung für eine Schülergruppe für einige Wochen übertragen (selbstverständlich muss dann aus Aufsichtsgründen eine Lehrkraft im Nebenraum sein). Für die Mentoren ist diese Art von Verantwortlichkeit ein eigenes Lernfeld. Sie lernen selbst durch Lehren. Sie machen Erfahrungen in der Leitung von Gruppen und wirken vorbildlich und motivierend für die jüngeren Schüler. Natürlich müssen Mentoren sorgfältig ausgewählt und vor allem ausgebildet werden. Eine gute Mentorenarbeit ist eine erhebliche Bereicherung für die Schule, vorausgesetzt, es gibt Kolleginnen und Kollegen, die das an der Schule vorantreiben.

Zusammenarbeit mit Schülerforschungszentren/Universitäten

Wissenschaft entsteht aus Spiel. Die Neugierspiele der kleinen Buben entwickeln sich allmählich zur Forschung. (Konrad Lorenz)

Manche Schulen haben die Möglichkeit, insbesondere in den Naturwissenschaften mit einem Schülerforschungszentrum zusammenzuarbeiten. Auch Universitäten bieten gelegentlich entsprechende Programme an. Interessierte Schülerinnen und Schüler – die Begabung steht zunächst gar nicht im Vordergrund, muss vielleicht erst noch geweckt oder entdeckt werden – haben hier hervorragende Möglichkeiten zu experimentieren, sofern die Schülerforschungszentren gut ausgestattet und gut geführt sind. Mitglieder von Schülerforschungszentren nehmen häufig auch an (internationalen) Wettbewerben teil. Auf Seiten der Schule ist es wichtig, interessierte Schülerinnen und Schüler mit den Schülerforschungszentren in Kontakt zu bringen, sie in ihrer Arbeit dort nach Möglichkeit zu begleiten und für einen regelmäßigen Informationsfluss zwischen den Beteiligten zu sorgen. Das ist auch insofern von Bedeutung, als die Arbeit im Zentrum immer mal wieder zu Abwesenheiten in der Schule führen wird.

Ateliers/Arbeitsgemeinschaften

Manche Schulen haben inzwischen – insbesondere im Ganztagesbereich – Wahlmodule aufgebaut. Die Bezeichnungen hierfür sind sehr unterschiedlich: Hier heißen sie Kurse oder Kursangebote, dort Lernateliers[5], Werkstatt oder noch an-

5 Am Gymnasium Wilhelmsdorf gibt es sog. Freie Kursangebote, siehe www.gymnasium-wilhelmsdorf.de. Das Firstwaldgymnasium Mössingen arbeitet mit sog. Leas (Lernateliers), siehe www.firstwald.de.

ders. Auch die schulischen Arbeitsgemeinschaften sind in diesem Kontext zu nennen; sie zeigen vor allem, dass mit den neuen Formen altbewährte Traditionen aufgegriffen und, meist optimiert und erweitert, wieder angeboten werden. Gelingt es, ein breites Spektrum anzubieten, kommen solche Ateliers den Bedürfnissen der Schülerschaft entgegen und leisten einen wertvollen Beitrag, den Ganztag schülergerecht und zugleich sinnvoll zu gestalten und die Schule auch zu einem Lebensraum zu machen. Gleichzeitig bieten sie u. U. fantastische Möglichkeiten des anderen Lernens: Sie können Neugier wecken, Leistungsbereitschaft fördern und Themen, die im Kerncurriculum nicht vorkommen, in den Mittelpunkt stellen. Sie können als Kleinprojekte (z. B. Mitarbeit im Schulgarten) angelegt sein oder auch spielerischen Charakter haben (von Schach über Robotics bis Billard). Horizontale Differenzierung (Angebotsvielfalt entsprechend den Neigungen der Schülerinnen und Schüler) und vertikale Differenzierung (vom Stützkurs bis zum Angebot für Hochbegabte) lassen sich in solchen Formaten realisieren.

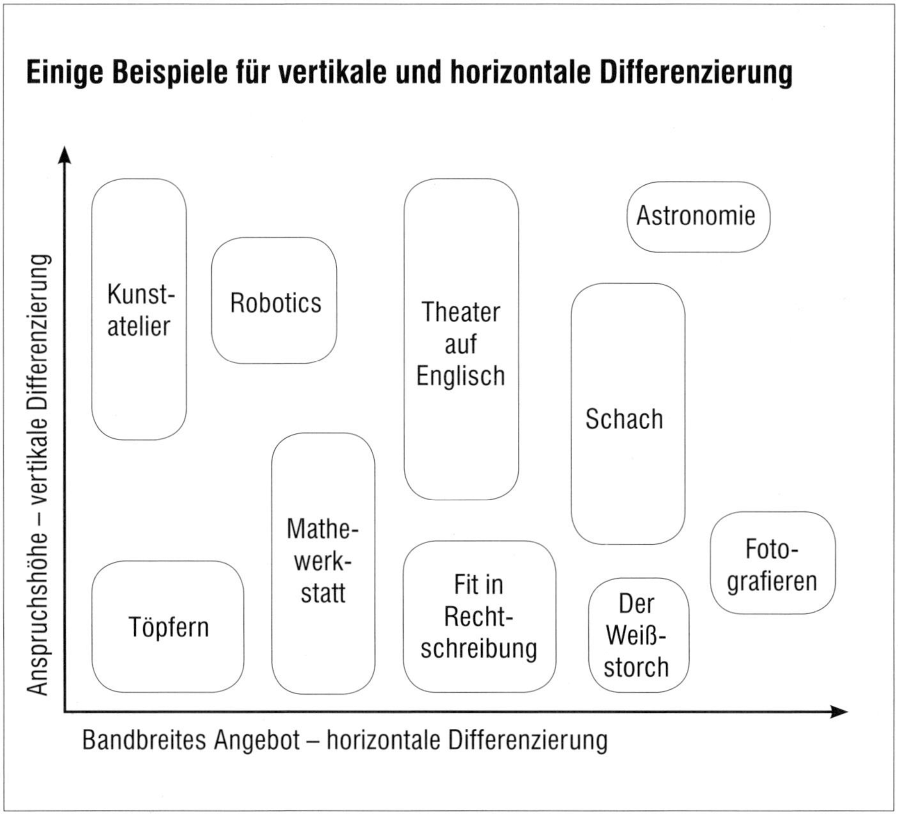

Abb. 1: Vertikale und horizontale Differenzierung (eigene Darstellung)

Praktika

Praktika sind an vielen Schulen selbstverständlich, meist für einen Jahrgang (Klasse 9 oder 10) im Zuge der Berufsvorbereitung auch obligatorisch. Darüber hinaus kann eine Schule mehrere Praktika vorschreiben oder den Schülerinnen oder Schülern zumindest ermöglichen. An vielen Schulen gehört auch ein soziales Praktikum zum Schulprogramm – hier geht es dann weniger um Berufsorientierung, sondern um den Aufbau von Sozialkompetenz.

Patenschaften

Manche Schulen übernehmen Patenschaften für eine Partnerschule z. B. in Afrika. Das ist vor allem dann von großem Wert, wenn durch geeignete Aktivitäten immer wieder authentisch über das Land der Partnerschule und über die Lebensbedingungen insbesondere von Jugendlichen dort berichtet wird. An der Schule können entsprechende Projekte gestartet werden (Gala, Sponsorenlauf), an denen sich viele beteiligen. In diesem Kontext können Themenkomplexe der Einen Welt auf die Agenda gesetzt werden, die Bewusstsein für nachhaltige Entwicklung in einer globalisierten Welt schaffen. Eventuell können auch schulische Delegationen sich gegenseitig besuchen.

Schulfeste und schulische Projekte

Zum Leben einer Schule gehören auch Feste, die gemeinsam gefeiert werden. Viele Schulen haben dabei ihre eigene Tradition (Tanzkursabschlussbälle, Schulfeste am Schuljahresende). Auch hier gibt es zahlreiche Möglichkeiten, die Schülerinnen und Schüler in die Planung und Durchführung einzubinden. Manchen Schulen gelingt es, gelegentlich oder regelmäßig sog. Projekttage oder eine Projektwoche durchzuführen. Als besonders wirksam hat sich das Großprojekt ‚Schule als Staat' erwiesen, das für die Schülerinnen und Schüler in der Regel ein einprägsames Erlebnis ist und das großartige Lernmöglichkeiten in Hinsicht auf Organisation, Kreativität und Zusammenarbeit eröffnet. Es unterstützt zudem in herausragender Weise das Demokratiebewusstsein und Demokratielernen in der Schule. Allerdings setzt es Lehrkräfte voraus, die sich für solche Projekte engagieren und die Schülerinnen und Schüler in der aufwändigen Vorbereitungsphase unterstützen.

Theater, Sport, Musik

Auch Theater-, Musik- und Sportangebote tragen zum anderen, ganzheitlichen Lernen in vielfacher Weise bei. Von Bedeutung sind das möglichst breite und vielfältige wöchentliche Angebot, aber auch Aufführungen vor kleinem oder großem Publikum. Theater und Sport sind für die Schülerinnen und Schüler in vielen Fällen herausragende Möglichkeiten der Persönlichkeitsentwicklung, wirksam vor allem, wenn sie entsprechende Angebote längerfristig wahrnehmen. Sport und Theater stärken die exekutiven Funktionen (Krebs 2015). Aufführungen fördern darüber hinaus zusätzliche Kompetenzen

(Selbstwirksamkeit, Selbstvertrauen, Konzentrationsfähigkeit, Überwindung von Schüchternheit).

	Demokratielernen	Verantwortung	Sozialkompetenz	Selbstregulation	Neugier	Organisationsfähigkeit	Zeitmanagement	Individualisierung
Hausarbeiten				X	X	X	X	X
Schülerfirmen		X	X			X	X	
Seminarfach		X	X	X	X	X	X	X
Projektunterricht	X	X		X	X	X	X	X
Lernplan, Planarbeit, Stationenlernen				X	X		X	X
SMV	X	X	X	X		X	X	
Exkursionen, Studienfahrten					X	X		
Austausche			X	X	X			X
Schülermentoren		X	X	X				X
Schülerforschungszentrum				X	X			X
Ateliers, Arbeitsgemeinschaften				X	X			X
Praktika		X	X	X	X		X	X
Patenschaften		X						
Schulfeste, Schulprojekte		X	X			X	X	
Theater, Sport, Musik		X	X				X	X

Tab. 1: Möglichkeiten der Kompetenzentwicklung in verschiedenen Formaten (eigene Zusammenstellung)

2.2.4 Stärkung der Schülerinnen und Schüler

Die beschriebenen Angebote tragen insgesamt zu einer Entgrenzung der Schule bei. Zum einen öffnet sich die Schule, Expertise wird in die Schule geholt. Viele Angebote wirken aber auch nach außen. Damit gewinnt die Schule in der Wahrnehmung der Schülerinnen und Schüler an Sinnhaftigkeit, weil deutlich wird, dass die erworbenen Kompetenzen als persönliche Stärkung erfahren werden. Sie fördern das Selbstwirksamkeitsbewusstsein der Schülerinnen und Schüler.

2.2.5 Erziehen

Das gute Beispiel ist nicht nur eine Möglichkeit, andere Menschen zu beeinflussen. Es ist die einzige.
(Albert Schweitzer)

Bewusstes Erziehen ist innerhalb einer Schule kein einfacher Vorgang. Elternhaus und Peergroup sind starke Erziehungsagenturen. Selten geht man in eine Klasse oder ein Schülergespräch mit dem ausdrücklichen Vorsatz zu erziehen. Dennoch wirken Lehrkräfte in hohem Maße erzieherisch. Das realisiert sich auf den verschiedenen Ebenen der Tätigkeit von Lehrkräften. Die Wahrnehmung jeder Facette dieses vielfältigen Berufs wirkt vorbildhaft. Als Lehrkraft sollte man also regelmäßig darüber reflektieren – und auch an entsprechendem Feedback interessiert sein –, wie man auf die Schülerinnen und Schüler wirkt. Auch die Grundsätze des eigenen Handelns, d. h. die etablierten Handlungsmuster, die Art, wie man Schülerinnen und Schülern begegnet, wirken prägend; das gilt insbesondere für Konfliktsituationen. Stärker als Forderungen („Sei pünktlich!", „Man muss Menschen freundlich begegnen!", „Man muss immer ehrlich sein!", „Man muss sich für begangene Fehler entschuldigen!" etc.) wirkt das eigene Verhalten. Die Besinnung auf berufsethische Grundsätze (siehe Abschn. 4.5) und die einen selbst leitenden Werte sollte immer wieder gepflegt werden.

2.2.6 Konkurrierende Ansätze in der Schule

Wie mehrfach angedeutet, hat das ‚andere Lernen' in allen Schulen eine mehr oder weniger große Bedeutung. Schon aus Gründen der Wahrnehmung der Schule in der Öffentlichkeit werden Elemente ganzheitlichen Lernens praktiziert und vielleicht im Leitbild der Schule hochgehalten. Die Zielrichtung sollte aber sein, die persönliche Entwicklung der Schülerinnen und Schüler nachhaltig und umfänglich zu stärken. Insofern stellt sich die Frage, warum das ‚andere Lernen' meist unter quantitativen und qualitativen Gesichtspunkten noch vernachlässigtes Lernen ist – insbesondere, wenn man das Kriterium der Nachhaltigkeit (s. S. 153) anwendet. Neben den oben bereits ausgeführten Gründen geht es vor allem darum zu sehen, dass die innerschulischen Ressourcen begrenzt sind und dementsprechend das ‚andere Lernen' immer in Konkurrenz insbesondere zum Lernen in den Fächern steht. Es geht um die Ressource Zeit sowohl auf Schüler- als auch auf Lehrerebene. Das lässt sich am besten an einigen Beispielen verdeutlichen: Projektunterrichtsphasen können zu einer Vertiefung des Lernens bei gleichzeitiger Verlangsamung des Unterrichts führen. Vollversammlungen (Schülerparlamente), die am Vormittag abgehalten werden, gehen auf Kosten der Unterrichtszeit. Für eine zweitägige SMV-Klausur fällt für die Klassensprecher und ihre Stellvertreter der Unterricht aus und die begleitenden Lehrkräfte können ihren Unterricht nicht halten. Theater und Sportprojekte oder das Großprojekt ‚Schule als Staat' beanspruchen viel Vorbereitungszeit. Wie überall gilt auch hier das eherne Gesetz, dass alles seinen Preis hat, womit sich die Frage stellt, was den Lehrkräften (und der Schulleitung) die Dinge wert sind, genauer gesagt, was sie wollen, dass tatsächlich in ihrer Schule gelernt wird. Hierüber in den Kollegien zu diskutieren und nach Möglichkeit einen Konsens herzustellen, kann mühsam, aber im Interesse der Schülerinnen und Schüler auch sehr lohnend sein. Schulen, die das ganzheitliche Lernen ihrer Schülerinnen und Schüler pflegen, haben meist auch beim fachlichen Lernen keine Defizite.

2.2.7 Die Frage der Nachhaltigkeit

Das oben beschriebene ‚andere Lernen' findet, wie gesagt, mehr oder weniger ausgeprägt an fast allen Schulen statt. Unterschiede werden deutlich, wenn man nach der Wirksamkeit und der Nachhaltigkeit fragt. Wenn man z. B. mit Projektarbeit die Eigenverantwortlichkeit der Schülerinnen und Schüler stärken möchte, stellt sich die Frage, wie oft und über welche Zeiträume die Schülerinnen und Schüler in dieser Lernform arbeiten, sodass man berechtigter Weise mit dem Erreichen des gewünschten Effekts rechnen kann (die Frage nach der Qualität des Projektunterrichts sei hier einmal ausgeklammert). Meist zielt das ‚andere Lernen' weniger auf kognitive, sondern stärker auf habituelle Kompetenzen – man denke etwa an Neugier oder Demokratiefähigkeit – und auf bestimmte Haltungen. Es geht dabei nicht um Kompetenzen, die einfach (kognitiv) lernbar sind, sondern um sich langsam aufbauende Einstellungen. Sie können bei den Schülerinnen und Schülern nicht planmäßig ‚erzeugt' werden, sondern sich nur über variierende Wiederholungserfahrungen entwickeln. Natürlich ist es z. B. schön, wenn eine Lehrkraft regelmäßig Projektunterricht anbietet. Das gewährleistet aber noch lange nicht Nachhaltigkeit. Die Lehrkraft erreicht nicht alle Schülerinnen und Schüler (vielleicht macht die Lehrkraft in der Parallelklasse etwas ganz Anderes) und sie kann nicht sicherstellen, dass in den Folgejahren von anderen Lehrkräften die Eigenverantwortlichkeit mit ähnlichen Formaten weiter gestärkt und aufgebaut wird. Um Nachhaltigkeit herzustellen, ist also ein gemeinsames, sich ergänzendes Agieren der Lehrkräfte notwendig, das durchaus mit vielen Variationen und die persönliche Handschrift einer Lehrkraft tragenden Akzenten stattfinden kann und soll.

2.3 Die Unterschiedlichkeit der Schülerinnen und Schüler als besondere Herausforderung

Bei den Schulmeistern, die unserem heutigen Gebrauch getreu mit ein und demselben Unterrichtsstoff und nach ein und demselben Maß eine Vielzahl junger Geister von so unterschiedlichen Maßen und Begabungen unter ihre Fuchtel nehmen, ist es kein Wunder, wenn sich in der ganzen Herde Kinder kaum zwei oder drei finden, die aus solcher Erziehung einen nennenswerten Gewinn davontragen.
(Michel de Montaigne)

Als Lehrkraft hat man es mit Schülerinnen und Schülern immer im Kontext der Schule zu tun, agiert also nie völlig frei, sondern in einem komplexen Rollengefüge mit seinen Prägungen und Festschreibungen. Dazu gehört, dass die Schule den Schülerinnen und Schülern einiges abverlangt. In unserem Land herrscht eine Schulbesuchspflicht (andere Länder haben stattdessen eine Bildungspflicht). Je nach Schulart sind es bis zu 36 Unterrichtsstunden pro Woche, die die Schülerinnen und Schüler dadurch an der Schule zu verbringen haben. Wenn die Schule keine Ganztagsschule ist, sind außerhalb der Schule noch schulbedingte Aufgaben (Hausaufgaben, Vokabellernaufgaben, Vertiefungen, Ausarbeitung von Referaten etc.) zu erledigen. Von den Schülerinnen und Schülern werden darüber hinaus hohe Anpassungsleistungen erwartet. Sie haben sich in einen Klassenverband einzuordnen und das in der Schul- und Hausordnung festgeschriebene Regelwerk der Schule (einschließlich mancher unausgesprochenen Regeln) zu respektieren. Sie müssen lernen, über längere Zeiträume still zu sitzen, spontane Impulse zu unterdrücken, auf Verlangen bestimmte Tätigkeiten auszuführen und Leistungen zu erbringen. Indem die Schule komplexe Anpassungsleistungen erwartet, übt sie eine vereinheitlichende, in Teilen uniformierende Funktion aus. Sofern sie nicht übertrieben daherkommt, hat diese sozialisierende Funktion von Schule sicher eine wichtige Bedeutung für den Zusammenhalt und das Funktionieren von elementaren Regeln in unserer Gesellschaft.

Auf der anderen Seite gilt es, der Unterschiedlichkeit der Schülerinnen und Schüler Rechnung zu tragen. Individuelle Wertschätzung und Wissen um den einzelnen Schüler und seine Befindlichkeit tragen zur Erhöhung des Wohlbefindens und damit auch des individuellen Leistungspotenzials bei. Wird der Unterschiedlichkeit von Schülerinnen und Schülern nicht ausreichend Rechnung getragen, können Konflikte entstehen oder sich verschärfen. Den verschiedenen Dimensionen der Unterschiedlichkeit soll in den folgenden Abschnitten noch etwas genauer nachgegangen werden.

2.3.1 Alter

In jeder Schule gibt es Schülerinnen und Schüler unterschiedlicher Altersstufen. Dass man sich auf einen Schüler einer fünften Klasse anders einzustellen hat als auf eine Schülerin der Kursstufe eines Gymnasiums, liegt auf der Hand.

Doch auch zwischen Schülerinnen und Schülern im siebten Schuljahr besteht ein enormer Unterschied sowohl zu den Schülern des 5. als auch zu jenen des 10. Jahrgangs, denn die persönlichkeitsbezogenen Entwicklungen in der Adoleszenzphase sind dramatisch. Normalerweise werden Schülerinnen und Schüler entsprechend ihrer Alterskohorte in einer Klasse zusammengefasst, sodass altersmäßig weitgehend Homogenität herrscht; durch unterschiedliche Einschulungszeiten und etwaige Wiederholungen liegt die Altersspanne bei plus/minus einem Jahr.

Lehrkräfte sind gefordert, mit den altersbedingten Entwicklungsphasen vertraut zu sein und den Unterricht didaktisch entsprechend anzupassen.

2.3.2 Entwicklungsstand

Am numerischen Alter kann sich das Lehrerhandeln aber bestenfalls nur grob orientieren. Wesentlich aussagekräftiger ist der tatsächliche Entwicklungsstand (das Entwicklungsalter), der bei gleichem Alter und je nach untersuchter Kompetenz erheblich divergieren kann. Das gilt gleichermaßen für soziale Kompetenzen (z. B. Teamfähigkeit, Verträglichkeit), Metakompetenzen (z. B. Computerkenntnisse), Haltungen (z. B. Verlässlichkeit, Verantwortungsbereitschaft, Fleiß) sowie fachliche Kompetenzen und Interessen. Im Hinblick auf die fachlichen Kompetenzen ist immer wieder beobachtbar, dass Schülerinnen und Schüler in einem Fach hervorragende oder gute, in einem anderen Fach jedoch nur ausreichende oder mangelhafte Leistungen zeigen. Das mag dann ihrem tatsächlichen Leistungsstand entsprechen, kann aber unterschiedlichste Gründe haben: ausgeprägtes oder nicht vorhandenes Interesse; motivierend oder nicht motivierend erlebter Unterricht, außerschulische Ursachen etc. (zur interindividuellen und intraindividuellen Variabilität vgl. Largo/Beglinger 2010, S. 22).

2.3.3 Geschlecht

Grundsätzlich gehen koedukative Systeme von einer Gleichheit der Geschlechter aus. Das ist zunächst auch ein richtiger Ansatz. Allerdings gibt es in unserer Gesellschaft immer noch tief verwurzelte Fremdzuschreibungen (Geschlechterstereotype) und häufig auch Selbstzuschreibungen, um die man wissen und auf die man sein Lehrerverhalten einstellen sollte (vgl. Mok et al. 2015). Es ist beobachtbar, dass Lehrkräfte in naturwissenschaftlichen Fächern männliche Schüler häufiger aufrufen und am Unterrichtsgespräch beteiligen als ihre weiblichen Mitschüler. Untersuchungen zeigen, wie z. B. Emotionen in den MINT-Fächern die Studienwahl von Schülerinnen beeinflussen (vgl. Schuster/Havers 2015).

2.3.4 Intelligenz

Die Intelligenz der meisten Menschen liegt im durchschnittlichen Bereich. Geringfügige Intelligenzunterschiede können durch Motivation und Fleiß zu großen Teilen kompensiert werden (dabei verändert sich nicht die Intelligenz, aber der Erfolg z. B. in Form von Noten). Aus Lehrersicht ist also wichtig zu wissen, dass

Intelligenz allein nicht das Maß aller Dinge ist. Motivation und Fleiß zu fördern, anzuerkennen, wertzuschätzen, kann zu positivem Selbstwertgefühl und damit zu schulischem Erfolg beitragen. Beachtung sollten allerdings in der Schule die Schülerinnen und Schüler finden, die sich mit ihrer Intelligenz in den Randbereichen bewegen. Bei Schülerinnen und Schülern, die sich im unteren Grenzbereich (bis hin zur geistigen Behinderung) bewegen, muss über geeignete Stützmaßnahmen bis hin zu zieldifferentem Unterricht oder einer (teilweisen) gesonderten Beschulung nachgedacht werden. Es trägt in keiner Weise zum Selbstwertgefühl und Erfolg bei, wenn man ihnen immer wieder das Gefühl der Überforderung vermittelt. Am anderen Ende des Spektrums hat man es mit hochbegabten oder teilweise hochbegabten Schülerinnen und Schülern zu tun, die ebenfalls der besonderen Aufmerksamkeit bedürfen. Diese Gruppe gilt es wo immer möglich fachlich besonders zu fördern. Hierzu gibt es ein breites Spektrum an Möglichkeiten: Wenig geholfen ist den Hochbegabten mit reinen Zusatzaufgaben, diese können u. U. als eine Art Bestrafung empfunden werden. Empfehlenswert sind eher Alternativaufgaben. Natürlich sollte man sich mit ihnen auf fachliche Dialoge einlassen und versuchen, ihre Interessen zu vertiefen. Gute Erfahrungen kann man machen, wenn man sehr begabte und leistungsfähige Schülerinnen und Schüler als Mentoren einsetzt und ihnen damit ein hohes Maß an Verantwortung und sinnhafter Tätigkeit innerhalb der Schule bietet. Allerdings müssen dafür entsprechende Formate (etwa eine Mathematik- oder eine Lateinwerkstatt) an der Schule vorhanden sein. Ob die Separierung in Sonderklassen (Hochbegabtenzüge) sinnvoll ist, darüber gehen die Meinungen auseinander.

2.3.5 Vorwissen/Kenntnisstand

Schülerinnen und Schüler innerhalb einer Klasse und bezogen auf ein Fach/Thema verfügen in der Regel über sehr unterschiedliches Vorwissen. Das kann dem familiären Hintergrund (interessierte, neugierige Eltern, anregende Bücher oder Filme) oder der individuellen Interessenlage von Kindern und Jugendlichen geschuldet sein. Es gibt heute sehr viele Wege, sich individuelles Wissen auch außerhalb der Schule anzueignen oder es zu vertiefen. Fernsehen und das Internet bieten für interessierte Schülerinnen und Schüler vielfältige, z. T. hervorragende Möglichkeiten. Aus Perspektive der Lehrkraft – möglicherweise von einem aus vormedialer Zeit stammenden Lehrerbild geprägt – kann dieser Sachverhalt als problematisch (Infragestellung des – freilich immer schon nur eingebildeten – Wissensvermittlungsmonopols der Schule) empfunden werden. Zweifellos stellt er eine Herausforderung dar. So gilt es zunächst, das Vorwissen wertzuschätzen. Darüber hinaus ist es wichtig – und auf diese Weise realisiert sich im Idealfall die Wertschätzung –, es sinnvoll in das Unterrichtsgeschehen einzubinden, anstatt es als eine Störung abzutun, was sehr schnell und unreflektiert geschehen kann („Das interessiert uns jetzt noch nicht.", „So gründlich wollen wir das gar nicht wissen.", oder auch: „Das ist nur billiges Internetwissen, jetzt lernen wir es richtig …").

2.3.6 Interessen/Neigungen

Oft korrelieren Vorwissen und Neigungen miteinander, aber das ist nicht zwingend. Schließlich ist die Schule ja auch der Ort, an dem Neigungen und Interessen idealer Weise erst geweckt und ausgebildet werden sollen. Dass das innerhalb einer Klasse und eines Faches nicht bei allen Schülerinnen und Schülern in gleicher Weise gelingen kann, ist eine ernüchternde Selbstverständlichkeit. Gleichwohl ist es wichtig, diejenigen in einer Klasse zu entdecken, die auf ein bestimmtes Thema ansprechen. Viele Schülerinnen und Schüler bringen auch Interessen und Neigungen für Themen mit in die Schule, die sich außerhalb des schulischen Kanons befinden. Die Verantwortlichen einer Schule sind gut beraten, wenn sie sich Gedanken darüber machen, ob es Formate (auch im Sinne einer Schule als Lebensraum) gibt, in denen auch individuelle Neigungen und Interessen (im Sinne einer horizontalen Differenzierung) gezielt Wertschätzung erfahren und gefördert werden können. Viele Schulen machen gute Erfahrungen mit den klassischen Arbeitsgemeinschaften. Es kann aber auch an Ateliers, Lernlabore, Lernwerkstätten etc. gedacht werden (vgl. Abschn. 2.2.3).

2.3.7 Leistungsbereitschaft

Auch hinsichtlich ihrer Leistungsbereitschaft sind Schülerinnen und Schüler sehr unterschiedlich. Sicher korrespondiert die Leitungsbereitschaft mit den Interessen und Neigungen, aber auch mit dem Gefühl der Selbstwirksamkeit. Wichtig ist überdies, den Schülerinnen und Schülern klare Rückmeldungen zu geben, wo sie stehen, welche Fortschritte sie machen und auf welches Ziel sie sich realistischer Weise zubewegen können und sollten (Hattie 2014, S. 21). Manche Kinder bringen von Zuhause eine wesentlich höhere Leistungsbereitschaft und ein höheres Pflichtbewusstsein mit als andere. Auch hier wird sich zeigen, dass die Schule nicht alles richten kann. Aber die Möglichkeiten, insbesondere im Hinblick auf den Einzelnen fördernd zu wirken, sind in hohem Maße gegeben und dürfen nicht vorschnell vertan werden.

2.3.8 Soziale Herkunft/familiärer Hintergrund

In der Schule schlägt sich auch die soziale Herkunft der Schülerinnen und Schüler nieder. Die soziale Herkunft wirkt bereits beim Übergang auf weiterführende Schulen selektiv und macht sich gerade in Deutschland mit seinem gegliederten System deutlich bemerkbar. Auch im weiteren Schulverlauf haben Kinder aus sozial höheren Schichten in vielfacher Hinsicht Vorteile: durch mehr Unterstützung im Elternhaus z. B. bei der Erledigung der Hausaufgaben oder durch Interventionen der Eltern an der Schule, durch bessere Möglichkeiten infolge größerer finanzieller Spielräume (Bücher, Lernmaterialien, Nachhilfe, Auslandsaufenthalte), durch den Habitus der selbstverständlichen Zugehörigkeit (selbst wenn es durch Mangel an Fleiß oder Intelligenz eng wird). Schülerinnen und Schüler aus bildungsbürgerlich geprägten Elternhäusern bringen – durchaus bereichernd für die Schule – einen breiteren kulturellen Hintergrund mit. Es ist wichtig, in der

Schule im Hinblick auf die soziale Vielfältigkeit – schließlich ist die Schule in der Regel ein Ort, den Kinder aus unterschiedlichen Milieus und Schichten mit hoher Verbindlichkeit besuchen – die Gemeinsamkeit und den Austausch zwischen den Schichten und Milieus zu pflegen (vgl. Calmbach et al. 2012), die Gegensätze im Sinne der Bereicherung, Anregung und Sensibilisierung zu nutzen und im Sinne der Bildungsgerechtigkeit eine Gleichheit der Chancen herzustellen (vgl. hierzu auch Allmendinger 2012). Das bedeutet auch, für Kinder und Jugendliche aus prekären Verhältnissen ein besonderes Auge zu haben und wo nötig anregende Förderprogramme aufzulegen. Musik, Sport, Kunst, Tanz, Theater, technische Labore (z. B. Robotics) bieten deshalb gerade für Brennpunktschulen (aber nicht nur für sie) nicht zu unterschätzende Erfahrungsräume, in denen Interessen geweckt, Neigungen entdeckt und Neugier gefördert werden können. Lehrkräfte sind herausgefordert, für solche Angebote einzutreten und den langen Atem aufzubringen, der manchmal nötig ist, bis Schülerinnen und Schüler aus prekären Verhältnissen wirklich Anschluss gefunden, Selbstvertrauen gefasst und sich in der Gesellschaft sicher zu bewegen gelernt haben.

2.3.9 Migration und kulturelle Verschiedenheit

Ähnliches, nur teilweise mit noch größerer Schärfe und Dramatik, lässt sich auch für Schülerinnen und Schüler mit Migrationshintergrund sagen, wobei Generalisierungen das Bild verfehlen. Allerdings kommen Schülerinnen und Schüler mit Migrationshintergrund häufig auch aus sozial schwachen Schichten. Aber selbst wenn Eltern mit Migrationshintergrund sehr bildungsbewusst sind, schiebt sich dennoch immer wieder die kulturelle Differenz in den Vordergrund – manchmal massiv, manchmal eher subtil. Hier ist seitens der Lehrkräfte sehr viel Einfühlungsvermögen gefragt. Natürlich geht es in der Schule um das Hineinwachsen in die konstituierende, in sich selbst meist schon vielfältige Kultur, aber dies sollte geschehen, ohne der Herkunftskultur ihre Würde zu nehmen. Es gibt Momente, in denen es angezeigt ist, streitbar zu sein: Wenn es um die Teilnahme an einer Klassenfahrt geht, um den Schwimmunterricht oder die Aufklärung im Sexualkundeunterricht, sollte die Schule das wohlverstandene Interesse des Kindes standhaft wahrnehmen, denn hier handelt es sich um das höhere Gut, seine Lebensmöglichkeiten perspektivisch vollumfänglich ausschöpfen zu können.

Es sollte alles in der Macht der Schule Stehende getan werden, um der Entstehung von Parallelgesellschaften entgegenzuwirken. Die einzelne Schule vor Ort ist gut beraten, den Dialog mit den Eltern von Schülerinnen und Schülern mit Migrationshintergrund zu suchen und sie auch ins Gespräch mit der anderen Elternschaft zu bringen. Und die Migrationshintergründe selbst sind vielfältig; das Spektrum reicht von problematisch – wenn etwa zu Hause nur türkisch gesprochen wird, wenn die Mutter das Haus kaum verlässt und kein Deutsch spricht, wenn die Kinder bereits in Deutschland geboren sind und manchmal die Herkunftssprache der Eltern oder der Großeltern nicht mehr sprechen – bis bereichernd – wenn es gelingt, in der Vielfalt etwas Verbindendes, Gemeinsames zu entdecken oder wenn Vielfalt zur Reflexion und Horizonterweiterung beiträgt. Dass Schülerinnen und Schüler mit Migrationshintergrund – ähnlich wie Schüler aus prekären Verhältnissen – manchmal sehr auf sich gestellt sind und wenig auf Unterstützungssysteme zurückgreifen können, erfordert die besondere Sorgfalt der Lehrkräfte.

2.3.10 Teilleistungsstörungen/Schülerinnen und Schüler mit Handicap

In jeder Schule gibt es Schülerinnen und Schüler mit Handicaps unterschiedlicher Art und Teilleistungsstörungen – es sei dahingestellt, ob sich die Fallzahlen tatsächlich erhöht haben oder die Wahrnehmung schärfer bzw. die Diagnosefähigkeit besser geworden ist. Es gehört zu den Errungenschaften unserer Zeit, dass damit Nachteile für den schulischen Erfolg nicht mehr zwangsläufig verbunden sein müssen. Abgesehen von diagnostizierten Behinderungen, die Hilfe durch entsprechendes Fachpersonal erfordern, hat man es im schulischen Alltag mit einer großen Bandbreite solcher Handicaps zu tun. Weit verbreitet sind Konzentrationsstörungen (Aufmerksamkeitsdefizit-Syndrom, ADS), oft auch verbunden mit Hyperaktivität (ADHS). Einzelne Schülerinnen und Schüler haben Probleme vor Klassenarbeiten und Prüfungen (Prüfungsangst). Es gibt Schülerinnen und Schüler mit Lese-Rechtschreibschwäche (LRS, Legasthenie) oder einer ausgeprägten Dyskalkulie. Für sie gibt es vielfältige Programme und Hilfsmöglichkeiten. Im Normalfall ist die Lehrkraft in ihrer Kompetenz überfordert. Vielmehr kommt es darauf an, für die betroffenen Schülerinnen und Schüler in Abstimmung mit einer Fachkraft möglichst persönliche Lern- und Entwicklungspläne zu entwickeln, die über definierte Zeiträume auch Formen des Nachteilsausgleichs beinhalten (dazu gibt es in den Bundesländern einschlägige Regelungen). Als Lehrkraft sollte man allerdings in der Lage sein, Anzeichen für Störungen geschult wahrzunehmen und zusammen mit den Eltern Schritte zu einer soliden Diagnostik einzuleiten. In seltenen Einzelfällen kommt es auch vor, dass Eltern bestimmte Diagnosen (z. B. Legasthenie) zu Unrecht für ihr Kind reklamieren, um so besondere Schutzbedingungen für ihr Kind zu erwirken.

Es kann entlastend sein, wenn man als Lehrer für einen auffälligen Schüler z. B. eine klare ADHS-Diagnose hat. Das kann vor Selbstzweifeln schützen, wonach etwa langweiliger Unterricht oder Beziehungsdefizite den Schüler zu unangemessenen Störungen veranlassten, aber auch vor unangebrachten Zuschreibungen, wonach ein schlechter Charakter oder die verkehrte Erziehung durch die Eltern der Auslöser sei. Damit sind die belastenden Problemfälle zwar nicht gelöst, aber ihnen kann entspannter begegnet werden; sie münden nicht mehr in einen eskalierenden Kleinkrieg („Wenn du jetzt nicht endlich aufpasst, dann …") mit moralisierenden, böse Absicht unterstellenden Botschaften oder abwertenden persönlichen Urteilen. Das hilft, auftretende Konflikte nicht (länger) persönlich zu nehmen, sondern nach gemeinsamen Lösungen und hilfreichen Strategien zu suchen. Schnelle Lösungen sollte man nicht erwarten, aber meist ermöglichen individuelle Programme oder Maßnahmen zum Nachteilsausgleich, in deren Umsetzung alle Kollegen eingebunden sein sollten, in kleinen Schritten positive Entwicklungen und erlauben es, dass besonders kritische Phasen ohne größere Schäden überstanden werden. Die Einbeziehung von Mentoren, Unterrichtsassistenten und Fachleuten (Sonderpädagogen) mit Zusatzqualifikationen im Umgang mit Teilleistungsstörungen ist hilfreich; entsprechende Möglichkeiten sollten an jeder Schule zur Verfügung stehen.[6]

2.3.11 Langeweile in der Schule

Der unterrichtliche Alltag der Schülerinnen und Schüler ist – wie das ganze Leben – durch zahlreiche unterschiedliche Emotionen gekennzeichnet. Freude, Schüchternheit, Langeweile, Angst, Scham usw. finden sich in jeder Schule. Untersuchungen haben ergeben, dass Langeweile die von Schülern während des Unterrichts am dominantesten erlebte Emotion ist (Götz/Baumann 2015). Das spiegelt zum einen schlicht die unterschiedlichen Interessen der Schülerinnen und Schüler wider, die mit dem Fächerkanon, der Stundenabfolge und den vom Bildungsplan vorgesehenen Lerninhalten selbstredend nicht deckungsgleich sind. Zum anderen offenbart die weit verbreitete Langeweile im Unterricht jedoch auch ein Qualitätsdefizit – zumindest zu einem gewissen Anteil. Offensichtlich gelingt es zu wenig, Einsicht in das zu Lernende herzustellen, die Lernfortschritte sinnhaft deutlich zu machen und den Unterricht entsprechend lebendig und abwechslungsreich zu gestalten. Vermutlich ist die Langeweile zu Teilen auch auf ein Differenzierungsdefizit zurückzuführen: So langweilen sich insbesondere unterforderte Schülerinnen und Schüler. Häufig wissen sie oft nach kurzer Zeit, worauf es dem Lehrer in der Stunde ankommt. Den Weg dorthin – über Gruppenarbeit und Austauschphasen – halten sie vielleicht sogar für umständlich und nicht ihren Bedürfnissen entsprechend. Ziemlich gelangweilt lassen sie die aus ihrer Sicht umständliche Unterrichtsprozedur über sich ergehen. Gleichzeitig sind andere Schülerinnen und Schüler überfordert. Obwohl sie sich zu Beginn der Stunde intensiv und unter Krafteinsatz um Konzentration bemühen, verlieren sie nach kurzer Zeit den Faden und finden den Anschluss nicht mehr. Die bei ihnen entstehende Langeweile hat etwas Bedrückendes. Sie ahnen schon während der Stunde, dass sie wieder die Hausaufgabe nicht bewältigen werden. Hier sind Formen des adaptiven Unterrichts und individualisierende Lernarrangements gefragt, die beiden, den Unter- und den Überforderten, im Sinne der vertikalen Differenzierung weiterhelfen.

Die Langeweile als den Unterricht dominierende Emotion wird im schulischen Kontext wenig diskutiert. Lehrkräfte neigen dazu, das Problem zu igno-

6 Am Gymnasium Wilhelmsdorf fand über drei Jahre ein Modellprojekt ‚Power of Difference' (POD) statt. Sponsorenmittel erlaubten der Schule, zwei Unterrichtsassistentinnen und Förderpädagogen (sie wurden Coaches genannt) einzustellen. Das Pilotprojekt wurde von der Universität Konstanz wissenschaftlich begleitet und evaluiert (siehe Baumann 2014 u. Beisswingert/Götz 2014).

rieren („Mein Unterricht ist nicht langweilig.", „In meinem Fach führen wir so interessante und lebendige Unterrichtsgespräche.", „Vielleicht ist es bei Kollege XY langweilig im Unterricht."). Für Schülerinnen und Schüler hingegen ist es wenig opportun, den Lehrkräften ihre Langeweile zu zeigen. Notenmäßig zahlt es sich jedenfalls aus, ein Mindestmaß an Aufmerksamkeit zu signalisieren.

Die Vielfalt, die die Schülerinnen und Schüler einer jeden Schulklasse repräsentieren, mag auf manche Lehrkraft beinahe entmutigend wirken. Wie lässt sich angesichts dieser Vielfalt ein konstruktiver Unterricht machen, wie lässt sich effektives Lernen herstellen? Problemverschärfend kommt noch hinzu, dass in der Klasse ständig gruppendynamische Prozesse stattfinden und einzelnen Schülerinnen und Schülern von der Gruppe besondere Rollen zugeschrieben werden – am markantesten der berühmte Klassenkasper; aber es gibt auch den Störer, die Verantwortliche, den Vermittelnden etc. Solche Rollenzuschreibungen, die auch fach- oder gar lehrerspezifisch sein können, erlauben dem betroffenen Schüler oft nur mit größter Mühe ein anderes Verhalten als jenes, das er an den Tag legt. Oft liegt der Schlüssel zur Veränderung einer solchen Situation nicht beim einzelnen Schüler, sondern bei der Klasse oder einer Teilgruppierung der Klasse – oder im Agieren der Lehrkraft. Moderne Konzepte von Unterricht sollten die Herausforderungen und Potenziale dieser Unterschiedlichkeit berücksichtigen, flexibel und adaptiv sein, immer wieder auch die Lernformen variierend und ein Stück experimentell. Überdies hilft es, zur Verfügung stehende Unterstützungsangebote wahrzunehmen. In regelmäßigen Abständen – sozusagen um den inneren Kompass immer wieder auszurichten – ist es auch angezeigt, auf Supervision oder kollegiales Feedback zurückzugreifen. Hier handelt es sich nicht um Eingeständnisse von Schwächen im Beruf, sondern im Gegenteil um den Ausdruck erhöhter Professionalität, die nicht mit Schuldzuweisungen in alle möglichen Richtungen arbeitet, sondern zugunsten der Schülerinnen und Schüler ins Gelingen verliebt ist!

2.4 Der unterrichtliche Umgang mit Heterogenität

Die Schülerinnen und Schüler in ihrer Individualität wahrzunehmen, zu würdigen und zu fördern, entspricht zutiefst einem humanen Menschenbild und ist eine unbedingt verteidigenswerte zivilisatorische Errungenschaft unserer modernen westlichen Gesellschaft, hinter die wir keinesfalls zurückfallen sollten. Diesem Ansatz verdanken wir auch die unzähligen Entfaltungsmöglichkeiten, die zum heutigen Entwicklungsstand in Kultur, Wissenschaft und Technik geführt haben. Allerdings darf Förderung von Individualität nicht mit Beliebigkeit und dem Verzicht auf Erziehung verwechselt werden.

Für die einzelne Lehrkraft bleibt indessen ohnehin kaum Zeit, generelle Überlegungen dieser Art anzustellen, denn der schulische Alltag erfordert täglich ein hohes Maß an Professionalität im Umgang mit der tatsächlichen Vielfalt und Unterschiedlichkeit der Schülerinnen und Schüler.

Auf die äußere Differenzierung nach Schularten, die in Deutschland noch weit verbreitet ist, gehe ich nicht weiter ein. Äußere Differenzierung nach Schularten oder Formen des gemeinsamen Lernens sind im Wesentlichen politische Entscheidungen, die für Lehrkräfte allerdings insofern relevant sind, als sie die Wahl haben, sich gezielt für die eine oder andere Schule resp. Schulart zu bewerben.

Im Folgenden will ich drei Strategien im Umgang mit Heterogenität vorstellen und an einigen Beispielen verdeutlichen. Die Strategien sind nicht immer scharf voneinander zu trennen, ergänzen sich aber gegenseitig; einer Lehrkraft sollten alle drei zur Verfügung stehen. Fachliche oder fachdidaktische Aspekte stehen hier nicht im Mittelpunkt.

2.4.1 Antizipation von Missverständnissen

Im Unterricht sitzen einer Lehrkraft meist zwischen 20 und 30 Schülerinnen und Schüler gegenüber. Sie kommen alle, wie in Abschn. 2.3 dargestellt, mit sehr unterschiedlichen Voraussetzungen in den Unterricht. Das gilt insbesondere auch für das fachliche Vorwissen. Aus der Unterschiedlichkeit resultiert unter anderem, dass das, was eine Lehrkraft erklärt, längst nicht von allen Schülerinnen und Schülern in gleicher Weise verstanden wird, selbst wenn die Erklärung deutlich, gut strukturiert und anschaulich ist. Daraus folgt, dass im Unterricht mehrfache Erklärungsschleifen, variierende Erklärungen und Redundanzen notwendig sind, insbesondere wenn es sich um abstraktere Zusammenhänge handelt. Man kann sich das anhand von Alltagsgesprächen klar machen: Als Sprecher geht man von etwas aus, das einem selbst völlig klar und einleuchtend erscheint – aber das muss nicht in gleicher Weise für den Gesprächspartner gelten. Man tut als Lehrkraft also gut daran, seine Annahmen, auf denen man eine Erklärung aufbaut, zu überprüfen und sie ggf. nochmals zu explizieren. Auch bei der Abfolge von Gedankenschritten – so zwingend sie einem selbst (man ist ja Fachlehrkraft) auch scheinen – kann man nicht einfach voraussetzen, dass alle Schülerinnen und Schüler die gleiche Stringenz empfinden. Vielleicht ist gerade das Stringenzempfinden nicht der sichere Weg, sondern für viele Schülerinnen und Schüler erst einmal ein Ziel, eine zu erreichende Plattform, die erst erklommen werden muss.

Für Lehrer/innen ist es hilfreich, sich an die eigene Schul- und Studienzeit zu erinnern, an die damaligen gedanklichen Irrwege und manchmal anfänglich falschen oder unvollständigen Vorstellungen. Mit zunehmender Erfahrung als Lehrkraft auf den verschiedenen Unterrichtsstufen gelingt es immer besser, typische Missverständnisse zu erkennen und möglicherweise in der Unterrichtsvorbereitung bereits zu antizipieren, spätestens aber im Unterricht darauf zu reagieren. Es ist dabei vielleicht gar nicht immer so wichtig, Missverständnisse, Formen ‚falscher Logik' oder hermetische Denkmuster zu benennen, also verbal in der Klasse aufzudecken, wichtiger erscheint, seine Erklärungen so zu formulieren, dass sie möglichst viele Schülerinnen und Schüler erreichen. Damit sind wir aber praktisch bei adaptivem Unterricht angelangt (Details dazu im nächsten Abschnitt), indem eine Lehrkraft während ihrer Erklärung die Schülerinnen und Schüler beobachtet (was spiegeln die Gesichter, wie entwickelt sich die Aufmerksamkeit?) und sich ständig Feedback geben lässt (z. B. durch Reformulierungen von Erklärtem).[7] Damit gewinnen wichtige Erklärungsphasen gewissermaßen einen dialogischen Charakter. Nicht umsonst wird die Fähigkeit, gut zu erklären, von Schülerinnen und Schülern sehr wertgeschätzt.

Zum Umgang mit Missverständnissen gehört auch der Aspekt der Fehlerkultur, die Fehler als Lerngelegenheiten begreift. Gerade Fehler offenbaren sehr viel über die Denkwege der Schülerinnen und Schüler; sie helfen der Lehrkraft zu sehen, wie die Schülerinnen und Schüler denken, wo sie stehen, und ihre Erklärungen zu optimieren. Schülerinnen und Schüler trauen sich aber nur in einem Klima der Offenheit und des Vertrauens, ihre Meinungen und auch das eigene, vielleicht noch als unsicher empfundene Wissen zu äußern.

2.4.2 Adaptiver Unterricht

Geht es bei der Antizipation von Missverständnissen um die Optimierung der Erklärung durch die Lehrkraft, so meint der adaptive Unterricht die geplante oder auch spontane Anpassung des Unterrichts an das Vorwissen und Leistungsvermögen der Schülerinnen und Schüler. Dabei wird man immer wieder die Erfahrung machen, dass der Antizipation Grenzen gesetzt sind. Viele Verstehensschwierigkeiten tauchen erst im Unterricht auf. Die Kunst besteht darin, sie nicht als Störung zu sehen oder zu diskriminieren, sondern als Chance, Einblick in Denkwege und Denkstrukturen der Schüler zu gewinnen und den Unterricht darauf abzustellen. Damit allerdings begibt man sich auf eine Gratwanderung zwischen geplantem Verlauf und spontaner Abweichung. Die Anforderung an die Lehrkraft ist hoch, flexibel wieder zum Ausgangspunkt zurückzufinden und sich nicht zu verlieren.

Treten Verständnisschwierigkeiten bei mehreren Schülerinnen und Schülern auf, ist es zweckmäßig, sich mit ihnen nochmals vielleicht im hinteren Teil des Klassenzimmers oder an einer Seitentafel zusammenzusetzen und langsamer, anschaulicher, dialogischer eine zweite Erklärungsrunde durchzuführen, während die übrige Klasse an Vertiefungsaufgaben arbeitet. Es gibt Schulen (vor allem Gemeinschaftsschulen, die von vornherein von einer erhöhten Differenz bei den Lernvoraussetzungen ausgehen), die dieses Prinzip zur generellen Struktur des Unterrichts erhoben haben.[8] Der Verlauf einer Doppelstunde sieht dann so aus: Der Unterricht beginnt mit einer kurzen Inputphase (Erklärungsphase) für alle Schüler. Anschließend begeben sich die Schülerinnen und Schüler, die sich

7 „Die ultimative Voraussetzung für Lehrpersonen ist die Entwicklung der Fähigkeit, die Wirkung zu evaluieren, die sie auf ihre Schülerinnen und Schüler haben. ... Sie müssen in der Lage sein, auf die Situation, auf die jeweiligen Schülerinnen und Schüler und auf die Anforderungen des Augenblicks zu reagieren. Lehrpersonen arbeiten in erstaunlich unterschiedlichen Situationen. Sie interagieren mit vielen verschiedenen Schülerinnen und Schülern und sind an Schulen mit einer großen Varianz in den Bedingungen ... tätig.“ (Hattie 2014, S. 35)

8 Dieses Modell wird an der Gebhardschule in Konstanz sehr erfolgreich praktiziert.

sicher fühlen, in den rückwärtigen Bereich des Klassenzimmers (nach Möglichkeit durch ein Regal abgetrennt, mit eigenen Arbeitsplätzen). Die anderen Schülerinnen und Schüler verbleiben bei der Lehrkraft, die nun eine zweite Erklärungsrunde durchführt und gezielter auf Barrieren und Blockaden eingeht. Am Ende dieser Runde wird gefragt, wer sich immer noch nicht traut, allein zu arbeiten. Die verbleibende kleine Gruppe wird dann nochmals auf ihrem Niveau betreut. Vielleicht sind sie in dem betreffenden Fach tatsächlich nicht so leistungsstark und arbeiten anschließend auf einer unteren Niveaustufe weiter. Oder es gelingt im Einzelfall doch der Durchbruch, Verständnisschwierigkeiten werden ausgeräumt und damit individuelle Lernräume eröffnet.

Natürlich gilt der Anspruch der Adaption auch im Hinblick auf die leistungsfähigen Schülerinnen und Schüler. Ihnen kann schnelleres Arbeiten und auf höheren Niveaustufen angesiedeltes Arbeiten zugemutet werden. Sie können in leistungsstarken Kleingruppen zusammengebracht und vereinzelt auch zur Hilfestellung für schwächere Mitschüler eingesetzt werden.

Zum adaptiven Unterricht kann es auch gehören, bei den Hausaufgaben zu differenzieren, d. h. einzelnen Schülerinnen und Schülern gezielt Aufgaben zu geben, die ihrer Niveaustufe entsprechen. Haag/Streber (2014, S. 184) zeigen, dass sich adaptive Lehrerkompetenz in vier Kompetenzfeldern realisiert: als Sachkompetenz, diagnostische Kompetenz, didaktische Kompetenz und Klassenführungskompetenz.

2.4.3 Individualisierende Lernarrangements

Die Möglichkeiten für individualisierende Lernarrangements sind sehr vielfältig. Es gibt Kleinformen, die in einer Einzelstunde zur Anwendung gebracht werden können, und Arrangements, die über Wochen und Monate hinweg den Unterricht prägen. Im Folgenden sollen exemplarisch einige Ansätze vorgestellt werden. Dabei ist die Grenze zu Ansätzen fließend, die nur die Beteiligung der einzelnen Schülerinnen und Schüler erhöhen. Wenn es gelingt, durch spezielle Unterrichtsmethoden chronisch unbeteiligte Schülerinnen und Schüler zu aktivieren, dann ist das im weitesten Sinne auch insofern differenzierend, als ihre Beiträge plötzlich gefragt sind und ein Forum bekommen, von dem ausgehend weitergearbeitet werden kann. In dieser Hinsicht sind viele Formen des kooperativen Lernens nicht nur kompetenzorientiert, sondern haben auch eine differenzierende Wirkung.

Im Fachunterricht anwendbare Methoden/Arrangements

Lernen mit progressivem Individualfeedback. Diese Methode kann in einer Doppelstunde oder auch über mehrere Stunden hin praktiziert werden. Nach einer thematischen Einführungsphase wird eine komplexere Aufgabe in mehrere kleine Lernschritte zerlegt (das können auch Aufgaben aus dem Schulbuch sein), die in der vorgegebenen Reihenfolge zu bearbeiten sind. Einzelne Zusatzaufgaben werden nur von schnelleren Schülerinnen/Schülern bearbeitet. Natürlich kann man auch gezielt Aufgaben auf unterschiedlichen Niveaus ausgeben. Von vornherein wird festgelegt, wann alle Pflichtaufgaben fertiggestellt sein müssen. Die einzelne Aufgabe kann man Lernjob nennen. Dann wird verabredet, dass die Schülerinnen und Schüler nach jedem oder nach jedem zweiten/dritten Lernjob zur Lehrkraft ans Pult kommen und ihre Ergebnisse kurz vorstellen. Sie erhalten sofort ein kurzes Feedback. Gegebenenfalls müssen sie mit dem Lernjob nochmals an ihren Platz, weil das Ergebnis fachlich, in der Darstellung etc. nicht den Anforderungen entspricht. Die Lehrkraft gibt gezielt und individuell Tipps und Hilfestellungen. Ist die Lehrkraft zufrieden, erhalten die Schülerinnen und Schüler den nächsten Lernjob. In der Regel entsteht eine dichte Arbeitsatmosphäre, weil alle Schülerinnen und Schüler individuell arbeiten und zum definierten Zeitpunkt alle Aufgaben erledigt haben müssen. Sehr schnell differenziert sich der Lernfortschritt in der Klasse: Schnelle, leistungsstarke Schülerinnen und Schüler kommen schnell und in kurzer Frequenz ans Pult, andere brauchen länger. Es ist für die Lehrkraft sehr anstrengend, sich im Minutentakt auf einzelne Schülerinnen und Schüler einzustellen, ihre Ausarbeitung zu überfliegen und ein kurzes Feedback zu geben. Dafür bekommt man sehr gut mit, wer wo seine Stärken und Schwächen hat.

Arbeit mit Lernplänen. Hier wird eine ganze Unterrichtseinheit, die sich auch über längere Zeiträume, z. B. zwei Monate, hinziehen kann, modularisiert.[9] Die Module werden je nach zeitlicher Anforderung mit Punkten/Credits (ähnlich den ECTS an den Universitäten) versehen. Eine Mindestanzahl von zu erreichenden Credits wird vorgegeben. Am Ende werden die Credits anhand eines vorbereiteten Schlüssels in eine Note umgerechnet. Die Schülerinnen und Schüler arbeiten in der Lernplanphase sehr selbstständig (es empfiehlt sich, Formen selbstständigen Arbeitens, z. B. über Freiarbeit, sehr früh an der Schule zu etablieren). Die Trennung zwischen schulischem und häuslichem Arbeiten wird in weiten Teilen aufgehoben.

Zu den Modulen seien einige Hinweise gegeben: Es gibt Inputmodule zu fest definierten Terminen. Einige Module können für alle verpflichtend sein (z. B. ein Lektüre-Modul), andere (z. B. ein Grammatik-Modul in Englisch) können freiwillig wahrgenommen werden. Es kann etwa in der Fremdsprache oder im Deutschunterricht unterschiedliche Lektüre-Module geben, die sich in Länge und Schwierigkeitsgrad (und entsprechend bei der Anzahl der Credits) unterscheiden und zwischen denen die Schüler wählen können. Einige Aufgaben können je nach Konzeption der Module auch im Team erledigt werden. Auch Präsentationen zu fest definierten Zeitpunkten können als Modul angerechnet werden. Damit stellen sich die Schülerinnen und Schüler selbst ihr individuelles Lernmenü zusammen und bestimmen das Anforderungsniveau selbst. Man

9 In Anlehnung an eine schulinterne Fortbildung mit Robb Correll von der PH Thurgau für die Fachschaft Englisch am Gymnasium Wilhelmsdorf.

kann – ähnlich wie beim progressiven Individualfeedback – zwei oder drei Zwischenberichte verlangen. Während der Lernplanphase ist die Lehrkraft in einer deutlich anderen Rolle. Auch Inputphasen als Teil von Wahlmodulen können selbstverständlich ein Beitrag zur Individualisierung sein.

Für die Schülerinnen und Schüler sind Lernplanphasen sehr intensiv und fordernd. Auch ohne die üblichen Hausaufgaben steigt die häusliche Arbeitszeit. Es empfiehlt sich, dass sich die Lehrkräfte einer Klasse absprechen, um zu vermeiden, dass die Schülerinnen und Schüler gleichzeitig an zwei Lernplänen arbeiten. Die erstmalige Erarbeitung eines Lernplanes ist für die beteiligten Lehrkräfte sehr zeitintensiv. Es ist ratsam, dass sich Fachkollegen von Parallelklassen zusammensetzen, gemeinsam einen Lernplan erarbeiten und ihn dann in ihren Klassen zeitgleich einsetzen. In der Regel lassen sich einmal erarbeitete Lernpläne dann mit geringem Aufwand über mehrere Jahre in Folgeklassen einsetzen.

In der Literatur werden zahlreiche weitere Möglichkeiten beschrieben: Arbeit mit Placemate (kleinschrittig, kommt aus dem kooperativen Lernen, kann auch in Einzelstunden angewandt werden), Portfolioarbeit, Freiarbeitsformen, Werkstattunterricht, Lernzirkel, Projektunterricht etc.

Auf Schulebene angesiedelte Arrangements

Auch eine Schule kann insgesamt die Weichen so stellen, dass die Lehrkräfte über ihren Fachunterricht hinaus auf Unterstützungsmöglichkeiten bei der Differenzierung zurückgreifen können. In der Regel geht es dabei um Wahlpflichtbereiche.

Lernband. Manche Schulen arbeiten mit fachspezifischen oder auch fachübergreifenden Lernbändern. Ein Lernband entsteht dadurch, dass der Fachunterricht in Parallelklassen eines oder mehrerer Fächer im Umfang von z. B. einer Stunde im Stundenplan zeitgleich abgehalten wird. In jedem Raum findet dann ein etwas anderes Angebot statt (Variation nach Fach, Thema, Niveau oder Methodik). Die Schülerinnen und Schüler der verschiedenen Klassen einer Jahrgangsstufe wählen nun selbst, welche Gruppe/welchen Raum sie besuchen. Die Differenzierung innerhalb eines fachspezifischen Lernbands ermöglicht Angebote auf verschiedenen Niveaustufen. Bei fächerübergreifenden Lernbändern wählen die Schüler entsprechend ihren fachlichen Prioritäten und Bedürfnissen.

Fachbezogene Lernwerkstatt. Andere Schulen machen gute Erfahrungen mit der fachbezogenen Lernwerkstatt. Hierbei handelt es sich um ein freiwilliges (Nachmittags-)Angebot (es kann ein Zusatzangebot oder auch als Wahlpflichtbereich organisiert sein), das man besuchen kann, wenn man Defizite ausgleichen oder das Fach aus Interesse vertiefen möchte. In der Werkstatt – z. B. einer Mathewerkstatt – sind, nach Jahrgängen geordnet, die Lerninhalte in Form von ansprechenden und weitgehend selbsterklärenden Selbstlernmaterialien (z. B.

in Karteikästen) hinterlegt. Schülerinnen und Schüler, die die Lernwerkstatt besuchen, können also gezielt an ihren Defiziten arbeiten. Wichtig ist sicherzustellen, dass in der Lernwerkstatt eine konzentrierte Arbeitsatmosphäre herrscht (sie sollte also freiwillig sein). Flüsterton ist Standard. Es sollten ältere Schülerinnen und Schüler als Mentoren anwesend sein, die bei Bedarf weiterhelfen können. Auch ein Fachlehrer ist während der gesamten Lernwerkstatt präsent. Die Lernwerkstatt hat den Vorteil, dass auch weit zurückliegender Stoff nochmals angeeignet werden kann. Es kann auch erlaubt werden, fachspezifische Hausaufgaben mitzubringen und in der Werkstatt zu bearbeiten. In fakultativen Lernwerkstätten findet in Ansätzen auch eine Umkehrung der Bringschuld insofern statt, als nicht mehr die Lehrkraft allein für den schulischen Lernfortschritt verantwortlich ist, sondern z. B. ein Schüler, der in Mathematik schlechte Noten hat und sich verbessern möchte, in die Mathewerkstatt[10] gehen kann, wenn er es will. Die Lehrkräfte ihrerseits sind bei der Herausforderung der Differenzierung zumindest etwas entlastet. An dem Umstand, dass ein Lehrer mit seiner Klasse den vorgegebenen Lernstoff in knappen Zeiträumen zu bearbeiten hat, wird sich auch in Zukunft nichts ändern. In der Lernwerkstatt jedoch gibt es kein Voranschreiten des Klassenverbandes im gleichen Tempo (‚Lernen im Gleichschritt'), sondern jeder Einzelne lernt und arbeitet dort in seinem individuellen Tempo und am eigenen Thema. Natürlich kann eine Mathe- oder Lateinwerkstatt auch für sehr gute Schülerinnen und Schüler – im Sinne der Begabtenförderung – offenstehen. Dann ist allerdings zu gewährleisten, dass auch entsprechend anregende Materialien (z. B. Unterlagen für einen Wettbewerb) vorhanden sind und der betreuende Fachlehrer in ausreichender Weise als Gesprächspartner zur Verfügung steht.

Freiarbeit. Zahlreiche Schulen haben – Anregungen aus der Montessori-Pädagogik aufgreifend – eine bestimmte Anzahl von Wochenstunden als Freiarbeitsstunden definiert. Der Grad der Freiheit ist dabei unterschiedlich: Er kann von der freien Aufgabenwahl innerhalb eines Faches bis zur völligen, fachübergreifenden Freiheit reichen. Für die Freiarbeit wurden von den Schulen in der Regel Freiarbeitsaufgaben entwickelt, die die Schülerinnen und Schüler bearbeiten können. Arbeitet man in der Freiarbeit auch mit Pflichtaufgaben (an sich ein Widerspruch in sich selbst), kann klassenarbeits- bzw. prüfungsrelevanter Stoff in die Freiarbeit gegeben werden. Sind die Aufgaben wirklich frei, können sie der Vertiefung, Übung oder der Weckung von Neugier und Interesse dienen, dürfen aber nicht unmittelbar klassenarbeitsrelevant sein. Neben der Differenzierung fördert die Freiarbeit insbesondere auch die Fähigkeit zum selbstständigen, eigenverantwortlichen Arbeiten und Lernen.

10 Am Gymnasium Wilhelmsdorf wird von Klasse 5 bis 10 eine Mathematikwerkstatt angeboten. In ihr arbeiten zahlreiche Schülermentoren mit, die dafür eigens schulintern ausgebildet werden. Ähnliches gilt auch für die Lateinwerkstatt.

Werkstattlernen. Die weitestgehende Alternative zum bestehenden Fachunterricht besteht darin, diesen ganz oder teilweise (Fächer wie Englisch, Sport etc. werden in der Regel ausgeklammert) zugunsten einer Lernwerkstatt aufzulösen. Über weite Teile der Unterrichtszeit arbeiten die Schülerinnen und Schüler selbstständig an ihren Aufgaben aus unterschiedlichen Fächern. Die Lernumgebung trägt Werkstattcharakter: Alle Schülerinnen und Schüler haben ihren eigenen Arbeitsplatz, ihnen stehen vielfältige Materialien zur Verfügung. Die Lehrkräfte wechseln weitgehend in die Rolle des individuellen Lernbegleiters. Meist gibt es dennoch in den einzelnen Fächern kurze motivierende und erklärende Inputphasen. In der Regel arbeiten die Schülerinnen und Schüler auf unterschiedlichen Niveaus und sammeln ihre Ergebnisse in einem Portfolio.

Differenzierende Ansätze im Unterricht gewinnen auch insofern immer mehr an Bedeutung, als über Vergleichsarbeiten (z.B. VERA 8) z.T. gut aufbereitete Erkenntnisse über den Lernstand bzw. die Kompetenzen der Schülerinnen und Schüler vorliegen. Von hier aus ist es ein folgerichtiger Schritt, den Unterricht entsprechend aufzubauen. Es ist vorteilhaft, wie sich zeigt, die Lehrkräfte dabei durch unterstützende schulstrukturelle Angebote zu entlasten. Allerdings konnte auch gezeigt werden, dass mit adaptivem Unterricht ebenfalls ein hohes Maß an Orientierung am Schüler möglich ist.

2.4.4 Zieldifferenter Unterricht/Inklusion

Den bisherigen Überlegungen und Vorschlägen liegt das Prinzip zugrunde, dass zwar in jeder Lerngruppe immer von Heterogenität auszugehen ist, Schülerinnen und Schüler sich aber – wenn auch auf unterschiedlichen Niveaustufen – im selben fachlichen Kontext auf denselben Zielhorizont zubewegen.

Nun kann die Heterogenität aber so groß ausfallen – etwa bei Schülerinnen und Schülern mit diagnostiziertem sonderpädagogischem Förderbedarf (etwa bei geistiger Behinderung) –, dass von vornherein feststeht, dass ein zieldifferenter Unterricht mit entsprechend unterschiedlichen Lernplänen notwendig ist – unbeschadet der Tatsache, dass eine inklusive Beschulung wünschenswert ist und weitgehend realisiert werden soll.[11] Hier müssen nicht nur individuelle Wege gefunden werden, die für die betroffenen Schülerinnen und Schüler die beste Entwicklungsmöglichkeit versprechen, sondern es muss auch das entsprechende (förderpädagogische) Fachpersonal an die Schule kommen; ebenso sind die räumlichen und sächlichen Rahmenbedingungen anzupassen. Zieldifferenter Unterricht macht in der Regel eine teilweise Separierung innerhalb der Schule notwendig, was aber eine qualitative Voraussetzung einer gelingenden Inklusion sein kann. Je weniger dogmatisch man vor Ort mit dem Thema Inklusion umgeht, desto weitergehend und wirkungsvoller kann der Gedanke der In-

11 Inklusion hat ja zum Ziel, Ausgrenzung zu vermeiden. Menschen mit Behinderung soll möglichst umfängliche Teilhabe ermöglicht werden. Menschen ohne Behinderung sollen lernen, ohne Berührungsängste mit Behinderten umzugehen und, wo nötig, für sie einzustehen und Verantwortung zu übernehmen.

klusion bei gleichzeitiger Gewährleistung optimaler fachlicher Förderung umgesetzt werden.

2.5 Lernstandrückmeldungen – mit Schülerinnen und Schülern im Gespräch sein

Lernstandrückmeldungen sind in der Praxis der Schulen nichts grundsätzlich Neues. Natürlich werden erteilte Noten vor allem von den Lehrkräften als Lernstandrückmeldung (Kenntnisquelle über den Lernstand für den Lehrer) aufgefasst und entsprechend genutzt, häufig werden Tests oder Klassenarbeiten auch mit schriftlichen Kommentaren versehen (teilweise ist dies vorgeschrieben, was nichts daran ändert, dass die Kommentare von sehr unterschiedlicher Qualität sind) oder mündlich kommentiert. Gemeinsam ist diesen Formen die Einlinigkeit oder Asymmetrie. Auch die Rückmeldung (im Wesentlichen) an eine Note zu binden, ist aus unterschiedlichen Gründen problematisch. Trotz aller guten Ansätze ist es noch ein weiter Weg, der in den Schulen zu gehen ist, um zu einer neuen Kultur der Lernstandrückmeldungen zu gelangen. Es gibt gute Gründe, diesen Weg zu beschreiten.

Wenn unterrichtliche Differenzierungsstrategien eine Antwort auf die Heterogenität sind, dann ist das individuelle Gespräch mit den Schülerinnen und Schülern eine folgerichtige weitere Antwort. Durch Lernstanderhebungen in Ergänzung zu den benoteten Klassenarbeiten und durch verbesserte diagnostische Verfahren liegen zudem wesentlich aussagekräftigere Informationen nicht nur zum fachlichen Stand der einzelnen Schülerinnen und Schüler, sondern auch zu ihren Kompetenzen und ihrer individuellen Entwicklung vor. Hattie (2014) hat gezeigt, wie wichtig es für eine Lehrkraft ist zu wissen, wo ihre Schülerinnen und Schüler stehen und wie sie lernen; und wie wichtig es ist, mit den Schülerinnen und Schülern ihr Lernen zu reflektieren und ihnen zu helfen, für ihr Lernen selbst Verantwortung zu übernehmen. Auch die Transparenz im Hinblick auf mögliche/zugetraute nächste Schritte spielt in diesem Zusammenhang eine wichtige Rolle. Wenn man mit Schülerinnen und Schülern über ihr schulisches Lernen spricht, ist es unzweckmäßig, den Standpunkt einer angeblich objektiven Lehrerperspektive einzunehmen. Denn zum einen geht es auf Lehrerseite natürlich auch darum, über einen Schüler weitergehende Informationen zu gewinnen – das setzt ein offenes, vertrauensvolles Gespräch voraus. Zum anderen ist man als Lehrkraft am Lernprozess der Schülerinnen und Schüler immer aktiv beteiligt und niemals eine neutrale Instanz. Eine Lehrkraft kann im Gespräch mit Schülern wertvolle Hinweise zu ihrem Unterricht und zu möglichen Optimierungen nur dann erhalten, wenn das Gespräch eine Reflexion ihres unterrichtlichen Agierens ermöglicht, wenn also das Gespräch nicht nur auf das Geben, sondern auch auf das Empfangen von Feedback ausgerichtet ist. Für Lehrkräfte, die an der Optimierung ihrer Tätigkeit interessiert sind, sind solche Gespräche enorm wichtig.

Allerdings sind Lehrer-Schüler-Gespräche im schulischen Alltag gar nicht so ohne Weiteres zu realisieren. Zahlreiche Schulen denken mittlerweile darüber nach, wie man solche Gespräche offiziell machen und im Schulalltag organisatorisch verankern kann. Manche Schulen haben eine sog. Schülersprechwoche eingeführt, während derer die Lehrkräfte nach Möglichkeit mit allen ihren Schülerinnen und Schülern im Rahmen ihres Unterrichts Gespräche führen sollen. Sie tun das entweder hinter einer provisorisch aufgestellten Stellwand im Klassenzimmer oder auf dem Flur, während die anderen Schülerinnen und Schüler still an Aufgaben arbeiten. Andere Schulen arbeiten mit Sprechtagen oder Sprechstunden für die Schülerinnen und Schüler. In der Tat stellt es ein großes organisatorisches Problem dar, wenn man den Anspruch hat, dass jeder mit jedem spricht oder zumindest mit vielen sprechen kann.

Etwas einfacher wird es, wenn man sich von dem Ansinnen löst, dass jede Lehrkraft in jedem Fach mit jedem Schüler ein Gespräch führen soll. Dazu kann man die Gespräche an bestimmte Kriterien (Notendurchschnitt, sich verschlechternde Noten etc.) binden oder die Gespräche im Rahmen von Sprechstunden einfach freiwillig stattfinden lassen. An manchen Schulen führen nur die Klassenlehrer mit den Schülerinnen und Schülern ihrer Klasse ein Gespräch, müssen sich dann aber vorab von den Fachkollegen informieren lassen. An anderen gilt die Regel, dass jeder Schüler ein- oder zweimal im Schuljahr mit einer Lehrkraft seiner Wahl ein Gespräch führen muss. Hier wird den Schülerinnen und Schülern mehr Eigenverantwortung übertragen, vor allem auch insoweit, als die Schüler selbst die Gesprächsthemen bestimmen und entscheiden, ob ihre Eltern am Gespräch teilnehmen. Wenn die Entscheidung über die Einladung von Eltern bei den Schülern liegt, kann in diesem Kontext auch über die immer noch an vielen Schulen üblichen (und nicht immer als glücklich empfundenen) Elternsprechtage neu nachgedacht werden.

Eine gute Vorbereitung ist ein zentraler Erfolgsfaktor für Gespräche mit den Schülerinnen und Schülern. Wie bereiten sich die Schüler auf das Gespräch vor, welche Fragen sollen sie mitbringen? Wie wird Symmetrie gewährleistet? Gleichgültig, in welcher Form Gespräche zum Lernstand an einer Schule institutionalisiert sind, sollte stets klar sein, worum es geht. Hilfreiche Fragen lauten: „Was kann ich jetzt?“, „Was ist mein Ziel?“, „Was ist mein nächster Lernschritt auf dem Weg zum Ziel?“, „Welche Hilfsmittel und Unterstützung brauche ich für diesen Lernschritt?“ (vgl. Prengel 2014). Um Symmetrie herzustellen, sollte selbstverständlich auch darüber gesprochen werden, wie die Lehrkraft durch ihr unterrichtliches Agieren zur Unterstützung des Lernens beitragen kann und inwiefern sie förderlich oder in Teilen hinderlich wirkt. Ist das Gespräch eng entlang solcher Fragen strukturiert, sollte auf jeden Fall am Ende auch Gelegenheit für weitere Themen gegeben sein, die der Schüler gern beleuchten würde; darauf sollte von vornherein hingewiesen werden. Es kann angezeigt sein, sich im Gespräch Notizen zu machen. Gespräche können mit einer Zielvereinbarung abgeschlossen werden, allerdings birgt dies eine Reihe von Gefahren: Schüler können sich durch das hierarchische Gefälle oder durch die rhetorische Überlegenheit der Lehrkraft zu Zielen gedrängt sehen, die nicht wirklich die ihren sind.

Hier kann Symmetrie gefährdet sein. Auf der anderen Seite sollte man keinesfalls unverbindlich auseinandergehen, sondern Ergebnisse/Erkenntnisse am Ende des Gesprächs nochmals zusammenfassen. Wichtig ist, den Gesprächen einen so würdigen Rahmen zu geben, wie es schulorganisatorisch eben möglich ist, und die Gesprächsdauer nicht zu sehr einzugrenzen.

Diese punktuellen, möglichst symmetrisch geführten Feedbackgespräche sind noch kein Schülercoaching oder auch Lerncoaching (vgl. dazu Hardeland 2014, Aufhammer/Künne 2014).

2.6 Im schulischen Beziehungsgeflecht arbeiten

Schulen sind unterschiedlich groß. Die Arbeit im schulischen Beziehungsgeflecht stellt sich deshalb von Schule zu Schule etwas anders dar. Es macht einen Unterschied, ob man an einer Grundschule im ländlichen Raum mit 15 oder an einem städtischen Berufsschulzentrum mit weit über 200 Lehrkräften tätig ist. Manche Fragen stellen sich je nach Größe der Schule etwas anders.

2.6.1 Kolleginnen und Kollegen

Wie an fast allen Arbeitsplätzen ist ein Kollegium zunächst eine Art Zufallsgemeinschaft. Selbst wenn man sich seine Schule wegen Wohnortnähe, wegen ihres pädagogischen Konzepts oder aus anderen Motiven selbst ausgesucht hat – seine Kolleginnen und Kollegen kann man sich mitnichten selbst auswählen. Kollegien müssen auch nicht der Freundeskreis sein. Es handelt sich um Kooperationspartner an einem sehr verantwortungsvollen Arbeitsplatz, mit denen es professionell zusammenzuarbeiten gilt und die in ihrer gesamten Tätigkeit professionellen Standards – auch im Hinblick auf das Miteinander – entsprechen sollten. Das ist eine Herausforderung an jede Lehrkraft.

Meist gibt es in den Kollegien unterschiedliche Lager oder gar Fraktionen. Das ist solange kein Problem, wie es nicht die schulische Arbeit unmittelbar betrifft, ideologisiert oder lähmt. Eine Verbandszugehörigkeit kann sinnvoll sein, solange man damit seine Unabhängigkeit im Denken und schulischen Handeln nicht aufgibt, sondern die Mitgliedschaft in einem Verband zur politischen Durchsetzung berechtigter Interessen nutzt. Doch auch ohne Verbandszugehörigkeit sind häufig Lagerbildungen zu beobachten. Es gibt fortschrittliche, dem Neuen gegenüber eher positiv eingestellte Kolleginnen bzw. Kollegen, die unter Verkrustungen und alten Zöpfen leiden und denen manche Prozesse nicht schnell genug gehen können. Andere gehören eher dem konservativen Lager an, beklagen sich über Neuerungen und vor allem über deren Geschwindigkeit respektive über die fehlende Durchdachtheit oder mangelnde Erprobtheit, über die hohe Dauerbelastung des Lehrberufs und die immer neuen Belastungen. Vor allem in Diskussionen im Lehrerzimmer oder in Konferenzen treten diese Lager in Erscheinung. Junge bzw. neue Kolleginnen/Kollegen werden oft umworben, jedes Lager freut sich über Verstärkung. Darüber hinaus kann es Cliquen geben: die jungen Wilden, die miteinander zum Skifahren gehen, die erfahrenen Alten, die Engagierten, die der Schulleitung nahe Stehenden, die fürsorglich Hilfsbereiten, die Reservierten, die Nörgler etc. Als Junglehrer sucht man möglicherweise etwas Heimat und Geborgenheit im zunächst unüberschaubaren und fremden Kollegium. In manche Gruppen kommt man dabei eher schlecht hinein, andere zeigen sich offener. Auf keinen Fall sollte man sich vereinnahmen lassen, sondern nach Möglichkeit seine Unabhängigkeit wahren.

Man mag die Bedeutung des Kollegiums in seiner Gesamtheit für die eigene berufliche Tätigkeit gering veranschlagen, doch auf jeden Fall tragen die Lehrkräfte einer Klasse eine deutlich erkennbare gemeinsame Verantwortung. Hier muss es selbstverständlich sein, sich als Fachlehrer einer Klasse als Teil eines Teams zu verstehen. Austausch über die Schüler der Klasse, Analyse möglicher Probleme, die Planung gemeinsamer Aktionen (z.B. Exkursionen, Projekte), Absprachen über das Anforderungsniveau und die pädagogische Linie tragen zur Wirksamkeit des Unterrichtens bei. Auch hier ist es die Ausnahme, dass die Zusammenarbeit auf gegenseitiger Zuneigung beruht, denn man wird ja von der Schulleitung einer Klasse zugeteilt. Dessen ungeachtet ist Kooperativität schlicht und einfach eine Anforderung der Profession – ein Sachverhalt, der bei manchen Lehrkräften noch nicht angekommen ist, die sich lieber in der Rolle des ungebundenen Einzelakteurs sehen. Als Lehrkraft hat man viele Möglichkeiten, auf andere Kolleginnen und Kollegen zuzugehen. Man kann sich Partner für Teamteaching oder kollegiales Feedback suchen oder Netzwerke im Interesse notwendiger Schulentwicklung initiieren.

2.6.2 Vertrauen in der Schulgemeinschaft

Das Miteinander der Kolleginnen und Kollegen prägt das Schulklima. Ein Kollegium, das in hohem Maße von einer Kultur des Vertrauens, der gegenseitigen Wertschätzung und des kooperativen Zusammenarbeitens gekennzeichnet ist, trägt damit auch zum Erfolg der Schule bei – nicht zuletzt im Hinblick auf die Leistungsergebnisse (vgl. Hattie 2014, S. 79 f.). Es gibt viele Schnittmengen und Berührungspunkte, ohne dass man gleich von Teamarbeit reden müsste, die ihre eigene Bedeutung hat: Krisengespräche über einzelne Schülerinnen und Schüler, kollegiale Hospitationen und Feedback oder die Klassenübergabe an Ende oder zu Beginn eines Schuljahres. Es ist leicht nachvollziehbar, dass konstruktive Zusammenarbeit in diesen Punkten die Qualität der Arbeit in einer Schule insgesamt erhöht.

2.6.3 Im Team arbeiten

Die teilweise gleichzeitige Arbeit in unterschiedlichen schulischen Teams muss in aller Regel gelernt werden. Neben der grundsätzlichen Bereitschaft zur Teamarbeit ist es wichtig, sich verantwortlich einzubringen und die gleiche Verantwortlichkeit auch von den Teampartnern einzufordern. Verlässlichkeit, die Übernahme von Teilaufgaben, pünktliche Erledigung der übernommenen Aufgaben, die Bereitschaft zum kreativ-konstruktiven Diskurs und Kompromissbereitschaft sind unabdingbare Voraussetzungen gelingender Teamarbeit. Bringen sich alle Teampartner mit ihren Stärken ein und ergänzen sich mit ihren Stärken und Schwächen gegenseitig, leistet ein Team mehr, als die Beteiligten jeweils einzeln zuwege bringen könnten. Es können nicht nur Synergieeffekte erzielt werden (das Gleiche oder Ähnliches muss nicht mehrfach entwickelt werden), sondern im Idealfall wirken Teams anregend: Man entwickelt im Dialog neue Ideen. Sie wirken auch ermutigend, steht man doch mit seinem Ansinnen nicht allein da. Teamarbeit kann sehr kreativ sein, viel Freude machen und an Schulen große Wirkungen zeitigen. Natürlich wird es immer auch weniger teamfähige Kolleginnen und Kollegen geben, solche am Rande ihrer Leistungsfähigkeit oder Trittbrettfahrer. Das gilt es auszuhalten und ggf. auszugleichen. Diese Kolleginnen/Kollegen dürfen nicht das Maß der Dinge sein bzw. die Standards nach unten drücken.

2.6.4 Mit der Schulleitung kooperieren

An jeder Schule hat man es als Lehrkraft mit einer Schulleitung zu tun. Das sind in der Regel die Schulleiterin bzw. der Schulleiter und ihr bzw. sein Stellvertreter, die Schulleitung kann aber auch – je nach Größe der Schule – aus weiteren Personen (Abteilungsleitern) bestehen. Auch Kolleginnen und Kollegen mit bestimmten Funktionen (z. B. Fachschaftsvorsitzende) können einen Vorgesetztenstatus haben. Als einzelne Lehrkraft hat man es mit der Schulleitung in unterschiedlichen Belangen zu tun. Unter anderem ist sie maßgeblich an der Einstellung beteiligt. Einige weitere mehr oder weniger regelmäßige und wichtige Schnittstellen werden im Folgenden näher beleuchtet.

Beurteilung und Beförderung

Zu den Aufgaben der Schulleiterin/des Schulleiters gehört es, sog. Regel- und Anlassbeurteilungen vorzunehmen. Dabei wird das gesamte Wirken der Lehrkraft in der Schule einbezogen, auch wenn der Fokus auf der unterrichtlichen Tätigkeit liegt. Steht eine Beurteilung an, wird der Schulleiter Unterrichtsbesuche durchführen. In der Regel gehört das nicht zu seinen Lieblingstätigkeiten, wiewohl er aus solchen Besuchen viel über die Schule und seine Kolleginnen und Kollegen lernen kann. Lehrkräfte empfinden Unterrichtsbesuche meist als unangenehm, vielleicht weil sie an Situationen des Ausgeliefertseins erinnern, wie man sie im Referendariat möglicherweise erlebt hat. Oft werden sie in ihrer Bedeutung auch überbewertet (eine größere Bedeutung kommt ihnen tatsächlich vor allem dann zu, wenn es um eine Stelle mit konkurrierenden Bewerbern geht). Denn ein Schulleiter urteilt nicht nur einfach nach einer Stunde, die er sieht, sondern lässt zahlreiche zusätzliche Informationen in die Beurteilung einfließen. Es empfiehlt sich also durchaus, Unterrichtsbesuchen mit viel Gelassenheit zu begegnen und davon auszugehen, dass die Beurteilung nicht nur die punktuelle, sondern die Gesamtleistung würdigt.

Es macht sich bezahlt, wenn man an der Schule transparent agiert. Das sollte auch für den eigenen Unterricht gelten: Wer seinen Unterricht grundsätzlich öffnet (für Referendare und Praktikanten, für Unterrichtsassistenten, für Kolleginnen und Kollegen im Kontext von Teamteaching oder kollegialem Feedback) ist an Besuche gewöhnt, selbstsicherer und in Hinsicht auf seine Wirkung selbstbewusster. Man kann auch von sich aus auf Mitglieder des Schulleitungsteams zugehen und sie bei Gelegenheit um ein Feedback zum Unterricht bitten. Im Hinblick auf anstehende Unterrichtsbesuche ist derjenige im Vorteil, der die Beobachtungsschwerpunkte und -gewohnheiten des Schulleiters kennt. Manche Schulleiter nutzen vernünftigerweise Unterrichtsbesuche auch für die Schulentwicklung und haben dann klare Kriterien (vgl. Baumann/Götz 2016, S. 61), die sie an den beobachteten Unterricht anlegen und meist im Kollegium auch kommunizieren. Neben den konzeptionellen, fachlichen und fachdidaktischen Fragen haben aber alle Schuleiter ein großes Interesse zu sehen, wie eine Lehrkraft mit den Schülerinnen und Schülern in Beziehung tritt, wie sie auf Störungen reagiert und ob sie über Humor verfügt.

Mitarbeitergespräche

An vielen Schulen finden in größeren Abständen Mitarbeitergespräche (mit oder ohne Zielvereinbarung) statt. Sie sind für Lehrkräfte eine gute Gelegenheit, mit der Schulleitung ins Gespräch zu kommen. Meist gibt es für solche Gespräche einen Leitfaden. Man sollte die Gespräche nicht unbedingt als Bühne für die Selbstdarstellung nutzen, vor allem dem Schulleiter nicht Dinge mitteilen, die er ohnehin schon weiß. Interessanter ist, dem Schulleiter seine eigene Wahrnehmung der Schule, seinen augenblicklichen Platz in der Schule zu zeigen und darüber ins Gespräch zu kommen, wo und wie man mit seinen Stärken und Schwächen seinen eigenen Einsatz verbessern, seine Wirkung im Interesse des Ganzen erhöhen kann. Auch die Frage, wohin eine Schule sich insgesamt entwickeln kann und welchen Beitrag man dazu leisten kann, ist von großem Interesse. Gut vorbereitet und sehr reflektiert in ein Mitarbeitergespräch zu gehen, ist also von großem Vorteil. Wenn es an der Schule üblich ist, Mitarbeitergespräche mit Zielvereinbarungen abzuschließen, ist es hilfreich, seine persönlichen Ziele an der Schule zu reflektieren und zu formulieren, wohin man sich – evtl. mit Unterstützung durch Beratung, Coaching, Fortbildung – entwickeln möchte. Auch Fragen der Karriereplanung sollten im Mitarbeitergespräch angesprochen werden. Ob das Gespräch mit oder ohne Zielvereinbarung endet, wichtig ist in jedem Fall – auch aus Gründen der Selbstachtung – die Verbindlichkeit, mit der es geführt wird. Das ist durchaus auch im Interesse der Lehrkraft, denn nicht nur die Schulleitung erwartet Entwicklungen und Veränderungen bei Lehrkräften, sondern auch die Schulleitungen selbst gehen häufig mit neuen Aufgaben (Bereitstellung von Ressourcen, Führen von Gesprächen mit Dritten, Herstellung von Kontakten etc.) aus solchen Gesprächen.

Krisengespräche

Im Rektorat einer Schule finden aus vielfältigen Anlässen Krisengespräche statt. Sie können von unterschiedlicher Seite initiiert sein, von Schülern, von Eltern, vom Jugendamt, von Kollegen. Dass sie die Schwelle des Rektorats überschritten haben, verweist meist darauf, dass es schon eine längere Vorgeschichte gibt. Ist man als Lehrkraft zu einem solchen Gespräch geladen, sollte man im Vorfeld klären, ob man selbst Teil des Konflikts ist oder ob es darum geht, an der Lösung eines Problems konstruktiv mitzuarbeiten.

Ist man selbst Teil des Konflikts – vielleicht haben sich Eltern über zu viele Hausaufgaben oder ein Schüler über eine als ungerecht empfundene Note beschwert –, sollte man offen (auch ergebnisoffen) in ein Gespräch gehen. Interessant und wichtig ist immer, die Sichtweise der anderen zu hören und kennenzulernen. Manchmal erfährt man Dinge, die man vorher noch nicht wusste. Das macht es dann auch leichter, sich ggf. zu korrigieren. Ein Gespräch ohne Gesprächsbereitschaft ist von vornherein zum Scheitern verurteilt, meist gibt es nur Verlierer. Nur Recht haben oder behalten zu wollen, ist eine schlechte und auf Dauer selbstschädigende Strategie (möglicherweise stellt sich die Schulleitung hinter einen, ahnt aber, dass der Schüler oder die Eltern durchaus nicht Unrecht haben). Ausgenommen hiervon sind Situationen, in denen eine Art Mobbing gegen eine Lehrkraft stattfindet und man sich irrationalen Vorwürfen ausgesetzt sieht. Hier gilt es in der Tat, sich schnell Hilfe zu holen und sich aus der Schusslinie zu nehmen.

Meist sitzt man aber als eine bzw. einer der Profis in Gesprächen. Die eigene Expertise ist gefragt. Wie nimmt man einen Schüler und seine Entwicklung wahr? Welche Perspektiven kann man für einen möglicherweise versetzungsgefährdeten Schüler entfalten? Wo sieht man die Gründe für sein suboptimales Verhalten? Wen könnte man in die Lösung noch einbeziehen? Oft erbittet der Schulleiter von der unterrichtenden Lehrkraft zunächst einen kurzen Bericht. Hier ist es wichtig, gleichermaßen konzentriert und differenziert zu berichten. Nur die Versäumnisse des Schülers darzustellen, ist fast immer einseitig und tendenziös. Also: Wo liegen seine Stärken und Schwächen? Was sind seine Potenziale? Wo gibt es etwas Positives zu berichten? Etc. Es kann hoch interessant sein, an Gesprächen teilzunehmen, denn Schulleiter verfügen in der Regel über viel Erfahrung und besitzen manchmal erstaunliches Hintergrundwissen. Auch Fragen der Gesprächseröffnung, Strategien des Ausgleichs und Methoden einer umsichtigen und Perspektiven weisenden Gesprächsbeendigung können beiläufig beobachtet werden und lehrreich sein.

Karriereplanung

Für die Karriereplanung innerhalb (Funktionsstelle) und außerhalb (z. B. Fachleiter) der Schule führt in der Regel kein Weg am Schulleiter vorbei. Im Fall einer Bewerbung hat er eine dienstliche Beurteilung zu erstellen. Mindestens ebenso bedeutsam ist, wie man sich über Jahre an der Schule positioniert hat, mit welchen Stärken man sich hervortun konnte. Im Idealfall wird man sogar seitens der Schulleitung auf seine Bereitschaft angesprochen, mehr Verantwortung zu übernehmen. Geschieht das nicht, muss nicht unbedingt eine geringe Wertschätzung dahinterstecken, denn auch eine Schulleitung kann nicht immer alles wahrnehmen; möglicherweise gibt es auch andere Interessenten auf eine Beförderungsstelle. In einer solchen Konstellation kann man sich durch sehr sachliches und fachlich geprägtes Agieren durchaus selbst ins Spiel bringen. Kommt man nicht oder nicht beim ersten Mal zum Zug, sollte man nicht schmollen. Konkurrenten darf man nicht schlechtmachen, will man sich nicht selbst und die Zusammenarbeit in der Schule beschädigen. War man unterlegen, gilt es, mit dem Erfolgreichen konstruktiv zusammenzuarbeiten und die möglicherweise neuen hierarchischen Verhältnisse anzuerkennen. Fairness und Sachlichkeit werden nicht unbeachtet bleiben und wirken sich auf dem weiteren beruflichen Entwicklungsweg positiv aus. Schlechte Verlierer verbauen sich in der Regel ihre Karriere und mutieren zu ungenießbaren Kollegen.

Konferenzen

Konferenzen, allen voran die Gesamtlehrerkonferenz, sind an den Schulen wichtige Einrichtungen. Die Gesamtlehrerkonferenz wird vom Schulleiter einberufen, vorbereitet und geleitet. Gesamtlehrerkonferenzen sind auch für erfahrene Schulleiter immer wieder eine Herausforderung. Für den Kurs der Schule und die Qualität ihrer Arbeit sind sie von großer Bedeutung. Es liegt also auch in der Verantwortung der Lehrkräfte, mit diesem Instrument produktiv umzugehen.

Die Gesamtlehrerkonferenz ist nicht der vorrangige Ort der Durchsetzung von Personalvertretungsinteressen der Lehrerschaft. Dafür gibt es die institutionalisierte Personalvertretung (den gewählten Personalrat). Es erfordert ein hohes Maß an Professionalität, in der Konferenz etwa Fragen der Schulentwicklung von den dadurch möglicherweise tangierten Personalinteressen (z. B. Zunahme der Arbeitsbelastung) zu trennen. Es ist wünschenswert, dass die Interessen der Schülerschaft und der Schule die Diskussion bestimmen. Lehrkräfte mit einem hohen Professionsverständnis rücken die Sachfragen in den Vordergrund und versuchen Kolleginnen und Kollegen dafür zu gewinnen. Das ist alles andere als blinde Unterstützung der Schulleitung.

Schulentwicklung

In Fragen der Schulentwicklung ist die Schulleitung selbstverständlich von großer Bedeutung. Hier findet man unterschiedliche Konstellationen. Es gibt Schulleiter, von denen in Bezug auf Qualität und Tempo der Unterrichts- und Schulentwicklung ein subtiler Druck ausgeht. Es kann ihnen nicht schnell genug gehen. Andere Schulleiter stehen Neuerungen skeptisch gegenüber und reagieren unentschlossen und zögerlich. In beiden Fällen ist es aus Kollegensicht wichtig, besonnen zu reagieren. Geht dauerhaft subtiler Druck vom Schulleiter aus, sollte man Acht darauf geben, wo es möglicherweise zu Überforderungen kommt. Der subtile Druck sollte in offenen Gesprächen angesprochen und aufgedeckt werden. Häufig kann man beobachten, dass weniger engagierte Kolleginnen und Kollegen ebenso subtil der Schulleitung signalisieren, wie übermäßig belastet alle an der Schule seien. Das ist wenig glaubhaft und wenig hilfreich. Hingegen sollten die tatsächlich betroffenen Kolleginnen und Kollegen das Gespräch mit der Schulleitung suchen und dabei klarmachen, dass es nicht darum geht, die Schulentwicklung zu unterminieren, sondern darum, sie dauerhaft auf ein gutes Gleis zu bringen. Wenn im umgekehrten Fall der Schulleiter selbst ein Zögerer ist, von dem in Bezug auf Schulentwicklung wenig Unterstützung kommt und der sich dafür keine Zeit nimmt, fühlen sich die verantwortlichen und umsichtigen Kolleginnen und Kollegen, die die Schulentwicklung voranbringen wollen, zu Recht behindert. Sie brauchen Unterstützung in vielfältiger Hinsicht (Rückendeckung, Ermunterung, Einbeziehung des Kollegiums, zeitliche und finanzielle Ressourcen etc.). Auch hier ist das Gespräch wichtig. Idealerweise sucht eine kleine Gruppe derer, die etwas bewegen wollen, den Kontakt. Es empfiehlt sich zunächst, sich offen über den Kurs der Schule zu verständigen. Auf jeden Fall sollte man die Position des Schulleiters in Sachen Schulentwicklung kennenlernen. Vielleicht hat er insgeheim Ängste, dass auf ihn selbst eine nicht zu bewältigende Belastung zukommt, vielleicht fürchtet er um die Konsensfähigkeit bestimmter Maßnahmen im Kollegium, vielleicht hat er andere Vorstellungen von Schulentwicklung. Möglicherweise lassen sich auf diese Weise die Positionen annähern und ein Einverständnis erzielen, das zu einem klaren, wenn auch vielleicht begrenzten Mandat führt.

Als gute Lehrkraft ist man der guten Schule und damit der Weiterentwicklung der Schule und des Kollegiums verpflichtet. Keine Schulleitung – so sehr sie die Schulentwicklung auch wollen mag und vorantreibt – kommt ohne die tatkräftige Unterstützung von Kolleginnen und Kollegen aus.

Als Lehrkraft sollte man in erster Linie den Anforderungen der Profession und seinen Selbstansprüchen gerecht werden und verpflichtet sein. Gleichwohl ist es kein Nachteil, wenn die Schulleitung Gelegenheit hat, immer wieder zu sehen, wie man im komplexen System der Schule agiert und sich bewegt und welche Erfolge man dabei erzielt. Ist man dabei zuallererst sich selbst verpflichtet und nicht auf das ständige Lob von Kollegen und Vorgesetzten angewiesen, hat man sehr viel Unabhängigkeit gewonnen.

2.6.5 Personalrat

Dem Personalrat als Interessenvertretung der Lehrkräfte stehen gesetzlich – mit kleinen Unterschieden von Bundesland zu Bundesland – teilweise weitgehende Rechte zu. Die gewählten Personalräte werden in bestimmtem, nach Schulgröße gestaffeltem Umfang von der Unterrichtsverpflichtung entlastet, damit sie ihre Aufgabe wahrnehmen können. Das bedeutet natürlich auch, dass sie jederzeit von allen Kolleginnen und Kollegen mit ihren Anliegen in Anspruch genommen werden dürfen, soweit die Personalvertretung zuständig ist. Konfliktpotenzial pflegt an jeder Schule, vor allem an den größeren, reichlich vorhanden zu sein. Kollegium, Personalrat und Schulleitung sollten sich darin einig sein, dass Konflikte zum Geschäft gehören, zunächst nichts Schicksalhaftes und schon gar nicht per se etwas Unmoralisches sind, sondern erörtert und gemeinsam möglichst konstruktiv gelöst werden sollten. Lagerdenken, verhärtete Fronten oder gar Ansätze zur Fundamentalopposition lähmen die Schule, ihre Arbeit und Wirkung sowie die Arbeitsfreude. Als Mitglied des Kollegiums sollte man sich gegen entsprechende Ansätze im Kollegium verwahren und immer wieder für Vernunft und Sachlichkeit plädieren. Haben sich Konflikte verfestigt, kann es angezeigt sein, mit allen Parteien in einen gemeinsamen Coachingprozess einzusteigen. Ein externer, neutraler Coach kann unter Umständen sehr viel dazu beitragen, dass eingespielte Muster aufgedeckt und überwunden werden können.

Abgesehen von der Wahrnehmung der gesetzlich vorgesehenen Mitwirkungsrechte hat der örtliche Personalrat eine vermittelnde und ausgleichende Funktion. Er artikuliert die Interessen des Kollegiums gegenüber der Schulleitung, er stellt sich vor einzelne Kolleginnen und Kollegen, wenn diese mit sie überfordernden oder unfairen Erwartungen konfrontiert werden. Eine Schulleitung ist gut beraten, den Personalrat bei den regelmäßigen Treffen frühzeitig in Absichten, Neuerungen und Entwicklungen einzubeziehen. Die Meinung des Personalrats zu hören, ist von großer Bedeutung und hilft manchmal, das Geplante auf die Ebene des Machbaren zu holen. Damit werden Personalräte zu wichtigen Partnern der Schulleitung, die ein hohes Maß an Verantwortung mittragen. Jahre konstruktiver Personalratsarbeit geben einen vertieften Einblick in das komplexe Wirkungsgefüge der Schule und können auch den Weg ebnen, in der Schule auf andere Weise – z. B. im Bereich Schulleitung – Verantwortung zu übernehmen.

Der örtliche Personalrat – und das ihn wählende Kollegium – ist gut beraten, nicht nach verbandspolitischen Gesichtspunkten zu agieren.

2.6.6 Miteinander feiern

Ein gutes Klima im Kollegium erleichtert die Zusammenarbeit und steigert die Professionalität. Sich kennen, sich aufeinander verlassen können, sich Rat holen dürfen, Hilfsbereitschaft, die man gewährt oder in Anspruch nimmt – das alles ist von unschätzbarem Wert. Es gibt viele Möglichkeiten, die Atmosphäre zu pflegen. Runde Geburtstage oder Erfolge der Schule (z. B. wenn man einen Wettbewerb gewonnen hat) sind Anlass zum Feiern, ebenso Verabschiedungen von Kolleginnen und Kollegen, Weihnachten, der Schuljahresabschluss, das Schulfest. Ein regelmäßiger Stammtisch kann den Zusammenhalt stärken, der jährliche Kollegenausflug kann das seine beitragen, insbesondere wenn es gelingt, neben einem interessanten Programm auch genug Zeit zu reservieren, um sich mit dem einen oder der anderen in Ruhe auszutauschen. Ein Kollegium, das gern feiert, kann kein schlechtes Kollegium sein.

2.7 Erziehungspartnerschaft

Durch das gemeinschaftliche und übereinstimmende Handeln der Lehrer und Eltern kann allein etwas Wirksames zustande kommen.
(Georg Wilhelm Friedrich Hegel)

Erziehungspartnerschaft ist für die Schulen eine zentrale Thematik. Was manche Lehrkräfte und Schulleitungen schon immer intuitiv gewusst haben, ist heute durch zahlreiche Studien belegt: dass eine gelungene Erziehungspartnerschaft nicht nur zum allgemeinen Erfolg und Ansehen einer Schule beiträgt, sondern das Lernen der Schülerinnen und Schüler in sehr positiver Weise unterstützt (vgl. Sacher 2008). Die Eltern haben bekanntlich einen großen Einfluss auf den schulischen Fortschritt ihrer Kinder, aber noch größere Wirkung hat das gelungene Miteinander zwischen Lehrkräften und Schulleitung auf der einen und Eltern auf der anderen Seite. Gleichwohl sind diese Erkenntnisse noch längst nicht in der Praxis angekommen. Das Verhältnis von Lehrkräften und Eltern ist häufig in der schulischen Praxis wenig reflektiert, von Vorbehalten bestimmt, von Konflikten belastet und von negativen Erfahrungen geprägt. Vorurteile und Voreingenommenheiten werden auf beiden Seiten kultiviert. Lehrkräfte sind froh, wenn die Schule weitgehend ohne die Eltern funktioniert; die Pflichttermine wie Klassenpflegschaften/Elternabende und Elternsprechtage werden häufig lustlos und unmotiviert absolviert. Rückfragen von Eltern werden schnell als Einmischung oder Vorwurf verstanden. Eltern ihrerseits – meist geprägt von ihren eigenen Erfahrungen in der Schulzeit – begegnen den Lehrern wenig unvoreingenommen. Wenn das gegenseitige Vertrauen fehlt, ist es kein Wunder, wenn auch die Schülerinnen und Schüler mit mittelmäßiger oder zweifelhafter Motivation zur Schule kommen.

Welche Schritte lassen sich also gehen, um eine von gegenseitigem Vertrauen geprägte Erziehungspartnerschaft aufzubauen bzw. zu pflegen und nach Möglichkeit dauerhaft zu erhalten? Dass das vertrauensvolle Miteinander zwischen Schule und Elternhaus nicht nur ein hohes, sondern ein ständig bedrohtes Gut ist, liegt darin begründet, dass es auf beiden Seiten sehr viele Beteiligte mit unterschiedlichen Prägungen, Einstellungen und Charakteren gibt. Hinzu kommt, dass negative Erlebnisse, wie sie zwangsläufig zum Schulalltag gehören, als Bestätigung von Vorurteilen aufgefasst werden (können) und generalisiert werden. Deshalb gehört zu einer gelingenden Erziehungspartnerschaft neben einer Willkommenskultur für Eltern immer auch eine konstruktive Fehlerkultur.

2.7.1 Willkommenskultur

Zu einer Willkommenskultur gehört, dass Fremde – und auch Eltern sind zunächst einmal solche – wahrgenommen werden. Fremde bewegen sich unsicher und je nach Größe der Schule orientierungslos in den Gebäuden. Aufmerksame Lehrkräfte – es können auch Schüler sein – fragen, ob man irgendwie weiterhelfen kann. Ein Wegweisersystem ist zwar hilfreich, ersetzt die menschliche Geste aber nicht. Eine einladende Sitzgelegenheit, möglichst in der Nähe des Lehrerzimmers oder Rektorats, verbessert die Willkommenskultur. Wichtig ist, dass es an der Schule ein attraktives Besprechungszimmer gibt, in dem vertrauliche Gespräche in Ruhe geführt werden können. Es sollte freundlich und hell eingerichtet sein. Bilder, Schülerarbeiten können die Wände schmücken. Getränke und frische Gläser sollten immer bereit stehen und angeboten werden. Dieser gepflegte Umgang signalisiert einen gewissen Standard, wertet die Besucher auf, schafft einen positiven Rahmen. Er signalisiert, dass es zur Profession gehört, sich zusammenzusetzen und gemeinsam zu beraten.

2.7.2 Gesprächskultur

Von größter Bedeutung ist es, wie an der Schule Gespräche mit Eltern geführt werden, insbesondere auch bei problematischen Gesprächsanlässen, die häufig vorkommen. Hier kommt es auf jede Lehrkraft an. Es ist von unschätzbarem Wert, wenn man sich einige einfache Grundsätze aneignet, die im Folgenden dargelegt werden.

Zuhören, ausreden lassen

Das ist manchmal gar nicht so einfach. Eltern können aufgebracht und voller Vorwürfe in die Schule kommen. In aller Regel empfiehlt es sich, die Eltern zunächst einmal ausreden zu lassen. Wer realisiert, dass er nicht unterbrochen wird und dass ihm sorgfältig zugehört wird, kann sein Anliegen ruhiger vortragen.

Sich vergewissern

Hat der Gesprächspartner seine Ausführungen beendet, sollte man nicht gleich mit der eigenen Stellungnahme beginnen, schon gar nicht, wenn man vielleicht inzwischen selbst emotional aufgewühlt ist und sich angegriffen fühlt. Man versucht besser, das Gesagte mit eigenen Worten zusammenzufassen und dabei etwas zu ordnen (was ist der Kern, was sind Nebenaspekte?) – auch und gerade dann, wenn es vielleicht schwer war zuzuhören und wenn man das Gesagte zunächst gar nicht nachvollziehen kann. Zur Vergewisserung gehört, dass man nachfragt („Habe ich das richtig wiedergegeben?", „Habe ich das so richtig verstanden?", „Ist das der Kern Ihres Vorwurfs?"). Es ist wichtig zu signalisieren, dass nichts unter den Tisch gekehrt werden soll. Oft gelingt hier schon eine Versachlichung und die Schaffung einer Grundlage für ein weiteres konstruktives Gespräch.

Neugierig sein, mehr über das Kind/den Jugendlichen bzw. den Konflikt erfahren wollen

Als Lehrkraft verfügt man selten über alle Informationen. Ein Gespräch – gerade auch ein Konfliktgespräch – gibt die Möglichkeit, Aspekte kennenzulernen, die man vorher nicht kannte. Man kann also je nach Situation zahlreiche Fragen stellen: Was hat das Kind zuhause erzählt? Wie war das Kind früher? Welche Interessen hat(te) es? Wie arbeitet es zuhause? – Übrigens ist es in den meisten Fällen sinnvoll, die Gespräche mit den Kindern zusammen zu führen. Auf diese Weise kann man häufig mehr erfahren, auch Aspekte, die die eigene Wahrnehmung des Kindes oder des Konflikts vielleicht in ein etwas anderes Licht rücken.[12] Das kann unter Umständen helfen, ohne Gesichtsverlust das eigene Urteil zu modifizieren.

Verzicht auf überlegene Rhetorik

Gespräche, bei denen die Eltern das Gefühl haben, sie werden ‚zugeschwallt', klären in der Sache nichts. Als Lehrkraft neigt man leicht dazu, auf seine Professionalität, langjährige Erfahrung, fachliche Kompetenz etc. zu verweisen. Doch das hilft in der Sache nicht weiter. Der Konflikt bleibt ungelöst und schwelt weiter. Man leistet damit der Schule insgesamt – und möglicherweise dem betroffenen Schüler – einen Bärendienst.

2.7.3 Offene Gesprächssituationen schaffen

Wenn es dagegen gelingt, eine offene Gesprächssituation zu schaffen, gewinnen in der Regel alle Teilnehmer.

Begrenztheit und Subjektivität der eigenen Wahrnehmung akzeptieren

Wie bereits angedeutet, ist es wichtig zu signalisieren, dass auch die Wahrnehmung von Lehrkräften begrenzt, subjektiv und – insbesondere in komplexen Unterrichtssituationen – durchaus fehleranfällig ist. Fehler, die man gemacht hat, sollte man unter keinen Umständen verteidigen, sondern vorbehaltlos eingestehen, möglicherweise ihre Entstehung erklären, plausibel machen („Ich konnte ja nicht sehen, dass ...", „Ich habe nicht gewusst dass ...").

Gemeinsames Anliegen, Verbindendes herausarbeiten

In der Regel ist es nicht schwer, das Gemeinsame, das Verbindende herauszuarbeiten. Das ist das Wohl des Kindes, die Verbesserung seines Verhaltens, seines Lernens, seines schulischen Erfolgs.

Lösungen nicht schon kennen, sondern gemeinsam entwickeln

Gespräche sind nur wirkliche Gespräche, wenn der Ausgang offen ist. Diese Bedingung ist nur gegeben, wenn ich bereit bin zuzuhören und das Gesagte, sofern es stichhaltig oder neu ist, in meine Überlegungen einzubeziehen. Möglicherweise überträgt sich genau diese Haltung dann auch auf den Gesprächspartner. Wenn man sich bewusst ist, dass jeder Schüler anders, jeder Fall etwas anders gelagert ist und es kein Schema gibt, kann man dann gemeinsam nach Lösungen suchen. Auch das ist plötzlich etwas Verbindendes. Nicht selten ermöglicht

12 Manchmal zeigen sich in solchen gemeinsam mit Eltern und Kind geführten Gesprächen auch Konfliktlinien zwischen dem Kind und einem Elternteil. Meist wird dann versucht, die Schule für den jeweils eigenen Standpunkt zu instrumentalisieren oder als Verbündeten zu gewinnen.

es der Lehrkraft, einen Schüler/eine Schülerin tatsächlich neu einzuschätzen und ihm/ihr in einer neuen Weise zu begegnen. Insofern sollte man Gespräche mit Eltern als große Chance sehen und aktiv immer wieder das Gespräch suchen. Das hat unmittelbar etwas mit der Kultur der Schule zu tun und ist allemal besser, als zum Gespräch zitiert zu werden. Eine solche Gesprächskultur sollte die Schule prägen, d. h. von allen Lehrkräften in gleicher Weise befürwortet und getragen werden. Schon im Vorfeld gibt es zahlreiche Möglichkeiten, Konflikte und Missverständnisse zu minimieren und gegenseitiges Wohlwollen und Vertrauen aufzubauen. Das geschieht zunächst durch Transparenz.

2.7.4 Transparenz

Transparenz kann sich in einer Schule auf mehreren Ebenen realisieren. Eine Schule als Ganzes – hier liegt die Verantwortung bei der Schulleitung – kann sehr transparent gestaltet sein. Eine Voraussetzung dafür ist dann erfüllt, wenn wichtige und relevante Informationen stets aktuell auf der Homepage zu finden sind, wenn regelmäßige Elternbriefe der Schulleitung verschickt werden und wenn es zwischen der Schulleitung und dem Elternbeirat einen regelmäßigen Austausch gibt. Allerdings garantiert die Regelmäßigkeit allein noch keine Transparenz. Entscheidend ist, wie die unterschiedlichen Formen genutzt werden. Was wird mitgeteilt? Wie offen wird auch z. B. in Elternbeiratssitzungen informiert? Werden die Eltern in die Entwicklung der Schule als wichtige Partner einbezogen? Doch auch die einzelnen Lehrkräfte haben zahlreiche Möglichkeiten, ihre Arbeit transparent zu gestalten und dadurch Vertrauen und Verständnis zu gewinnen.

Regelmäßig Informationen herausgeben

So kann auch eine Lehrkraft – etwa in der langen Zeit zwischen zwei Klassenpflegschaftssitzungen oder wenn es konkrete Anlässe (Klassenfahrt, Exkursion etc.) gibt – gelegentlich einen Brief an die Eltern der Klasse schreiben.

Erreichbarkeit gewährleisten

Niemand wünscht, nach seiner Arbeit noch mit beruflichen Belangen behelligt zu werden. Da sich die Lehrerarbeitszeit aber nicht mit der Unterrichtszeit deckt, stellt sich der Sachverhalt etwas komplizierter dar. Auf jeden Fall ist es wichtig, für die Eltern eine schnelle Erreichbarkeit (z. B. täglich bis 18.00 Uhr) über Telefon oder E-Mail zu gewährleisten. Nach Verlassen der Schule nicht mehr erreichbar zu sein, ist ein schlechtes Signal, das bestehende Konflikte eher verschärft als zur Entspannung beizutragen.

Zur Transparenz kann auch gehören, selbst bei den Eltern anzurufen, getroffene Entscheidungen mitzuteilen und zu erklären oder um zusätzliche Informationen zu bitten. Grundsätzlich sollte immer in authentischer Weise und ohne rhetorische Floskeln erkennbar sein, dass die Lehrkraft am Wohlergehen des Kindes interessiert ist, selbst wenn es sich um einen problematischen Fall handeln mag.

2.7.5 Beteiligung

Eine Schule, die für ihre Eltern Beteiligungsmöglichkeiten schafft, geht noch einen Schritt weiter. Solche Möglichkeiten zu eröffnen, ist eine Konkretisierung des gemeinsamen Erziehungsauftrags von Schule und Elternhaus; durch die Vertretung gewählter Eltern in der Schulkonferenz sind sie ja auch rechtlich verankert. Eine Schule kann aber auch von sich aus die Beteiligung und Mitverantwortung der Eltern stärken: durch Runde Tische, Einladung von Eltern in die Lenkungsgruppe oder für Eltern offen stehende Arbeitskreise zu Aspekten der Schulentwicklung.

2.7.6 Elternabende

Elternabende bzw. Klassenpflegschaften werden manchmal von den Lehrkräften – vielleicht auch gelegentlich von Eltern – als notwendiges Übel empfunden. Bei Elternabenden kommt es darauf an, was man daraus macht.

Rollenverteilung akzeptieren

Zunächst gilt es, die Rollenverteilung zu akzeptieren. Der Elternvertreter lädt ein und führt im Normalfall den Vorsitz. Das hat gute Gründe, fällt aber manchmal dem Elternvertreter und oft auch den Lehrkräften schwer. Als Lehrkraft sollte man den Elternvertreter – insbesondere wenn er in diesem Geschäft nicht geübt ist – stärken, diese Rolle wahrzunehmen. Der Elternvertreter begrüßt die Teilnehmer und eröffnet die Sitzung. Er ruft die Tagesordnungspunkte auf und erteilt das Wort. Das stärkt die Elternschaft einer Klasse insgesamt. Gleichzeitig kultiviert es die Debatten. Beides dient dem Interesse der Kinder.

Formales auf das Notwendige reduzieren

Lehrkräften sind Elternabende mitunter unangenehm. Sie wissen nicht so genau, was auf sie zukommt; das kann durchaus der Fall sein, wenn die normale Kommunikation nur rudimentär stattfindet und die Transparenz suboptimal ist; dann kann es in der Tat sein, dass sich Aufgestautes Bahn bricht. So etwas sollte man möglichst zu vermeiden suchen, weil in emotional aufgeheizten Situationen meist Vorwürfe im Mittelpunkt stehen, es um Rechthaben und Rechtfertigung geht, um Angriff und Verteidigung und um die Suche nach Verbündeten. Das ist im Hinblick auf die Schülerinnen und Schüler dann nicht mehr konstruktiv. Um Konflikten und Angriffen aus dem Weg zu gehen, neigen Lehrkräfte häufig dazu, sich auf mehr oder weniger wichtige Formalien zurückzuziehen: eine bevorstehende Klassenfahrt und ihre Kosten, Grundsätze der Notengebung und Bewertung, Anforderungen des Bildungsplans, Lernstand und Arbeitsmoral der Klasse. Die Eltern werden gebeten, auf die Anfertigung der Hausaufgaben zu achten. Im Übrigen – wird dann oft beschwichtigt – komme man aber mit der Klasse schon klar und sehe bereits Ansätze der Verbesserung.

Wesentliches in den Vordergrund stellen

Es ist unbestreitbar, dass bestimmte formale Dinge angesprochen werden müssen, und Elternabende bieten eine gute Gelegenheit dafür. Im Mittelpunkt sollte aber wirklich Wichtiges stehen. Man kann die Eltern fragen, was die Kinder zuhause berichten. Ratlosigkeiten auf beiden Seiten können angesprochen werden. Löst man sich als Lehrkraft von dem Anspruch, für alles eine Antwort zu haben, kann es zu einem interessanten und oft durchaus hilfreichen gemeinsamen Nachdenken kommen.

Als Person erkennbar werden

Für Eltern ist es immer wichtig zu wissen, mit wem es ihre Kinder in der Schule zu tun haben. Es interessiert die Person. Was für ein Typ ist sie? Was strahlt sie aus? Ist berufliche Leidenschaft erkennbar? Scheint sie Kinder zu mögen? Wie kann sie Kontakt aufnehmen? Zeigt sie Humor? Wie kann sie mit Menschen, mit den Kindern in Beziehung treten? Gibt sie sich auch als Mensch zu erkennen oder versteckt sie sich gänzlich hinter dem Beruflichen?

Atmosphäre

Der Raum für den Elternabend sollte vorbereitet sein. Elternvertreter und Klassenlehrkräfte sollten ihn also vor Beginn herrichten: Es sollte sauber und aufgeräumt sein. Die Sitzordnung sollte kommunikativ sein. Namensschilder sollten bereitliegen. Wenn die Eltern sich untereinander noch nicht kennen, sollte Gelegenheit zur Vorstellung bestehen. Getränke auf den Tischen signalisieren Wertschätzung und dass man Zeit hat. Zeit sollte man sich auch nehmen, im Gespräch mit dem Klassenpflegschaftsvorsitzenden die Tagesordnung sorgfältig zu erarbeiten: Was steht an? Wer soll eingeladen werden? Wie viel Zeit werden die einzelnen Punkte brauchen? Stehen Wahlen oder Abstimmungen an, sollte das Prozedere sorgfältig abgesprochen werden und für den Fall einer geheimen Wahl sollten Stimmkärtchen bereitliegen. Gelungene Elternabende sind von unschätzbarem Wert. Sie zeigen, dass die Eltern an der Schule willkommen sind, dass sie gehört werden, dass sie zur Übernahme von Verantwortung für die Klasse, für die ganze Schule eingeladen sind. Diese Verantwortung werden sie dann zunehmend auch wahrnehmen. Die Schule lebt davon, dass alle Beteiligten möglichst an einem Strang ziehen.

2.7.7 Umgang mit Beschwerden

Lehrkräfte agieren in den Schulen in komplexen Strukturen und sind ständig mit unvorhergesehenen Situationen konfrontiert, die häufig blitzschnelle Entscheidungen notwendig machen. Hinzu kommt, dass dafür nicht immer alle relevanten Informationen verfügbar sind. Ungerechtigkeiten gegenüber Schülerinnen und Schülern oder Fehleinschätzungen von Situationen kommen täglich vor. Meist lassen sie sich mit den Schülerinnen und Schülern direkt regeln: Man korrigiert sich noch im Verlauf der Stunde, man entschuldigt sich bei einem

Schüler am Ende der Stunde, wenn man selbst gemerkt hat, dass eine Entscheidung nicht angemessen war. Doch manchmal bemerkt man seine Fehleinschätzung und entsprechende Fehlentscheidung nicht, dann kann es zu Beschwerden durch den Schüler oder seine Eltern kommen. Grundsätzlich sollte man sich jede Beschwerde – auch wenn sie zunächst einmal emotional vorgetragen wird (vielleicht steht ein Schüler wiederholt in der Wahrnehmung der Lehrkraft im Abseits, jetzt ist das Fass zum Überlaufen gekommen) – ruhig anhören und versuchen, den Informationsgehalt herauszuhören. Für alle zusätzlichen Informationen sollte man Dankbarkeit signalisieren und zeigen, dass das zu einer besseren Entscheidungsfindung in Zukunft oder – wenn nötig – zu einer Korrektur einer gefällten Entscheidung beiträgt. Keineswegs steht man als Lehrkraft in solchen Fällen als Verlierer da, im Gegenteil: Man zeigt Handlungsfähigkeit, Souveränität, Empathie und Rationalität.

2.7.8 Informelle Begegnungen

Nicht unwichtig für das Miteinander von Eltern und Lehrkräften sind die sog. informellen Anlässe der Begegnung. Gemeint sind z. B. Schulfeste, Theateraufführungen, Konzerte oder Sportveranstaltungen der Schule. Hier können sich Eltern und Lehrkräfte zwanglos begegnen. Man erlebt sich in entspannter Atmosphäre. Eltern, Lehrkräfte und auch die Schülerinnen und Schüler können sich von einer anderen Seite zeigen. Eine Schule ist gut beraten, mehrere solcher Anlässe übers Jahr verteilt zu schaffen. Und als Lehrkraft tut man im eigenen Interesse gut daran, diese sog. außerunterrichtlichen Veranstaltungen zu besuchen, auch wenn man selbst keine Funktion (Aufsicht, Getränkeverkauf etc.) auszuüben braucht.

2.7.9 Umgang mit bildungsfernen Eltern

Besondere Sorgfalt ist aus mehreren Gründen im Umgang mit bildungsferneren Eltern notwendig. Bildungsferne Eltern haben oft Berührungsängste mit der Schule. Sie besuchen Elternabende kaum und tauchen auch sonst selten in der Schule auf. Sie begegnen der Schule mit Misstrauen, oft gespeist aus Erfahrungen des Scheiterns in ihrer eigenen Schulzeit. Gleichzeitig erhält das Kind zuhause nicht die angemessene Förderung. Es empfängt wenige Anregungen z. B. durch das Vorhandensein von Büchern oder die Zugänglichkeit zu Medien, das sprachliche Niveau ist nicht sehr hoch. Für Schulen und Lehrkräfte ist das eine besondere Herausforderung, die meist auch nicht von einer Lehrkraft allein gelöst werden kann. Hilfreich ist es, wenn man die übrige Elternschaft für diese Problematik sensibilisieren kann. Gute Erfahrungen gibt es mit neuen Formaten der Begegnung (etwa indem man einen Elternabend mit einem kleinen Buffet beginnt). Überdies kann es helfen, Eltern zu Gesprächen in die Schule einzuladen, die Arbeit der Schule vorzustellen, zu zeigen, wo das Kind sich in der Schule aufhält, etc.

2.7.10 Eltern mit Migrationshintergrund

Ähnliches gilt für Eltern mit Migrationshintergrund. Je nach Herkunftsland und Ambitionen der Eltern können die Bildungsabsicht und der Bildungswille im Hinblick auf die Kinder sehr unterschiedlich ausgeprägt sein. Auf jeden Fall ist es im Interesse der Kinder wichtig, die Eltern mit der Schule, der Kultur der Schule und des Lernens vertraut zu machen.

2.7.11 Als Schulgemeinschaft agieren

Mehrfach ist deutlich geworden, dass es in Fragen der Erziehungspartnerschaft zwar einerseits um das Agieren der einzelnen Lehrkraft geht, aber andererseits erst eine gemeinsame Kultur der Schule wirklich wirksam ist. Man ist also als Lehrkraft nie davon entbunden, mit den Eltern partnerschaftlich zusammenzuarbeiten; gleichzeitig ist man auch in der Pflicht, in der gesamten Lehrerschaft für eine gelungene Erziehungspartnerschaft einzutreten und die Kolleginnen und Kollegen dafür zu gewinnen. Die Schulleitung sollte ebenfalls in ihrem Bemühen um eine gelingende Erziehungspartnerschaft wo immer möglich unterstützt werden.

2.8 Weitergabe des Professionswissens

Die primäre Lehrerausbildung ist zwar für die Zukunft der guten Schule von entscheidender Bedeutung, aber dem direkten Einfluss durch die Lehrerschaft weitgehend entzogen. Die gute Lehrerbildung bleibt eine politische Forderung. Hingegen kann die Lehrerschaft – der guten Schule verpflichtet – selbst sehr viel tun, indem sie nicht nur fachdidaktisches Handwerkszeug, sondern das komplexe Professionswissen an Praktikanten (ihnen gegenüber ist es wichtig, ein realistisches Berufsbild vorzustellen), Referendare und Junglehrer weitergibt (vgl. Baumann 2012, S. 74 ff.). Die Weitergabe des Berufswissens ist ein Merkmal von Professionen und im Hinblick auf Lehrerkollegien sicher noch ausbaufähig. Dies gilt insbesondere im Hinblick auf die Junglehrer. Als solcher ist man gut beraten, sich das in einem Kollegium vorhandene Professionswissen anzueignen, indem man über einige Jahre mit einer vertrauenswürdigen, engagierten Lehrkraft in vielen Bereichen zusammenarbeitet. Und die erfahrenen Lehrkräfte sollten allergrößtes Interesse daran haben, die jungen Kolleginnen und Kollegen an vielen ihrer Tätigkeiten[13] teilhaben zu lassen und sie systematisch und mit positiver Grundhaltung in die Facettenvielfalt und Komplexität des Berufes einzuführen. Das sollte allerdings innerhalb einer Schule in einem abgestimmten und stets reflektierten Modus stattfinden, um die nur erfahrungsbasierte Weitergabe von subjektiven Theorien zu vermeiden.

13 Das können typische Unterrichtssituationen sein: Unterrichtseinstiege, Stellung und Auswertung von Arbeitsaufträgen und Hausaufgaben, Planung eines Schullandheimaufenthalts oder einer Studienfahrt, Konfliktgespräche, Elterngespräche, Elternabende etc.

2.9 Schulrecht

In zentralen Fragen des Schulrechts sollten Lehrkräfte sich gut auszukennen. Es geht dabei nicht darum, sich hinter dem Recht zu verstecken, sondern Unsicherheit im Handeln zu vermeiden und übertriebener Vorsicht oder Ängstlichkeit zu begegnen, wie sie manchmal aus dem Mangel an Rechtskenntnissen resultieren. Wer sich hingegen in den rechtlichen Rahmenbedingungen seiner Tätigkeit gut auskennt, kann die Möglichkeiten des Erlaubten ausschöpfen und an die Grenzen gehen. Das fällt dann leichter, wenn man auch die Rechtsprechung verfolgt, die – ausgehend vom Erziehungs- und Bildungsauftrag der Schulen – umsichtiges pädagogisches und nicht nur formal korrektes Handeln in der Regel von Lehrkräften erwartet. Der Grundsatz der Verhältnismäßigkeit und die Wahrnehmung von Ermessensspielräumen im Interesse einer positiven Entwicklung der Schülerinnen bzw. Schüler spielen hierbei eine große Rolle.

Bei den rechtlichen Rahmenbedingungen geht es um Gesetze, Verordnungen und Verwaltungsvorschriften, die von Bundesland zu Bundesland etwas variieren. Relevant für die alltägliche Praxis als Lehrkraft sind vor allem die rechtlichen Vorgaben in folgenden Bereichen (für Schulleitungen sind selbstverständlich weitere Aspekte wichtig):

- Konferenzen (Lehrerkonferenzen, Schulkonferenz)
- Schülervertretung (SV/SMV) und Verbindungslehrer
- Erziehungs- und Ordnungsmaßnahmen
- Aufsichtspflicht
- Durchführung von außerunterrichtlichen Veranstaltungen
- Leistungsfeststellung und Notengebung
- Versetzungsordnung

Im Zusammenhang von Erziehungs- und Ordnungsmaßnahmen ist es wichtig, sich auch bei Verwaltungsakten auszukennen. Ebenfalls ist es unverzichtbar, die Grundsätze des Beamten- bzw. Angestelltenrechts (je nach eigenem Status) sowie des Personalvertretungsrechts zu kennen. Die Regelungen zum Datenschutz und Urheberrecht in der Schule sollten ebenfalls geläufig sein. In der Regel sind alle relevanten Gesetze und Rechtsverordnungen an den Schulen vorhanden und zugänglich. Vieles lässt sich auch über das Internet recherchieren.

2.10 Hausaufgaben

Hausaufgaben sind an vielen Schulen ein Reizthema in mehrfacher Hinsicht (einen guten Überblick über die Thematik gibt Streber 2015). Lehrkräfte beklagen die chronisch schlechte Hausaufgabenmoral der Schülerinnen und Schüler – häufig bereits in den unteren Klassen. Schülerinnen und Schüler bemängeln die Sinnlosigkeit mancher Hausaufgaben. Und Eltern wollen vielfach nicht einsehen, dass sie zuhause mit ihren Kindern das erarbeiten und lernen sollen, wofür doch eigentlich die Schule zuständig sei. Das Schwierige und Komplizierte der Diskussion liegt darin, dass allen Positionen etwas Wahrheit zukommt. Für weiterführende Schulen gibt es in manchen Ländern Regelungen zu den Hausaufgaben, etwa dahingehend, dass an Tagen mit Nachmittagsunterricht keine Hausaufgaben für den nächsten Tag aufgegeben werden dürfen. Manche Schulen haben per Konferenzbeschluss eigene Regelungen zu den Hausaufgaben verabschiedet. Ganztagsschulen haben den Anspruch, weitgehend ohne Hausaufgaben auszukommen. Sie haben während der Schulzeit Lern- und Übungszeiten vorgesehen. Ob sich das Versprechen immer einlösen lässt, hängt auch sehr von der Qualität der angebotenen Hausaufgabenbetreuung ab. Und das Lernen und Festigen der Vokabeln muss auch in Ganztagsschulen zu erheblichen Teilen zuhause erledigt werden.

2.10.1 Die Notwendigkeit von Wiederholung, Übung, Vertiefung und des Vokabellernens

Auch an gut aufgestellten Schulen stellt sich die Frage, wie angesichts begrenzter Unterrichtszeit und der Fülle des Stoffs die notwendigen Phasen des Übens und Vertiefens gewährleistet werden können. Nach Möglichkeit sind dafür Zeiten in der Schule zu reservieren. Dennoch wird es in zentralen Bereichen nicht ohne häusliche Zusatzarbeit gehen, insbesondere wenn es um das Lernen von Vokabeln und die Verstetigung des Wortschatzes geht. Aber auch in einem Fach wie Mathematik müssen bestimmte Aufgabentypen immer wieder gerechnet werden, um entsprechende Routinen zu festigen.

2.10.2 Die sozial selektive Wirkung von Hausaufgaben

Eine gute Schule wird darum bemüht sein, das Volumen der Hausaufgaben so gering wie möglich zu halten. Hierfür spricht die Tatsache, dass Hausaufgaben sozial selektiv wirken: Kinder aus bürgerlichen Schichten haben bei der häuslichen Anfertigung von Schularbeiten zahlreiche Vorteile: Sie haben zeitlich mehr und fachlich bessere Unterstützung durch Eltern, eine unterstützend-fordernde Erwartungshaltung der Eltern und können auf bessere Hilfsmittel zurückgreifen. In der Regel steht ihnen zuhause auch ein gut organisierter Arbeitsplatz zur Verfügung. Kinder aus sozial schwächeren Milieus haben diese guten Voraussetzungen zum Anfertigen von Hausaufgaben bei weitem nicht in diesem Maße. Lehrkräfte, die Hausaufgaben aufgeben, sollten sich dieser möglicherweise sehr unterschiedlichen häuslichen Verhältnisse, die begünstigen oder benachteiligen, bewusst sein.

2.10.3 Anforderungen an Hausaufgaben

Richtig gestellte Hausaufgaben ergeben durchaus Sinn und führen zu Fortschritten. Wenn der Stoff, der am Vormittag eingeführt wurde, am Nachmittag nochmals angesehen wird, kann das hirnphysiologisch zu einer tieferen Verankerung führen. Dabei muss es nicht unbedingt um die Erweiterung des Wissens gehen, sondern um Verstetigung und Routinebildung. Je positiver die Hausaufgabe konnotiert ist, je leichter sie einem von der Hand geht, je besser bewältigbar sie erscheint, desto höher wird der Erfolg sein – und Erfolg meint hier die Verankerung des Wissens, nicht die Perfektion in der Hausaufgabenerledigung.

Was zu vermeiden ist

„Der Rest ist Hausaufgabe". Mit ursächlich für das Nichterledigen von Hausaufgaben ist die bedenkliche Strategie, die nach dem Motto „Den Rest macht ihr zuhause" verfährt. Lehrkräfte wenden sie häufig an, wenn sie mit dem Stoff in der Stunde nicht durchkommen und am Stundenende dann abrupt etwas als Hausaufgabe deklarieren, das eigentlich Gegenstand der Stunde hätte sein sollen und nicht ohne Grund der Führung durch die Lehrkraft bedurft hätte. Es bleibt fraglich, ob ein großer Teil der Schülerinnen und Schüler überhaupt in der Lage ist, diese Hausaufgabe mit vertretbarem Aufwand zu erledigen. Es ist auch nicht sonderlich motivierend, sozusagen die Reste aufzuarbeiten. Zudem stellen Schüler sich die Frage, wozu man eigentlich Lehrkräfte braucht, wenn ihnen signalisiert wird, dass man sich Teile des Stoffs auch zuhause erarbeiten kann.

Überdosierung. Ebenfalls problematisch sind im Hinblick auf den Schwierigkeitsgrad oder Umfang überfordernde Hausaufgaben. Je länger es dauert, sie zu erledigen, und je weniger erfolgreich man dabei ist, desto stärker sinkt die Motivation. Nicht selbst gemachte Hausaufgaben haben viele negative Nebenwirkungen: Es kann häuslicher Stress oder Streit entstehen. Manchmal fertigen – absurder Weise vor allem in unteren Klassen – Eltern Teile der Hausaufgaben an oder man besorgt sie sich von Mitschülern bzw. schreibt sie am Morgen noch ab. Die Schüler spekulieren darauf, dass zahlreiche andere die Hausaufgaben ebenfalls nicht angefertigt haben werden oder dass es keine Kontrolle gibt, dann kann es – wie man glaubt – schon nicht so schlimm sein oder man wird nicht negativ auffallen. Die Hausaufgabenmoral sinkt. Wird doch kontrolliert, trübt das Ergebnis das Lehrer-Schüler-Verhältnis, der Konflikt wird häufig auf eine moralische Schiene gehoben, auf der es in der Regel keine Gewinner gibt. Auch die Lehrkraft wird demotiviert; im Wiederholungsfall beginnt sie, negativ von bestimmten Schülern oder gar einer ganzen Klasse zu denken.

Tipps zum besseren Stellen von Hausaufgaben

Dennoch haben Hausaufgaben in vielen Bereichen ihre Berechtigung. Die Beherzigung einiger Tipps kann die Situation verbessern helfen, aber man sollte sich hüten, Maximallösungen durchsetzen zu wollen – der Aufwand dafür wird uferlos.

Nur notwendige Hausaufgaben stellen. Was im Unterricht erledigt werden kann, sollte dort erledigt werden. Zu viele Hausaufgaben sind kontraproduktiv. Hauptfächer, die auf Übungs- und Vertiefungsphasen angewiesen sind, sollten den Vorrang haben. Es ist nützlich, sich darüber in der Klassenkonferenz abzustimmen.

Regelmäßig und kurz. Hausaufgaben sollen regelmäßig gegeben werden. Das schafft Gewohnheit und führt bei den Schülerinnen und Schülern zur Ausbildung entsprechender Routinen. Aber Hausaufgaben – das zeigt die Hausaufgabenforschung – sollen so kurz wie möglich gehalten werden. Lange Hausaufgaben, schlimmstenfalls noch gleichzeitig aus mehreren Fächern, führen zur Erschöpfung der Schülerinnen und Schüler. Der Unmut wächst, die Konzentrationsfähigkeit schwindet, mit ihr die Effizienz. Auch Einfaches geht den Schülerinnen und Schülern plötzlich nicht mehr so leicht von der Hand. Im Vordergrund sollte das Ziel stehen, dass die Schülerinnen und Schüler sich überhaupt noch einmal mit dem Stoff vom Vormittag beschäftigen. Kurze Hausaufgaben – und ein Konsens hierüber an der Schule – sind ein wichtiger Beitrag zur Erhöhung der Hausaufgabenmoral. Allerdings können kurze Hausaufgaben nicht einfach aus dem Stegreif gestellt werden, sie brauchen eine eigene sorgfältige Planung.

Differenziert. Viele Schülerinnen und Schüler sehen sich zuhause nicht in der Lage, mit vertretbarem Aufwand die Hausaufgaben zu erledigen. Möglicherweise sind sie fachlich überfordert oder haben im Unterricht kurz- oder längerfristig den Faden verloren. Die Hausaufgabenstellung kann für sie eine fachliche Überforderung bedeuten. Eine Lehrkraft sollte deshalb nicht auf der Erledigung um jeden Preis bestehen, auch deshalb nicht, weil von den Eltern erledigte oder abgeschriebene Hausaufgaben lediglich den Anschein von Lernen erwecken und der Lehrkraft ein völlig falsches Bild vom Können des Schülers liefern. Zweckmäßiger ist, die Hausaufgaben nach Möglichkeit differenziert nach Niveaustufen oder angereichert um Wahlteile zu stellen. Je besser eine Lehrkraft das Leistungsvermögen ihrer Schülerinnen und Schüler kennt, desto besser angepasst an die unterschiedlichen Leistungsstände kann sie auch die Hausaufgaben stellen. Selbstverständlich setzt das eine sorgfältige Planung und Stellung der Hausaufgaben voraus, die dann natürlich auch entsprechend aufwändig ist. Damit zeigt sich auch, dass die oft beklagte Hausaufgabenmoral nicht nur ein Problem der Schülerinnen und Schüler, sondern häufig auch eine Folge mangelnder Sorgfalt und Umsicht der Lehrkräfte ist. Die Ursache hierfür liegt unter anderem auch darin, dass der Fokus bei der Lehrerausbildung eindeutig auf dem unterrichtlichen Geschehen liegt.

Prospektiv (vorbereitend ist besser als nachbereitend). Hausaufgaben können nachbereitend oder vorbereitend/prospektiv gestellt werden. Aus der jeweiligen Unterrichtssituation heraus kann beides sinnvoll sein, doch grundsätzlich ist der vorbereitenden Hausaufgabe der Vorzug zu geben. Sie hat für den nachfolgenden Unterricht eine konstruktive Bedeutung, wird dadurch also aufgewertet. Allerdings sollte sie in die Planung und Umsetzung des Unterrichtsauch entsprechend eingebaut werden und für den Unterrichtsfortschritt relevant sein.

Sinnhaft. Oft wird das weniger Attraktive – mechanisches Üben, Wiederholen, Auswendiglernen – als Hausaufgabe gegeben. Die attraktiven Inhalte werden gern in der Lehrer-Schüler-Interaktion des Unterrichts inszeniert. Wo immer möglich sollte man Hausaufgaben aus dieser stiefmütterlichen Behandlung herausholen, ihnen einen eigenen Stellenwert und Sinn geben und sie inhaltlich attraktiv gestalten. Das bedeutet, dass die Schülerinnen und Schüler den Sinn der Hausaufgabe verstehen sollten – und dieser Sinn sollte nicht nur in dem Wunsch bestehen, bei der nächsten Klausur besser abzuschneiden. Sinn ergibt sich über die Bedeutung des Themas, über lebensweltliche Bezüge und die Möglichkeit, zu einem Thema selbst Stellung zu beziehen. Um das zu erreichen, muss man der Hausaufgabenstellung sehr große Sorgfalt widmen, was durchaus aufwändig ist.

Projektartig. Hausaufgaben können auch projektartig gestellt werden. Es handelt sich dann nicht um eine Hausaufgabe von der einen Stunde auf die nächste, sondern um größerformatige Aufgaben, deren Bearbeitung eine längere Zeitspanne beansprucht. Hausaufgaben dieser Art sind interessante Ergänzungen oder Alternativen zur traditionellen Hausaufgabe. Sie verlangen – und trainieren – bei den Schülerinnen und Schülern zusätzliche Kompetenzen: Projektarbeit, Projektplanung, Zeiteinteilung, Absprachen mit Mitschülern, Teamarbeit, Selbstorganisation, Termineinhaltung und Verlässlichkeit. Hausaufgaben dieser Art sind meist per se prospektiv, werden also zum gegebenen Zeitpunkt in den Unterricht eingebracht, z. B. in Form einer Präsentation.

Fragen der Auswertung. Die Hausaufgabenkontrolle ist meist ein leidiges Thema. Wenig hilfreich ist eine bloß formale Kontrolle, etwa die Abfrage, wer die Hausaufgabe angefertigt hat, oder der Gang durch die Reihen, bei dem die Schülerinnen und Schüler ihre Hausaufgaben im Sinne einer optischen Kontrolle auf den Tisch legen. Ein Lehrer kann willkürlich Stichproben mit nach Hause nehmen und sich inhaltlich anschauen (korrigieren, Rückmeldung geben). Er kann alle Hausaufgaben (gelegentlich) einsammeln. Er kann auch von einzelnen Schülern die Hausaufgabe kurz vorstellen lassen oder den Stoff der Hausaufgabe, die richtige Lösung präsentieren. Dabei ist auch den Schülerinnen und Schülern die Gelegenheit zu geben, ihre Probleme beim Anfertigen der Hausaufgaben zu thematisieren – in fehlertoleranter Atmosphäre, sonst werden sich die Schülerinnen und Schüler hüten, das zu tun. All diese Formen müssen nicht gut sein, sind aber besser, als gar nicht mehr nach den Hausaufgaben zu fragen. Vorzuziehen ist die oben angesprochene Methode, dass der Stoff der Hausaufgaben in der nachfolgenden Stunde seinen Platz hat und die Schülerinnen und Schüler bestimmte fachliche Kompetenzen einbringen können, über die sie durch ihre Hausaufgaben nun verfügen. Auch hier sind unterschiedliche Varianten möglich: Vielleicht ist es wirkungsvoller, nicht allen Schülerinnen und Schülern die (gleiche) Hausaufgabe zu geben. Man kann abwechseln, wer dieses Mal eine Hausaufgabe bekommt und somit zum Verlauf der nachfolgenden Stunde beiträgt. Wenn nur einige Schüler eine Hausaufgabe bekommen, steigt natürlich der Erwartungsdruck und deren Verantwortlichkeit. Man kann sich nicht mehr darauf verlassen, dass schon irgendein Mitschüler die Hausaufgaben angefertigt haben wird. Natürlich müssen übers Jahr alle Schülerinnen und Schüler gleichmäßig in die Hausaufgaben einbezogen werden.

Unterstützung auf der Metaebene: Umgang mit der Zeit und Arbeitsplatzgestaltung

Nicht alle Schülerinnen und Schüler haben zuhause die gleichen Voraussetzungen, Hausaufgaben zu machen. Manche verfügen über einen gut ausgestatten Arbeitsplatz in einem eigenen Zimmer, andere teilen sich beim Anfertigen der Hausaufgaben den Küchentisch mit Geschwistern. Manche sind zuhause komplett auf sich allein gestellt, weil beide Eltern berufstätig sind und abends – müde von der Arbeit oder fachlich nicht dazu in der Lage – die Hausaufgaben der Kinder auch nicht mehr anschauen. In anderen bildungsbeflissenen Elternhäusern wird sehr auf die Anfertigung der Hausaufgaben geachtet, sie werden zuhause kontrolliert, die Eltern lassen sich regelmäßig von den Lehrkräften berichten, ggf. wird zusätzlich noch auf private Nachhilfe zurückgegriffen. Als Lehrkraft sollte man den Hintergrund der Schülerinnen und Schüler kennen und wenn möglich Hilfestellungen geben, die ihnen unter ihren Bedingungen die bestmögliche Anfertigung der Hausaufgaben ermöglichen.

Es ist hilfreich, sich von den Schülerinnen und Schülern die häusliche Situation und mögliche Probleme beim Anfertigen der Hausaufgaben in kurzen Einzelgesprächen schildern zu lassen – zumindest von jenen, bei denen man zuhause weniger gute Bedingungen vermutet: „Wann ist die beste Zeit für dich, deine Hausaufgaben zu erledigen?", „Welche Möglichkeiten hast du, dir einen kleinen, ruhigen Arbeitsbereich zu schaffen?", „Welche Hilfsmittel stehen dir zuhause zur Verfügung, was fehlt vielleicht?", „Wie kannst du deine Hausaufgaben strukturieren?", „Wie kannst du mit auftretenden Problemen umgehen?" Wenn es dann gelingt, auf dieser Basis Hilfestellungen zu geben, ist man einen kleinen Schritt weitergekommen. Möglicherweise zeichnet sich auch die Notwendigkeit ab, mit den Eltern ein Gespräch zu führen; das kann manchmal auch mit Eltern erforderlich sein, die sich zu sehr in die Hausaufgabenerledigung der Kinder einmischen.

Umgang mit nicht gemachten Hausaufgaben

Lehrkräfte über alle Schularten hinweg beklagen sich über eine sinkende Hausaufgabenmoral. Seit wann sie sinkt und aus welchen Gründen – wenn das denn überhaupt zutrifft –, bleibt dabei im Dunkeln. Die Heterogenität der Schülerinnen und Schüler in den weiterführenden Schulen infolge des veränderten Übergangsverhaltens könnte möglicherweise eine Rolle spielen, wäre dann aber als pädagogische Herausforderung zu begreifen.

Bei nicht gemachten Hausaufgaben ist zunächst zu fragen, ob sie von dem entsprechenden Schüler überhaupt gemacht werden konnten. Schülerinnen und Schüler, die in bestimmten Bereichen den Anschluss verloren haben, können auf das Durchschnittsniveau zugeschnittene Hausaufgaben u. U. ganz oder in Teilen nicht anfertigen oder würden sich einem Aufwand zur Lösung der Hausaufgabe gegenübersehen (nachlernen, recherchieren), der für sie erdrückend erscheint und sie resignieren lässt. Solches Verhalten kann chronisch werden, es ist dann eine Art Selbstschutz, Hausaufgaben (eines bestimmten Faches) grundsätzlich nicht mehr zu machen. Die Ausrede, die Hausaufgabe leider schon wieder vergessen zu haben, ist für das erwünschte Fremd- und Selbstbild akzeptabler als die wiederholte bittere Erkenntnis – und das Eingeständnis gegenüber der Lehrkraft –, es nicht zu können.

Dies gilt es auf Lehrerseite stets im Auge zu haben. Darüber hinaus sollte eine Lehrkraft ihre Hausaufgabenstellungen im Hinblick auf die oben ausgeführten Kriterien ständig reflektieren. Man macht es sich zu einfach, wenn man nur die Schülerinnen und Schüler mit ihrer vermeintlich mangelnden Disziplin für nicht gemachte Hausaufgaben verantwortlich macht. Eine gute Lehrkraft wendet für die Hausaufgaben nicht nur sehr viel Sorgfalt auf, sondern ist darüber auch in einem ständigen Dialog mit den Schülerinnen und Schülern, übrigens auch mit denen, die ihre Hausaufgaben regelmäßig anfertigen. Man sollte als Lehrkraft wissen, wie lange der eine oder andere Schüler für die Hausaufgabe gebraucht hat, ob er sie alleine lösen konnte, wie lohnend für ihn die Hausaufgabe war etc.

Dennoch muss vermutlich anerkannt werden, dass es auch das leichtfertige, grundlose Nichtanfertigen der Hausaufgaben gibt. Auch hierfür sollte man über Strategien verfügen, die den Schaden im Interesse einer guten Lernatmosphäre und des fachlichen Vorankommens begrenzen. Natürlich ist es wichtig, sich in seinem eigenen Unterricht gut vorbereitet und verlässlich zu präsentieren. Man kann nicht von Schülerinnen und Schülern etwas einfordern, das man selbst nicht in vorbildlicher Weise praktiziert.

Wie aber kann man mit mehr oder weniger mutwillig oder leichtfertig nicht gemachten Hausaufgaben umgehen? Hier empfiehlt es sich, mit der Klasse unter Berücksichtigung der oben genannten Kriterien Regeln zu vereinbaren, d. h. einen weitestgehenden Konsens in der Klasse herzustellen. Das Spektrum dessen, was möglich ist und an vielen Schulen praktiziert wird, ist sehr vielfältig. Einige arbeiten mit Anreizen, andere mit einer Art Freigrenze (man darf z. B. fünf Prozent der Hausaufgaben innerhalb eines Jahres vergessen). Weit verbreitet ist die Praxis, Schülerinnen und Schülern für jede nicht gemachte Hausaufgabe einen Strich zu geben, ab einer bestimmten Anzahl von Strichen gibt es dann irgendeine Art von Sanktion (Strafarbeit, Nachsitzen, Anruf bei den Eltern etc.). Aller Erfahrung nach gelingt es damit meist nur vorübergehend, die Hausaufgabenmoral zu verbessern, insbesondere weil das erwünschte Verhalten nicht nachhaltig internalisiert wird, sondern bei Wegfall der Sanktionen sofort wieder verschwindet. Sanktionen führen auch häufig zu nicht intendiertem Verhalten wie Abschreiben von Hausaufgaben oder sonstigen Täuschungen (Erfinden von immer neuen Geschichten, warum die Hausaufgabe nicht gemacht werden konnte).

Was hilft dann aber weiter? Im Mittelpunkt wirkungsvollen Unterrichtens (und Hausaufgabengebens) steht die Person der Lehrkraft und die Frage, welche Lern- und Arbeitsatmosphäre sie mit welcher Authentizität herstellen kann und wie sie zu den Schülerinnen und Schülern, zu einer Klasse in Beziehung tritt. Wenn diese Beziehung ungestört und die Lehrkraft in der Klasse anerkannt und wertgeschätzt ist, ist anzunehmen, dass auch die Hausaufgabenmoral steigt. Eine Lehrkraft mit Wertschätzung für die Schülerinnen und Schüler denkt den Unterricht und damit auch die zu stellenden Hausaufgaben vom Schüler her; adaptive, individualisierende Hausaufgaben gehören vermutlich ohnehin zu ihrem Repertoire. Bei nicht gemachten Hausaufgaben wird sie in allererster Linie immer wieder das Gespräch suchen, um herauszufinden, woran es hakt. In besonders schwierigen Fällen wird sie evtl. die Eltern einbeziehen und schließlich zu Maßnahmen bzw. Sanktionen ohne eingebaute Eskalation greifen. Kleine Erfolge der Schülerinnen und Schüler werden gewürdigt. Grundsätzlich kann ein gewünschtes Schülerverhalten mit keinen Mitteln erzwungen, sondern nur wahrscheinlicher gemacht werden. Schließlich sollen die Schülerinnen und Schüler auch lernen, dass sie selbst für ihren schulischen Erfolg mitverantwortlich sind und dass Verzicht auf Übungen und Vertiefungen sich natürlich nachteilig auswirken kann.

2.11 Bewerten und beurteilen – summative und formative Evaluation

Eine Leistung nach Fehlern zu beurteilen, bleibt die Fehlleistung der Schule.
(Ruth Greiber)

2.11.1 Summative Evaluation/Noten

Noten gehören zum schulischen Alltag. Schulische Leistungen aller Art werden regelmäßig, täglich tausendfach benotet: mündliche und schriftliche Leistungen, Abfragen, Vokabeltests, Hausaufgaben, Präsentationen, Klassenarbeiten und schließlich am Schuljahresende in Form der Zeugnisse die Gesamtbewertung innerhalb eines Faches. Bei schulischen Abschlüssen wird dann der Gesamtdurchschnitt aller Fächer bis auf die Zehntelnote berechnet. Es gibt einige wenige Schulen (Gemeinschaftsschulen, Waldorfschulen), an denen die Noten bis zu einer bestimmten Jahrgangsstufe ausgesetzt sind oder nur im Hintergrund laufen (um dann etwa auf Anfrage der Eltern oder bei einem Schulwechsel ausgewiesen werden). Noten sind in hohem Maße kompetitiv, vergleichend (man vergleicht sich in der Klasse und am Ende z. B. des Abiturs mit dem gesamten Jahrgang in einem Bundesland) und haben eine selektive Funktion, insofern sie Lebenschancen eröffnen oder verschließen. Noten sind aus der Erwartungshaltung der Eltern kaum wegzudenken, für Schülerinnen und Schüler und die Lehrkräfte gehören sie zum selbstverständlichen Ritual einer Schule. Sie wirken motivierend, dienen als Ansporn und sind in hohem Maße disziplinierend. Auch wenn es den eigentlichen Stoff, den Lerninhalt abwertet, wird er doch möglicherweise nicht um seiner selbst, sondern nur um der möglichst guten Note Willen gelernt. Dass das gleichzeitig die Wirkung von Schule und des schulischen Lernens einschränkt, nimmt man aufgrund der Selektionsfunktion und anderer Vorteile von Noten billigend in Kauf. Gelerntes machen Schülerinnen und Schüler sich vielfach nicht zu eigen, sondern speichern es ohne persönlichen Bezug und ohne eigenes Interesse im Kurzzeitgedächtnis ab, um es nach der Klausur schnellstmöglich wieder zu vergessen.[14] Natürlich bleibt bei einigen, die einen Bezug zum Stoff herstellen und seinen Sinn verstehen können, mehr hängen; bei anderen ist es erschreckend wenig. Wenn es nicht gleich beim ersten Mal klappt, hofft man auf die Redundanz des schulischen Curriculums, auf Wiederholung und Auffrischung im nächsten Schuljahr. Und tatsächlich lässt sich mit dieser Methode ja durchaus einiges erreichen, wie Leistungsstanderhebungen zeigen.

Die Notenverordnungen der Länder regeln die Notengebung und machen sie für die Schulen verpflichtend. Das Paradigma hierfür sieht etwas vereinfacht so aus: Ein bestimmter Stoff wird durchgenommen. Am Ende der Unterrichtseinheit wird in Form einer Klassenarbeit/Klausur Bilanz gezogen, die von allen Schülern der Lerngruppe zum gleichen Zeitpunkt, mit den gleichen Aufgaben, mit den gleichen Hilfsmitteln und der gleichen Bearbeitungszeit geschrieben wird. Hinzu kommen weitere teils schriftliche, teils mündliche Leistungsmessungen. Nach einem zu Schuljahresbeginn bekanntzugebenden Schlüssel wird daraus am Ende des Schuljahres summativ eine Note gebildet. Aus der Summe dieser Noten lässt sich der Durchschnitt errechnen, der insbesondere im Hinblick auf den Schulabschluss – und damit auf den Zugang zu attraktiven Lehrstellen oder Ausbildungsangeboten – von großer Bedeutung ist respektive in Form des Abiturdurchschnitts am Ende der gymnasialen Oberstufe über die Zugangsberechtigung zu bestimmten Studiengängen (Numerus Clausus) entscheidet.

Noten gehören bis auf wenige Ausnahmen zur schulischen Realität. Sie sind vielfältiger Ansporn, sich im Jahrgangsranking gut zu platzieren. Die überwiegende Mehrheit der Eltern – alle selbst über Noten sozialisiert – will (gute) Noten ihrer Kinder sehen. Lehrkräfte wissen über die eingeschränkte Aussagekraft von Noten. Ihr pädagogischer Wert ist gering und, soweit man auf ihre disziplinierende Wirkung setzt, fraglich, auch wenn sich Lehrkräfte immer wieder viel Mühe geben, daraus Kapital für den Unterricht zu schlagen. Noten bewerten erbrachte Leistungen. Damit gehören sie in die Kategorie der summativen Evaluation (summative assessment = assessment of learning).

14 „Alle Überprüfungen des Wissens, das junge Menschen fünf Jahre nach Schulabschluss noch besitzen, gelangen zu niederschmetternden Ergebnissen und lassen den zynischen Schluss zu, dass das deutsche Schulsystem einen Wirkungsgrad besitzt, der gegen Null strebt." (Roth 2011, S. 297)

Dennoch bleiben schwerwiegende Fragen: Wie objektiv sind die schulischen Noten? Gäbe es bessere Alternativen? Wenn schon Noten gegeben werden müssen, welche anderen Formen der Leistungsrückmeldung lassen sich parallel aufbauen?

2.11.2 Formative Evaluation

Der unterrichtlich-pädagogische Nutzen der sog. formativen Evaluation (formative assessment = assessment for learning) ist wesentlich größer und weiterreichend. Man spricht in diesem Zusammenhang auch von didaktischer Diagnostik (Prengel 2014, S. 66).

Formative Evaluation (in Anlehnung an Prengel 2014)

Formative Assessment (pädagogische Diagnostik, Förderdiagnostik, assesment for learning) ist durch eine Reihe miteinander verwobener Kennzeichen bestimmt:

- Ziel ist die direkte alltägliche Verbesserung pädagogisch-didaktischen Handelns und des Lernens.
- In der Mikroperspektive werden individuelle Lernwege einzelner Schüler in den Blick genommen.
- Erkenntnis- und Handlungssubjekte sind sowohl Lehrpersonen (Teams!) als auch Schüler und ihre Peers.
- Gegenstand des formative assessment ist, was Schüler im Unterricht in Schulfächern alltäglich aufschreiben, sagen und tun, und wie sie sich durch Eigenaktivität und pädagogische Angebote weiterentwickeln.
- Medium des Erkenntnis- und Handlungszusammenhangs ist die qualitative Verbalisierung der Lernvorgänge in einer nicht nur den Lehrern, sondern auch den Schülern verständlichen Sprache, für die teilweise systematische Kompetenzraster und Lernkontrakte genutzt werden.
- Damit berücksichtigt formative assessment primär die individuellen Bezugsnormen und die kritikale Bezugsnorm; die interpersonell-vergleichende Bezugsnorm ist in dieser Perspektive sekundär.

Erkenntnisse über den Lernstand der einzelnen Schülerinnen und Schüler werden dabei für die Planung eines Unterrichts, der sich einem binnendifferenzierenden Anspruch verpflichtet weiß, gezielt genutzt. Im Unterschied also zu den herkömmlichen Noten geht es in der didaktischen Diagnostik darum, möglichst viel über den Lernstand der Schülerinnen und Schüler (Was kann ein Schüler?) und über ihr Lernen (Wie geht ein Schüler vor, was sind seine Strategien? Wo liegen Hemmnisse, Probleme?) zu erfahren. Hierfür gibt es eine Vielzahl an Erkenntnisquellen. Die traditionellen Klassenarbeiten, die in der Regel am Ende einer Unterrichtseinheit stehen, kommen hier nur sehr eingeschränkt in Frage. Natürlich kann ich als Lehrkraft aus ihnen auch allgemeine Erkenntnisse gewinnen, die auch für die weitere Arbeit mit den Schülerinnen und Schülern bedeutsam sind – die Frage ist allerdings, wie weit das schon gängige Praxis ist. Von besonderem Interesse sind Lernstanderhebungen zu Beginn eines Schuljahres oder in der Anfangsphase einer Unterrichtseinheit (Erhebung des Vorwissens). Aber es gibt zahlreiche weitere Möglichkeiten, wichtige Informationen nicht nur auf der fachlichen Ebene zu sammeln. So kann man Schülerinnen und Schüler beispielsweise gezielt in Selbstlernphasen beobachten.

Die Arbeit mit dem progressiven Individualfeedback (siehe oben S. 74) ist hervorragend geeignet, in kurzer Zeit viel über einen Schüler zu erfahren (Wie packt er Aufgaben an? Wie sieht es mit seiner Selbstorganisationsfähigkeit aus? Was motiviert ihn? Wie motiviert er sich vielleicht selbst? Welche Hilfestellungen braucht er?). Da man es als Lehrkraft mit sehr vielen Schülerinnen und Schülern zu tun hat, empfehlen sich vorstrukturierte Blätter, die weit aussagekräftiger und differenzierter sein können als die verschiedenen Noten im klassischen Notenbüchlein der Lehrkräfte und auf ökonomische Art hilfreich sind bei der Entwicklung von individuellen Strategien im Rahmen von Binnendifferenzierung bzw. adaptivem Unterricht oder bei einer individualisierten Hausaufgabenbetreuung. Dies macht es nötig, mit Schülern beratende Gespräche zu führen, die nicht nur den individuellen Lernstand und die diesbezüglichen Ziele behandeln, sondern auch nach Hilfestellungen und Strategien fragen (aus Zeitgründen wird es kaum möglich sein, mit allen Schülerinnen und Schülern zu sprechen, daher wird man sich auf jene mit dem größten Bedarf konzentrieren). Dabei ist es wichtig, nicht defizitorientiert vorzugehen („das kannst du noch nicht"), sondern das Vorhandene anzuerkennen und zu würdigen und die Entwicklungspotenziale aufzudecken. Das ist ein wichtiger Schritt in Richtung Visible Learning (Hattie 2009, 2013), was Beywl/Zierer mit „Lernen sichtbar machen" übersetzt haben. Es versteht sich von selbst, dass diese Form der Lernstanderhebung/Evaluation ein kontinuierlicher, sich regelmäßig wiederholender Prozess sein muss. Ziel dabei ist, von der herkömmlichen Notengebung wegzukommen, die immer der sozialen Bezugsnorm (Altersgruppe, Klasse) verpflichtet ist und von allen Beteiligten so empfunden wird („Ich bin besser als …", „Ich liege über dem Durchschnitt."). An ihre Stelle tritt das Prinzip, etwa anhand von Kompetenzrastern kriterienorientierte Gesichtspunkte und vor allem die individuelle Bezugsnorm („Im Vergleich zu vorher habe ich mich verbessert, auch wenn die Gesamtleistung vielleicht noch nicht dem Erwarteten entspricht.") zur Geltung zu bringen.

Wie zu Beginn dieses Kapitels angedeutet, kann es nicht darum gehen, auf die Notengebung völlig zu verzichten. Sie ist weiterhin gesellschaftlich gewollt und rechtlich vorgegeben. Vielmehr kommt es darauf an, neben der und in Ergänzung zur Notengebung die didaktische Diagnostik zu stärken und auszubauen. Als ein weiterer Schritt ergibt sich dann, über Lernstandrückmeldungen nachzudenken.

3 Lehrkraft bleiben

3.1 Selbstmotivation

Für Lehrkräfte ist es von zentraler Bedeutung, dass sie ihre Arbeit engagiert und motiviert tun. Schließlich stehen sie nicht an einem Fließband und verrichten Handgriffe, denen man das Engagement des Ausübenden nicht ansieht und bei denen die Motivation kaum ein Qualitätskriterium ist. Neben aller Professionalität, die auch für den Lehrberuf von höchster Bedeutung ist, steht man aber als Lehrkraft immer auch als Person vor einer Klasse. Das bedeutet, dass man sich selbst in sehr ganzheitlicher und oft auch wahrnehmbarer Weise mitbringt: seine aktuelle Befindlichkeit, seine Emotionen, die Körperspannung, die Präsenz, die man ausstrahlt, die Haltung, in der man etwas tut, sein Engagement und eben seine eigene Motivation für das, was man gerade tut. All das wird von den Schülerinnen und Schülern wahrgenommen. Als ganze Person ist man Vorbild – entweder ein gutes oder ein weniger gutes –, selbst wenn man es nicht in jeder Situation in gleicher Weise wird sein können; das ist auch nicht nötig, weil man auch nicht nur in einer Situation mehr oder weniger vorbildlich wirkt, sondern fortwährend. Was hilft, seine eigene Motivation dauerhaft auf einem hohen Niveau zu halten oder immer wieder zu einem hohen Niveau zurückzufinden?

3.1.1 Rahmenbedingungen für Zufriedenheit und Erfolg

Man sollte sein Glück und seine berufliche Motivation nicht zu simpel von äußeren Bedingungen abhängig machen („Wenn ich einen besseren Stundenplan hätte!"). Die Frage sollte also immer sein, wie man innerhalb der Rahmenbedingungen zufrieden arbeiten oder wie man selbst die Rahmenbedingungen so verändern und gestalten kann, dass sie einem perspektivisch die Arbeit ohne allzu große Reibungsverluste ermöglichen. Ob die eigene Toleranz – also eine Haltung bzw. grundsätzliche Einstellung – oder die Rahmenbedingungen selbst geändert werden müssen oder können, ist allerdings eine wichtige Frage. So kann die tägliche Anfahrt zur Schule über 30 km Distanz eine unangenehme Rahmenbedingung sein, die sich möglicherweise objektiv nur durch eine Versetzung oder einen Umzug verändern lässt. Vielleicht verändert aber auch die Bildung einer Fahrgemeinschaft bereits die Rahmenbedingungen so, dass sie erträglicher werden. Will man nicht umziehen oder sich versetzen lassen und kommen auch Fahrgemeinschaften nicht in Frage, sollte man sich mit dem täglichen Fahren arrangieren: indem man sich die Fahrt so angenehm wie möglich macht, indem man die Fahrzeit mit guter Musik zur Entspannung oder mit Nachrichten zur Information nutzt, kurz: indem man ihr einen Sinn gibt, sie also umdeutet. Entscheidend ist dabei, dass diese Umdeutung auch wirklich gelingt, dass sich also ein Zugewinn an Zufriedenheit einstellt. Andere Rahmenbedingungen werden von der Schulleitung (Arbeitsplatz, Stundenplan etc.) oder dem Kollegium abhängen. Möglicherweise muss man den Versuch unternehmen, sie durch Gespräche und Verhandlungen zu beeinflussen. Allerdings sollte man sich vor dem Trugschluss hüten, dass an einer anderen Schule alles besser sei, denn das ist eher unwahrscheinlich. Es ist der Selbstmotivation nicht zuträglich, wenn man sich nur mit Vorbehalt einbringt: „Wer weiß, ob ich nächstes Jahr noch hier bin?", „Eigentlich würde es mir an der Nachbarschule viel besser gefallen."

3.1.2 Selbstwirksamkeit

Das Gefühl, in dem, was man tut, wirksam und erfolgreich zu sein, trägt erheblich zur Berufszufriedenheit und zur eigenen Motivation bei. Diese Selbstwirksamkeit entsteht natürlich zunächst dort, wo man seine Stärken hat und diese ungehindert zur Geltung bringen kann. Allerdings ist es keine Selbstverständlichkeit, seine wirklichen Stärken (und natürlich auch Schwächen) zu kennen bzw. in mitunter langjähriger Praxis kennenzulernen. Hierfür ist es hilfreich, sich von Schülerinnen und Schülern, aber auch von Kolleginnen und Kollegen und evtl. auch der Schulleitung möglichst regelmäßig differenziertes Feedback zu holen, am besten auf der Grundlage kollegialer Hospitation. In einem nicht zu unterschätzenden Umfang lassen sich auch Kompetenzen aneignen und trainieren, das bedeutet, dass man seine Schwächen minimieren und seine Stärken ausbauen kann. Der reflektierte Umgang mit Erfahrungen, die Lektüre entsprechender Literatur und Fortbildungen (evtl. auch Coaching und Supervision) können hierbei hilfreich sein. Niemand ist die geborene Lehrkraft, wenn es auch richtig ist, dass manche über günstigere Prädispositionen verfügen als andere. Aber das sind relative Unterschiede, die sich vielfältig kompensieren lassen.

3.1.3 Den eigenen Zielen genügen

Anspruchsvoll an sich selbst sein und gleichwohl den eigenen Zielen genügen, darauf sollte die eigene Motivation gerichtet sein. Im Zentrum dieses Ansatzes haben die Schülerinnen und Schüler zu stehen. In mancher Hinsicht muss man sich dabei über vielfältige Erwartungen hinwegsetzen, die an einen herangetragen werden. Es immer allen Recht machen zu wollen, ist aufreibend, führt zur Überforderung und steht der Erfahrung der Selbstwirksamkeit entgegen. Narzisstische Selbstdarstellung, alle Formen der Selbstinszenierung gehören nicht auf die schulische Bühne. Unabhängigkeit zu gewinnen in der engagierten, professionellen und ganzheitlichen Arbeit für die Schülerinnen und Schüler – also nicht vom Lob anderer abhängig zu sein –, sollte Basis jeder Motivation sein. Daraus lässt sich viel Kraft und immer wieder neue Motivation gewinnen.

3.2 Sich engagieren und Verantwortung übernehmen

In jeder Schule gibt es eine Fülle von Aufgaben, deren Erledigung die Qualität der Arbeit steigern kann, indem sie zur Entlastung der Kolleginnen und Kollegen beitragen oder das Lernen der Schülerinnen und Schüler unterstützen. Es sollte für jede Lehrkraft eine Selbstverständlichkeit sein, einen solchen Job zu übernehmen. Nur bei größeren oder zeitaufwändigen Jobs kann die Schulleitung den Zeitaufwand auf die Stundenzahl anrechnen. Einen solchen Job auszuüben, ist eine Sache der Gegenseitigkeit, denn man profitiert davon, dass eine Kollegin oder ein Kollege einen anderen Job wahrnimmt. Darüber hinaus festigt man seine Stellung an der Schule, man kommt u. U. in Kontakt zu Kolleginnen und Kollegen, die nicht der eigenen Fachschaft angehören. Man gewinnt Expertise und – vorausgesetzt, man macht diesen Job gut – die Wertschätzung des Kollegiums und der Schulleitung. Üblicherweise sind die verschiedenen Aufgaben im Geschäftsverteilungsplan der Schule festgehalten. Einige Aufgaben, wie sie mehr oder weniger an jeder Schule anfallen, seien beispielhaft aufgezählt:

- Mitwirkung bei der Öffentlichkeitsarbeit
- Betreuung der Lehrerbibliothek
- Mitwirkung bei der Schulverschönerung
- Organisation des Tags der offenen Tür
- Förderung der Schüler mit Lese-Rechtschreibschwäche
- Gestaltung der schulischen Berufsorientierung
- Betreuung der Praktikanten und Referendare
- Leitung der Hausaufgabenbetreuung
- Stufenkoordination
- Stundenplanerstellung
- Vertretungsplanerstellung
- Betreuung der Homepage
- Datenschutzbeauftragter
- Betreuung des Schulportfolios
- Verantwortung für die Ehemaligenarbeit
- Betreuung einer Schülerfirma
- Betreuung der Schülerbibliothek
- Fortbildungskoordination
- Betreuung der Medien
- Betreuung des schulischen Netzwerks
- Betreuung einer Fachsammlung
- Mitwirkung in der Suchtprävention
- Betreuung von Austauschschülern
- Organisation und Durchführung von Austauschen und Pflege der Beziehung zu den Partnerschulen
- Mitwirkung im Ganztag
- Begleitung von Schülerwettbewerben
- Leitung des Evaluationsteams
- Betreuung der Lernmittelsammlung
- Beratungslehrkraft

- Sicherheits- und Brandschutzbeauftragter
- Einführung neuer Kolleginnen und Kollegen.

Je nach Schule und ihren besonderen Programmen gibt es weitere spezielle Aufgaben (etwa die Zusammenarbeit mit einer Behinderteneinrichtung, die Betreuung des sozialen Praktikums, die Leitung der Mathewerkstatt, Zusammenarbeit mit Partnerfirmen etc.).

Hinzu kommen einige Wahlämter wie etwa die Schulkonferenz, Personalrat, Beauftragte für Chancengleichheit, Verbindungslehrer oder Fachschaftsvorsitz. Diese Aufgaben sind mit vertieften Einblicken in die Schule verbunden. Man lernt die verschiedenen Interessenlagen kennen, hat möglicherweise häufigeren Zugang zur Schulleitung und zu Informationen über Entwicklungen und anstehende Entscheidungen in einem frühen Stadium. Es lohnt sich, sich für eine oder zwei Wahlperioden aufstellen zu lassen und so an der guten Entwicklung der Schule verantwortlich und im Auftrag des Kollegiums mitzuwirken.

Auch innerhalb der Fachschaften fallen Aufgaben an, so sind die Sammlungen zu betreuen, die Geräte in der Sporthalle zu überwachen und ggf. Ersatzbeschaffungen vorzunehmen; Sporttage und sportliche Wettkämpfe sind zu organisieren.

Die Vielfalt dieser Aufgaben zeigt, dass Schulen äußerst komplexe Institutionen sind, deren Lebendigkeit sich aus dem Zusammenwirken vieler engagierter Einzelner ergibt. Jeder, der am Ganzen interessiert und der Idee der guten Schule verpflichtet ist, trägt zum Gelingen bei.

3.3 Die eigene Entwicklung planen

Das Allerwichtigste ist, neugierig zu bleiben. Ich lerne jeden Tag etwas Neues.
Und ich hoffe, nie den Tag zu erleben, an dem es für mich nichts mehr zu lernen gibt.
(Rigoberta Menchu)

Lehrer/in sein – so haben wir vielfach gesehen – ist ein facettenreicher und herausfordernder Beruf, ein Beruf, in dem man zwar Routinen entwickeln kann, der aber in hohem Maße durch immer wieder neue Situationen geprägt ist. Über die Jahre schlägt sich der gesellschaftliche Wandel in der Schule nieder. Man hat es mit neuen Schüler- und Elterngenerationen zu tun. Die Bildungsforschung schreitet voran und fördert neue Erkenntnisse zu Tage. Die Kollegenschaft ändert sich. Die rasante Entwicklung in der Nutzung elektronischer Medien wird anhalten. Für den Lehrberuf ist es unabdingbar, lernfähig zu bleiben und vor allem den Willen zu haben, am Ball zu bleiben. Gleichzeitig ist es auch angebracht, seine eigene Stellung in der Schule zu reflektieren und sich nach Möglichkeit so zu positionieren, dass man seine Potenziale am besten einbringen kann. Es bringt viele Vorteile mit sich, seine eigene Weiterbildung und Entwicklung proaktiv – aber durchaus im Dialog mit Kolleginnen und Kollegen und der Schulleitung – zu reflektieren und zu planen (siehe Anhang). Es ist hilfreich, die

Institutionen und Agenturen zu kennen, deren Angebote und Dienste man hierbei in Anspruch nehmen kann.[15]

3.3.1 Gute Lehrkraft bleiben

Dabei ist ein erster Schritt, alles zu tun, was einem dabei hilft, eine gute Lehrkraft zu bleiben.[16]

Lesen

Beinahe so facettenreich wie der Lehrerberuf kann die Möglichkeit sein, durch Lesen am Ball zu bleiben. Die Angebote sind vielfältig und können leicht als erdrückend empfunden werden. Hier ist es klug, sich eine Strategie zurechtzulegen. Sie könnte darin bestehen, für jedes Jahr einen Schwerpunkt für die Lektüren auszuwählen, ggf. eingebettet in einen Mehrjahresplan, wobei spontane Modifikationen eingeplant werden sollten. Auf alle Fälle sollte man in seinen studierten Fächern auf dem Laufenden bleiben. In den Fachwissenschaften gibt es immer spannende Weiterentwicklungen. Auch die fachdidaktische Entwicklung sollte man im Auge behalten. Es gibt große Trends – Umgang mit Heterogenität, formative Evaluation, Individualfeedback, Weiterentwicklung der Lernkultur –, die man lesend mitverfolgen kann. Schnelle Informationsmöglichkeiten meist mit gutem Überblick bieten pädagogische Zeitschriften. Falls an der Schule nicht vorhanden, kann man entsprechende Abonnements anregen bzw. um die Anschaffung bestimmter Bücher für die Lehrerbibliothek bitten. Informiertsein erhöht die Kompetenz, sich in den innerschulischen Dialog über Fragen der Schulentwicklung wirkungsvoll einbringen zu können.

Fortbildungen

In den Schulen gibt es in der Regel ein Fortbildungskonzept mit einer jährlichen Fortbildungsplanung. Auf der einen Seite legt die Schule ihren Fortbildungsbedarf im Rahmen der geplanten Schulentwicklung fest. Auf der anderen Seite dient Fortbildung aber auch der individuellen Weiterentwicklung, durchaus auch mit Rücksicht auf persönliche Präferenzen und die persönliche Karriere. In beiden Bereichen sollte man in regelmäßigen Abständen vertreten sein. Fortbildungen sind meist gut aufbereitet. Sie haben den großen Vorteil, dass man aus der Schule herauskommt – sofern es sich um keine schulinterne Fortbildung handelt – und mit anderen Fortbildungsteilnehmern in Kontakt kommt. Das weitet den Horizont und hilft, in manche Thematiken tiefer einzutauchen. Manche Kontakte können zu wichtigen Bausteinen im eigenen Netzwerk werden.

15 Hier seien einige Beispiele genannt: Homepage der Kultusministerkonferenz (KMK), Landesbildungsserver, Institute für Qualitätsentwicklung, Fortbildungsagenturen der Länder, Begleitstudiengänge an Universitäten etc.

16 Hattie (2014, S. 34) berichtet von einer Studie über typische biografische Muster von Lehrkräften. Nur ein Teil von ihnen sei in der Lage, nach der Konfrontation mit den Realitäten und Herausforderungen der Schulen und Klassen „das freudige Erleben des inspirierten Unterrichtens (zu) erlernen."

Tagungen

Ähnliches gilt auch für Tagungen und Kongresse. Sie sind meist breiter angelegt als Fortbildungen und bieten häufig auch fakultative Angebote. Exzellente Referenten geben die Möglichkeit, neue Trends und Forschungsergebnisse früh und authentisch zur Kenntnis zu nehmen. Es kann für die Entwicklung der eigenen Schule durchaus von Bedeutung sein, frühzeitig gut informiert zu sein und entsprechende Entwicklungen einzuleiten – was nicht zwangsläufig mit dem Anspruch verbunden sein muss, auf jeden Trend als erster aufzuspringen.

Besuch an anderen Schulen

Fantastische Möglichkeiten, über den eigenen Zaun zu blicken[17], bieten Besuche an anderen Schulen. Dort lassen sich Einblicke gewinnen, wie gearbeitet wird, wie mit bestimmten Herausforderungen umgegangen wird und wie Probleme gelöst werden. Immer kann man dabei auch die Stimmung und Atmosphäre, die in einem anderen Kollegium herrscht, einfangen und viele Anregungen sammeln. Es gibt Schulen, die mit Arbeits- oder Lenkungsgruppen regelmäßig andere Schulen besuchen. Natürlich sollte man im Gegenzug auch die eigenen Türen öffnen, was nicht ganz ohne Aufwand geht.

3.3.2 Neues erschließen

Aufgaben in der Schule übernehmen

Neben dem Kerngeschäft des Unterrichtens gibt es viele Möglichkeiten, sich in der Schule zu profilieren. Meist ist das verbunden mit der Übernahme einer besonderen Aufgabe und dem daraus sich ergebenden Erfahrungsaufbau und Kompetenzgewinn (vgl. auch oben Abschn. 3.2). So ist es möglich, die Beratungslehrertätigkeit zu übernehmen und sich entsprechend zu qualifizieren. Als Verbindungslehrkraft kann man zum Motor der Demokratieerziehung an der Schule werden. Als Stundenplanmacher denkt man sich tief in die Besonderheiten der Schule ein, wird mit der entsprechenden Software vertraut und zu einem wichtigen Gesprächspartner für die Schulleitung. Als Betreuungslehrer für Referendare und/oder Praktikanten übernimmt man Verantwortung für einen zukunftsbedeutenden Schlüsselbereich. Jedes Mal braucht man etwas Mut, sich auf Neues einzulassen, muss Fortbildungen besuchen und seine Kompetenz ausbauen.

17 Zu diesem Stichwort vgl. auch die Webseite www.blickueberdenzaun.de; sie wird betrieben von einem „Verbund reformpädagogisch orientierter Schulen, der seit 1989 besteht, um Schulentwicklung ‚von unten' zu betreiben. Ziel des ‚Blick über den Zaun' ist es, durch regelmäßige wechselseitige Besuche (‚peer reviews'), durch Tagungen … dazu beizutragen, dass Schulen im direkten Erfahrungsaustausch voneinander lernen: einander anregen, ermutigen, unterstützen."

Expertise in einem bestimmten Bereich sammeln

Auch ohne die Übernahme einer festen Aufgabe, die im Geschäftsverteilungsplan ausgewiesen ist, kann man an einer Schule Verantwortung übernehmen. Man kann z. B. in dauernden oder temporären Arbeitsgruppen mitwirken. Hat man thematisch relevante Fortbildungen besucht oder sich eigenständig in ein Thema eingelesen, hilft das, fundiert zu argumentieren. Schnell wird das Plus an Kompetenz von den Kolleginnen und Kollegen bemerkt. Man wird zu einem gefragten und aufgrund der Expertise geschätzten Spezialisten.

3.3.3 Aufstiegsmöglichkeiten nutzen

Oben (Abschn. 3.2) haben wir die Übernahme von Aufgaben und der damit verbundenen Verantwortung sozusagen aus berufsethischer Sicht dargestellt. Es ging darum, seinen Beitrag zur guten Schule zu leisten. Es ist durchaus legitim und kein Widerspruch, auch die eigene Entfaltungsmöglichkeit und Karriereplanung mit solcher Verantwortungsübernahme zu verbinden.

Die Karrieremöglichkeiten an Schulen – mit deutlichen Unterschieden zwischen den Schularten und in Abhängigkeit von der Schulgröße – sind nicht sehr vielfältig. Wenn man diesbezügliche Vorstellungen und Ambitionen hat, sollte man frühzeitig entsprechende Entwicklungen anbahnen und versuchen, die Weichen zu stellen. Doch welche Möglichkeiten gibt es?

Übernahme einer Leitungsaufgabe an der Schule

An vielen Schulen – immer etwas in Abhängigkeit von ihrer Größe – gibt es unterschiedliche Möglichkeiten, gewisse Leitungsaufgaben zu übernehmen, die man materiell allerdings oft noch nicht als Karriereschritt bezeichnen kann. So ist etwa die Übernahme eines Fachschaftsvorsitzes z. B. an einem Gymnasium in der Regel noch nicht mit einer Beförderung verbunden. Aber es kann ein wichtiger Schritt in die gewünschte Richtung sein, einige Jahre eine Fachschaft gut geführt, dabei Führungskompetenzen unter Beweis gestellt zu haben und für die Schulleitung ein konstruktiver Partner gewesen zu sein.

Mitglied im Schulleitungsteam werden

An größeren Schulen gibt es Abteilungsleiterstellen. Abteilungsleiter sind in der Regel kraft Amtes Mitglied in der Schulleitung/im Schulleitungsteam. An Gymnasien und beruflichen Schulen ist das auch mit einer höheren Eingruppierung bei der Besoldung verbunden, also ein echter Karriereschritt: Man übt mehr Verantwortung aus, muss in der Regel eine etwas höhere Belastung in Kauf nehmen, erhält mehr Einfluss und Mitwirkungsmöglichkeiten – und etwas mehr Geld.

Tätigkeit in der Lehreraus- und -weiterbildung

Auch Tätigkeiten in der Lehrerausbildung oder der Lehrerweiterbildung (als Fachleiter oder Fachberater) stellen eine Möglichkeit der Weiterentwicklung dar. Was allerdings nicht unterschätzt werden darf: Hier wechselt man in die Erwachsenenbildung, die ihre eigenen Standards und in Teilen ihre eigene Pädagogik hat.

Schulleitung

Der Wechsel in die Schulleitung stellt einen tiefgreifenden Berufswechsel dar. Man verlässt weitestgehend das gewohnte Tätigkeitsgebiet und sieht sich einer Fülle neuer Aufgaben und Anforderungen gegenüber (sie sind in Baumann/Götz 2016 ausführlich beschrieben). Verschiedene Universitäten bieten mittlerweile (berufsbegleitende) Masterstudiengänge oder inhaltliche Module für Schulleitung an.

Schulaufsicht

Eine andere Entwicklungsmöglichkeit ist der – ebenfalls radikale – Wechsel in die Schulaufsicht und die entsprechenden Behörden bis hin zum Ministerium. Hier gilt es, sehr genau die Tätigkeitsprofile und Wirkungsmöglichkeiten zu prüfen. Die Gefahr, sich als kleiner Teil einer Behörde als relativ ohnmächtig zu erleben, sollte man im Auge behalten.

Forschung

Nur wenige streben nach einigen Berufsjahren eine Forschungslaufbahn im Bereich Fachdidaktik oder in der empirischen Bildungsforschung an. Der Weg (zurück) in die Universität ist aufwändig und in der Regel mit einer Promotion verbunden, manchmal berufsbegleitend. Meist werden in solchen Fällen die Weichen schon während der Studienzeit durch entsprechende Interessen und Studienschwerpunkte gestellt. Aus schulischer Sicht und im Sinne der Profession ist die enge Verzahnung von Schule und Forschung durch die Rückkehr an die Universität nach einigen Jahren Praxiserfahrung durchaus wünschenswert.

Häufig dient auch eine mehrjährige Tätigkeit im Auslandsschuldienst (oder auch ein schlichter Wechsel der Schule nach einigen Jahren) nicht nur der persönlichen Bereicherung und Horizonterweiterung, sondern auch dem Sammeln gezielter Erfahrungen – Erfahrungen, die man an der eigenen Schule aus unterschiedlichen Gründen nicht machen konnte, z. B. weil bestimmte Aufgabenfelder bereits besetzt waren, weil die Notwendigkeit fehlte, sich auf Neues einzulassen, oder weil man in ein bestimmtes Muster der Ausübung seines Berufes eingeordnet wurde bzw. sich selbst eingeordnet hat. Häufig ist zu beobachten, dass Rückkehrer aus dem Auslandsschuldienst ihr Kompetenzspektrum erweitert haben. Mitunter empfehlen sie sich durch eine erhöhte Leistungsbereitschaft und eine veränderte Sicht auf Schule für Führungsaufgaben; denn Auslandsschulen sind häufig straffer organisiert und bilden durch die ständige Fluktuation der Lehrkräfte und mitunter sehr anspruchsvolle Erwartungen auch von Abnehmerseite, deren Rolle an der Schule in der Regel auch institutionell mehr Gewicht hat, eine andere Prägung aus.

Die scheinbar vielfältigen Berufswege können nicht darüber hinwegtäuschen, dass im Lehrberuf die Hierarchie flach und der Lehrberuf arm an Aufstiegsmöglichkeiten ist. Umso mehr Bedeutung bekommt auf diesem Hintergrund, seine Erfüllung schwerpunktmäßig in der Tätigkeit als Lehrkraft, in der täglichen unterrichtlichen Arbeit, in den vielen sozialen Interaktionen mit den Schülerinnen und Schülern und im Beziehungsnetz der Schule zu suchen und zu finden.

3.4 Gesund bleiben

Das Glück unseres Lebens hängt von der Beschaffenheit unserer Gedanken ab.
(Marc Aurel)

Der Lehrerberuf stellt hohe Anforderungen an die Person und ist mit zahlreichen Belastungen verbunden. In den vorherigen Kapiteln haben sich die vielfältigen Facetten dieses komplexen Berufs gezeigt. Hinzu kommt, dass die Ausbildung diese Komplexität nicht antizipiert und nicht darauf vorbereitet. Es kommt nicht von ungefähr, dass die Zahl der Lehrkräfte zugenommen hat, die unter Belastungs- und Überlastungssymptomen bis hin zum Burnout leiden.

3.4.1 Besonderheiten der Lehrerarbeitszeit

Von den besonderen Bedingungen der Lehrerarbeitszeit war schon zu Beginn dieses Buchs die Rede. Meist werden sie positiv gewertet, für manche sind sie ein nicht unerheblicher Grund, diesen Beruf zu wählen. Als abhängig Beschäftigter etwa die Hälfte der Arbeitszeit nicht am Arbeitsplatz verbringen zu müssen und über diese Zeit selbst verfügen zu können, erscheint hoch privilegiert. Entsprechend verteidigt man dieses Gut: Man empfindet Stundenpläne mit Hohlstunden, die einen an die Schule binden, als Beschränkung in seinem zeitlichen Selbstbestimmungsrecht. Viele Lehrkräfte wehren sich gegen zu viel Nachmittagsunterricht oder die Tendenz zahlreicher Schulen zu mehr Ganztag. Ob man sich damit einen Gefallen tut, ist sehr fraglich. Fünf oder sechs Stunden Unterricht an einem Vormittag sind extrem belastend. Es ist normal, dass man sich dann zuhause am Nachmittag erst einmal ausgelaugt und erschöpft fühlt. Mit dieser Strategie des möglichst kompakten Unterrichtsvormittags ist man ein Stück weit für die eigene Erschöpfung verantwortlich, sucht aber meist die Schuld bei den angeblich objektiven Rahmenbedingungen in der Schule (stressiger Beruf, schwierige Schüler, schlechter Stundenplan, schwieriger Lehrauftrag, immer wieder neue Aufgaben). Ein Vormittag mit vier Stunden Unterricht und angemessenen Pausen würde auch für Lehrkräfte den Arbeitstag wesentlich besser strukturieren. Wichtige Gespräche mit Kollegen und Schülern könnten entspannter geführt werden. Die nachfolgenden Stunden könnten mit mehr Besonnenheit und Elan gestartet werden. Terminliche Dinge oder Korrekturen ließen sich bereits in den Pausen teilweise erledigen. Voraussetzung hierfür ist allerdings eine Rückzugsmöglichkeit, idealerweise ein schulischer Arbeitsplatz, den man sich möglicherweise mit ein, zwei Kollegen teilt. Ersatzweise kann man sich vielleicht auch in der Lehrerbibliothek oder im Lehrerzimmer eine Nische einrichten. In Zeiten des Internets ist ohnehin darüber nachzudenken, ob sich Bibliotheken zu attraktiven Lehrerarbeitsplätzen umwandeln lassen. Es lohnt sich auf jeden Fall, hier entsprechende Überlegungen anzustellen und nach Lösungen an der Schule zu suchen.

Ebenfalls eine Begleiterscheinung der Lehrerarbeitszeit ist das Nichtvorhandensein eines geregelten Feierabends. Wenn man von der Schule nach Hause kommt, ist man eben gerade nicht fertig mit der Arbeit, sondern hat noch zahlreiche Aufgaben zu erledigen: Vor- und Nachbereitung von Unterricht, Recherchen, Korrekturen, Telefonate usw. Selten stellt sich das entspannte Gefühl ein, nun wirklich Feierabend zu haben.

Eine oft übersehene Gefahr birgt die unablässige Empfindung, dass der bevorstehende Unterricht immer noch besser und mit noch größerem Aufwand vorbereitet werden könnte, dass man noch mehr recherchieren, die Stunde methodisch noch verfeinern, die auszugebenden Materialien noch optimieren könnte. Hier muss man in der Tat lernen, sehr pragmatisch und durchaus auf hohem Niveau das zu tun, was mit einem mittleren Aufwand bewältigbar ist. Jeder Perfektionismus treibt einen unweigerlich in die Überlastungsfalle. Insbesondere wer im Unterricht nicht das wünschenswerte souveräne Standing hat, neigt dazu, dies durch scheinbar perfekte Vorbereitung und Materialien zu kompensieren – ebenfalls eine gefährliche Falle.

3.4.2 Typische Belastungen des Lehrerberufs

Beachtliche Konzentrationsleistung

Unterricht zu halten ist eine beachtliche und anstrengende Konzentrationsleistung. Man betritt eine Klasse und hat es mit 20 bis 30 Schülerinnen und Schülern zu tun. Zwar hat man sich vorbereitet, man kennt die Klasse, doch weiß man nicht, was in der Stunde an Unvorhergesehenem auf einen zukommt. Zunächst gilt es, die Ruhe in der Klasse herzustellen und Lernbereitschaft bzw. eine entsprechende Arbeitsatmosphäre herzustellen. Dabei ist es wichtig, alle Schülerinnen und Schüler wahrzunehmen, möglichst einen ersten kurzen Blickkontakt herzustellen. Über Stundeneinstiege ist viel nachgedacht worden. In der Tat kommt ihnen eine besondere Bedeutung für den weiteren Verlauf der Stunde zu. Grundsätzlich ist es wichtig, die Schülerinnen und Schüler mit Thema und Verlauf der Stunde vertraut zu machen. Wann immer möglich sollte man die Bedeutung des Themas in sinnvoller Weise und authentisch durch lebensweltliche Bezüge deutlich machen und den möglichen Gewinn der Stunde vorstellen. Die Eruierung des Vorwissens der Schülerinnen und Schüler und die Anknüpfung sowohl an das Vorwissen als auch an das bereits Erarbeitete gehören ebenfalls in die Anfangsphase einer Stunde. Individuelles Vorwissen sollte positiv gewürdigt und möglichst in den Fortgang der Stunde eingebaut werden.

Damit ist klar, dass jede Stunde einen dialogischen Charakter trägt. Das gilt insbesondere, wenn Formen selbstständigen Arbeitens (Lernplan, Wochenplan, Werkstattunterricht etc.) gewählt werden. Allerdings kann man den Fokus der Aufmerksamkeit von Stunde zu Stunde auch etwas zwischen den Schülerinnen und Schülern wechseln lassen. Auch dem Stundenende kommt eine besondere Bedeutung zu. Konnten alle gesteckten Ziele erreicht werden? Wie weit wurden sie erreicht? Welche Fragen sind offen geblieben oder haben sich neu ergeben? Was bedeutet das für die Planung der nächsten Stunde? Im Abschnitt über Hausaufgaben (2.10) wurde bereits erwähnt, wie ungut es ist, ein in der Stunde nicht geschafftes Pensum mit dem Klingelzeichen als Hausaufgabe zu deklarieren. Nun hat eine Lehrkraft nicht nur eine Stunde zu halten, sondern fünf oder sechs an einem Vormittag. Für Lehrkräfte sind tendenziell – bei entsprechender Vorbereitung – Doppelstunden etwas entspannter.

Eigene Person als Medium

Wie kaum in einem anderen Beruf sind Lehrkräfte in allerhöchstem Maß ihr eigenes Medium. Als Person stehen sie vor einer Klasse und werden von den Schüler/innen in jeder Regung und in ihrem Erscheinungsbild beobachtet. Ein Rückzug während einer Unterrichtsstunde ist kaum möglich. Zu gewissen Teilen hängt an der Gesamtperformance der Lehrkräfte der Erfolg einer Stunde. Dazu gehören die Ausstrahlung, die Körperspannung, die Wachheit, die Konzentrationsfähigkeit, die Mimik, die Gestik, die Stimme, die Bewegung im Raum und schließlich auch das äußere Erscheinungsbild, Kleidung und allgemeine Gepflegtheit. Alles wird registriert und – insbesondere wenn es um Kleidung geht – von den Schülerinnen und Schülern thematisiert und bewertet. Sich selbst entsprechend unter Kontrolle zu haben, macht permanente Reflexion notwendig. Idealerweise kann man das Gegenüber wie einen Spiegel für die eigene Performance nutzen, übertragen sich doch Schlaffheit oder Lustlosigkeit, aber auch Enthusiasmus oder eine eigene gute Befindlichkeit, wie sie vielleicht die Körpersprache oder die Stimme verrät, sehr schnell auf die Lernatmosphäre der Klasse.

Steigende Anforderungsvielfalt

Wie mehrfach angedeutet ist die Anforderungsvielfalt an Lehrkräfte gestiegen. So ist das Kerngeschäft des Unterrichts mit zahlreichen Erwartungen verbunden. Der Unterricht hat kompetenzorientiert und schülerzentriert zu sein. Der Unterschiedlichkeit der Schülerinnen soll Rechnung getragen werden. Kooperative Lernarrangements sollen die Schüler in gemeinsame Interaktion im Hinblick auf Lerninhalte bringen. Didaktische Entscheidungen sind zu treffen, und der Unterricht hat methodisch vielfältig und den Bedürfnissen der Schülerinnen und Schüler angemessen zu erfolgen. Die ganzheitliche Förderung der Persönlichkeit der Schülerinnen und Schüler soll immer ein Aspekt des Lehrerhandelns sein. Auf verschiedene Weise wird die unterrichtliche Tätigkeit der Lehrkräfte intern und extern evaluiert. Beide Formen sind mit hohem Aufwand an Bürokratie/Dokumentation verbunden. Die Ergebnisse müssen im Zuge von Evaluationszyklen in die Prozessqualität eingespeist werden, damit ist oft ein langer Weg über Arbeitskreise, pädagogische Tage, Fortbildungen und gezielte Schulungen verbunden. Und mit all dem Genannten ist – wie in den vorigen Kapiteln deutlich geworden ist – nur ein Ausschnitt der beruflichen Anforderungen an Lehrkräfte beschrieben.

Erwartungsdruck

Der Druck auf Lehrkräfte ist hoch und kommt aus unterschiedlichen Richtungen. Sie werden z. T. für etwas verantwortlich gemacht, das sie nicht gewährleisten können. Die Schulleitung erwartet nicht nur gute Leistungen, sondern ein hohes Maß an Verlässlichkeit und Engagement, das über den Unterricht hinausgehen sollte. Aufsichten werden angeordnet und Vertretungsstunden kommen hinzu. Die Kollegen erwarten, dass Klassen nicht verwahrlosen, dass der zu erwartende Stoff durchgenommen wird, um nicht nacharbeiten zu müssen. Kollegen erwarten auch, dass übermäßiges Engagement auf ein unauffälliges Maß reduziert wird, während zu wenig Engagement von einem großen Teil des Kollegiums ebenfalls ungern gesehen wird. Die Schülerinnen und Schüler erwarten Zeit für ihre Angelegenheiten, als Einzelne, als Klasse. Es gibt eine Fülle von Beratungsanlässen oder die Notwendigkeit, in Konflikten befriedend zu wirken. Schülerinnen und Schüler erwarten in den Klassen eine gute Führung und Lernatmosphäre sowie Schutz vor Mobbing. Sie erwarten, dass die Lehrkräfte sich an außerunterrichtlichen Veranstaltungen beteiligen, sie zumindest besuchen. Die Eltern erwarten Lernfortschritte und gute Noten und in kritischen Fällen eine schnelle Kommunikation. Partner der Schule – Firmen, Austauschpartner etc. – erwarten eine verlässliche Kooperation. Die Liste ließe sich unschwer fortsetzen. Nicht alle Erwartungen sind per se problematisch. Jede für sich genommen ist kaum mehr als eine Selbstverständlichkeit. Aber die Summe, die Gleichzeitigkeit oder der schnelle Wechsel von einem Modus in den anderen sind in der Tat belastend und bedeuten viel Stress. Wenn dann Ruhepausen, Rückzugsräume fehlen, man zudem dem permanenten Lärm einer Schule ausgesetzt ist, kann die Belastung grenzwertig werden. Fehler häufen sich und ziehen oft weitere unangenehme Aktivitäten zur Klärung von Beschwerden etc. nach sich.

3.4.3 Typische Verhaltensmuster von Lehrkräften

Nicht alle Lehrkräfte reagieren auf Belastung in der gleichen Weise. Nicht alle haben gute Strategien, mit Stress umzugehen, für sich entwickelt. Nicht alle sind in der Lage, wo nötig auch klare Abgrenzungen zum eigenen Schutz vorzunehmen. Schaarschmidt und Kieschke (2007) unterscheiden empirisch abgesichert vier verschiedene Muster, die hier kurz vorgestellt werden.

Muster Gesundheit (G)

Lehrkräfte, die diesem Muster zuzuordnen sind, haben ein gesundheitsförderliches Verhältnis gegenüber der Arbeit. Die Bereitschaft zum Engagement ist hoch, doch nicht exzessiv. Die berufliche Arbeit ist grundsätzlich von positiven Emotionen bestimmt. Lehrkräfte mit diesem Muster verfügen über günstige Voraussetzungen, „um erworbenes Wissen und Können sowie pädagogische Überzeugungen und Absichten wirksam umzusetzen" (S. 22).

Muster Schonung (S)

„Hier charakterisiert die Schonung das Verhältnis gegenüber der Arbeit." (ebd.) Eine ungenügende Herausforderung und/oder berufliche Unzufriedenheit können dafür verantwortlich sein. Man fährt mit angezogener Handbremse, ohne ansonsten im schulischen Alltag aufzufallen. Eigeninitiative und eigenverantwortliches Engagement, wichtig für Erfolg und Selbstzufriedenheit im Beruf, sind wenig zu finden. Damit bleibt man als Lehrkraft natürlich unter seinen Möglichkeiten.

Muster Anstrengung (A)

Dieses Muster bezeichnen Schaarschmidt/Kieschke als Risikomuster im Hinblick auf Lehrergesundheit. Bei hoher Anstrengung und teilweise überhöhtem Engagement der Betroffenen kommt es dennoch nicht zu einem positiven Lebensgefühl. Die Widerstandskraft gegenüber Belastungen sinkt. Das Verhältnis zur Arbeit wird zunehmend von negativen Emotionen begleitet. Die Selbstüberforderung führt zwar dazu, dass man von Schulleitung und Kollegium sehr geschätzt wird, birgt jedoch ein hohes Gesundheitsrisiko. Das Abgleiten in den Burnout droht.

Muster Burnout (B)

„Bei diesem zweifellos problematischsten Muster sind permanentes Überforderungserleben, Erschöpfung und Resignation vorherrschend." (S. 23) Das Arbeitsengagement wird zurückgefahren, die Widerstandsfähigkeit gegenüber Belastungen hat deutlich abgenommen (Häufung von Fehlzeiten), die berufliche Tätigkeit ist z. T. mit stark negativen Emotionen behaftet. In nicht wenigen Fällen kommt es zum Burnout. „Klar ist", schreiben Schaarschmidt/Kieschke (ebd.), „dass bei starker Ausprägung des Musters B der Betroffene kaum (noch) ein guter Lehrer sein kann." Die verbleibende Kraft reiche dazu nicht aus, sie werde aufgewendet, um irgendwie ‚über die Runden' zu kommen.

Die Größe dieser Gruppen geben Schaarschmidt/Kieschke für den Zeitraum 2004 bis 2006 wie folgt an: Muster G: 15,9 %; Muster S: 21,8 %; Muster A: 33 % und Muster B: 29,3 %.

Die hohen Werte der beiden letztgenannten Muster stimmen sehr nachdenklich. Als Lehrkraft sollte man alles tun, um dem Muster G möglichst dauerhaft anzugehören: Es geht darum, eine ausgeprägt positive Einstellung zur Arbeit zu haben, in hohem Maße mit seiner beruflichen Tätigkeit zufrieden und gleichzeitig eine wirksame Lehrkraft zu sein.

3.4.4 Ziel: Gute Lehrkraft sein und bleiben

Sich als Lehrkraft in seinen Stärken entfalten zu können, den Beruf mit Elan und immer wieder neuer Freude und Leidenschaft ausüben zu können, muss ein unaufgebbares Ziel bleiben. Weder den Schülerinnen und Schülern noch einem selbst ist mit Mittelmaß auf der einen Seite, mit Unzufriedenheit und Erschöpfung auf der anderen Seite gedient. Damit wird nicht in Abrede gestellt, dass es in jedem Berufsalltag Höhen und Tiefen, bittere Enttäuschungen und Erfolgserlebnisse gibt. Solange es gelingt, sich immer wieder auf eine positive Grundhaltung einzuregeln, ist alles im grünen Bereich. Es bleibt also zu fragen, wie es gelingen kann, was hilfreiche Strategien sind, in diesem Beruf dauerhaft erfolgreich zu arbeiten und dabei gesund und berufsfroh zu bleiben. Sicher ist dabei auch ein Blick auf weniger erfolgreiche Strategien zu werfen.

3.4.5 Strategien für Gesundheit und berufliches Wohlbefinden

Ein realistisches Bild hilft bei der Berufswahl

In diesem Buch wird der Versuch gemacht, den Lehrerberuf in seinen vielfältigen Facetten und mit seinem stets ganzheitlichen Anspruch auszuleuchten. Von Studienanfängern – auch nach einem Orientierungspraktikum – kann man nicht erwarten, die vielfältigen Berufsanforderungen und gerade auch die Anforderungen an die Persönlichkeit, die weit über die fachliche Kompetenz hinausgehen, zu realisieren und zu antizipieren. Komplementär zu den Anforderungen ist aber unabdingbar, über eine gute Selbstreflexion und erprobte Selbsterfahrung zu verfügen, um dann für sich entscheiden zu können, ob Person und Beruf mit größter Wahrscheinlichkeit zusammenpassen werden. Wer Lehrer/Lehrerin werden möchte, sollte sich schon vor dem Studium intensiv mit den Anforderungen des Berufs (siehe auch das Kapitel 4.5) auseinandersetzen und wohl vorbereitet in die angebotenen Orientierungspraktika gehen.

Hilfreiche Strategien

Betrachte einmal die Dinge von einer anderen Seite, als du sie bisher sahst; denn das heißt neues Leben beginnen.
(Marc Aurel)

Auch Lehrkräfte müssen nicht tatenlos zusehen, wie ihre Motivation für den Beruf erlahmt und die Arbeit immer mehr nur noch als Last empfunden wird. Oft mag die Ursache wirklich in schwierigen Umständen liegen, die Ursache aber zuerst und nur in den Umständen zu suchen, macht handlungsunfähig und ist leider nicht mit einer positiven Prognose verbunden.

Beliefs überwinden. Beliefs sind meist fest verankerte Überzeugungen, die sich aufgrund von Erfahrungen tief eingeprägt haben. Es sind subjektive Theorien, die absolut für gültig gehalten werden und die das tägliche Handeln bestimmen.

Der Elefant oder die dünnen Fesseln der Gewohnheit

Einem Dompteur gelingt es, einen Elefanten mit einem ganz einfachen Trick zu beherrschen: Er bindet das Elefantenkind mit einem Fuß an einen großen Baumstamm. Sosehr es sich auch wehrt, es kann sich nicht befreien. Ganz allmählich gewöhnt es sich daran, daß der Baumstamm stärker ist als es selbst. Wenn der Elefant erwachsen ist und ungeheure Kräfte besitzt, braucht man nur eine Schnur an seinem Bein zu befestigen und ihn an einen Zweig anzubinden, und er wird nicht versuchen, sich zu befreien. Denn er erinnert sich daran, daß er diesen Versuch unzählige Male vergebens unternommen hat. Wie bei den Elefanten stecken auch unsere Füße nur in einer dünnen Schlinge. Doch da wir von Kindesbeinen an die Macht jenes Baumstammes gewohnt sind, wagen wir nicht, uns zu wehren. Und vergessen darüber, daß es nur einer einfachen mutigen Tat bedarf, um unsere Freiheit zu erlangen. (Coelho 1998, S. 17)

- Beliefs stehen der Herausbildung von neuen Verhaltensmustern im Weg, weil sie für alle Erfahrungen den Deutungshintergrund liefern, und so wird in der Regel alles, was einem widerfährt, als Bestätigung der Theorie aufgefasst, die man ohnehin schon hat. Solche Beliefs können sich beispielsweise auf Eltern beziehen; vielleicht lief als Junglehrer ein Gespräch mit Eltern völlig aus dem Ruder oder haben sich Eltern tatsächlich danebenbenommen. Oder man hat keine passende Antwort auf ein sich wiederholendes Störungsmuster im Unterricht gefunden oder sich Muster abgeschaut oder angeraten bekommen, die zwar zu funktionieren scheinen, aber die Schülerinnen und Schüler abwerten und nicht zu einer für Lernen günstigen Lehrer-Schüler-Beziehung beitragen. Muster, von deren Wirksamkeit man aus falsch gedeuteter Erfahrung überzeugt ist und die sich verfestigt haben, sind nur schwer aufzubrechen. Sie schränken die Handlungsmöglichkeiten ein. Supervision oder Coaching können wirkungsvolle Hilfen sein, um sein Verhaltensrepertoire zu überdenken und schrittweise zu erweitern. Arnold (2010, S. 263 f.) beschreibt einige didaktische Beliefs, „didaktische Downloads", wie er sie nennt:
  - „der Mensch lerne irgendwie besonders, wenn er belehrt und geführt werde,
  - diese Art der Lernorganisation sei ohne Risiken und Nebenwirkungen (z. B. Auswirkungen auf die Kultur eines Lebenslangen Lernens) zu haben,
  - der – junge – Mensch habe nichts zur Schaffung und (Er-)Klärung eines Inhaltes beizutragen,
  - Inhalte seien das, was im Zentrum eines Lernprozesses stehe,
  - sie würden Kompetenzen stiften,

– und für die Aneignung von Kenntnissen sei deren Thematisierung in einer Lerngruppe unverzichtbar."

Solche ‚unbewiesenen, aber fortdauernden Downloads' lähmen die Weiterentwicklung des schulischen Lernens. Menschen seien „oft nur dann in der Lage, solche lieb gewonnenen Denkgewohnheiten aufzugeben, wenn sie die Chance erhalten haben, ihr eigenes Lernen verändert zu erleben." (S. 264)

Ökonomisch und effizient arbeiten

- Ein gutes Ablagesystem
  Es empfiehlt sich, sich als Lehrkraft von Anfang an ein Schema zurechtzulegen, nach dem der Unterricht vorbereitet und dokumentiert wird. Über die Jahre bei vollem Deputat sollte man sich ein methodisches Repertoire zurechtlegen, auf das man jederzeit – auch sehr spontan – zurückgreifen kann. Eine konkrete Ablaufplanung von Einzel- oder Doppelstunden ist dann sehr kurzfristig und skizzenhaft möglich. Die wesentlichen Inhalte und die dazugehörigen Materialien[18] sollten immer schnell griffbereit sein, das heißt gut geordnet und leicht auffindbar. Wenn man auf die Papierform nicht verzichten möchte, kann das z. B. in Form einer Hängeregistratur geschehen, andernfalls nutzt man den PC. Gleichzeitig sollte das System so angelegt sein, dass es ständig erweiterbar ist.
- Ein Wiedervorlagesystem
  Als Lehrkraft hat man ständig mehrere Eisen im Feuer. Bestimmte Routinen oder Tätigkeiten kommen mehrmals im Jahr vor, andere Dinge sind singulär. Bestimmte Sachverhalte sind zu einem konkreten Zeitpunkt relevant, dafür gibt es Dokumente, die dann genau zu diesem Termin zur Verfügung stehen sollten. Das lässt sich mit einem guten Wiedervorlagesystem (Hängeregistratur oder klassische Wiedervorlagemappen für Tage und Monate) wunderbar organisieren. Ein physisches Wiedervorlagesystem lässt sich auch mit einem Kalender, einer Erinnerungsfunktion im PC kombinieren. Damit kann man gewährleisten, nicht immer an alles denken zu müssen, sondern sich auf das fokussieren zu können, was gerade aktuell ist. Gleichzeitig erspart es die Mühe des Suchens nach den für dieses Thema notwendigen Dokumenten.
- Umgang mit der Zeit
  Zeit ist ein kostbares und knappes Gut. Gerade Lehrkräfte, die in hohem Maße selbst über ihre Arbeitszeit verfügen können, müssen lernen, mit der Zeit gut umzugehen. Man vergisst regelrecht Zeit und Stunde, wenn man motiviert ist, vom Sinn der augenblicklichen Tätigkeit erfüllt ist und ein hohes Wirksamkeitsgefühl hat. Zeit vergeht dann wie im Flug. Die Konzentration fällt nicht schwer. Die anschließende Müdigkeit hat durchaus etwas

18 Zeitungsartikel, Notizen aus Büchern, Karikaturen, Links zu Websites etc. In einem guten Ablagesystem kann man als wichtig und hilfreich erachtete Dinge ablegen, die mit dem aktuellen Lehrauftrag nichts zu tun haben. Wenn man sie dann tatsächlich braucht, spart man sich viel unnötige Recherche.

Positives und kann genossen werden, blickt man doch auf ein befriedigendes Ergebnis zurück. Leider sind Flow-Zustände dieser Art nicht die Regel. Zahlreiche Arbeiten kommen weit trockener daher und erscheinen weniger sinnhaft. Wie ein riesiger Berg kann der Heftstapel mit den anstehenden Korrekturen auf dem Schreibtisch liegen. Hier hilft es, sich Tagesziele zu setzen, sich nach bestimmten Etappen eine Pause zu gönnen und zwischendurch etwas Schönes zu machen. Wichtig ist allerdings, dass die Disziplin erhalten bleibt und die realistisch gesetzten Ziele nach Möglichkeit eingehalten werden. Auch das stärkt am Ende das Selbstgefühl: Ich habe das wieder hingekriegt. Zum Umgang mit der Zeit gehört auch, Dinge – vor allem die unangenehmen – nicht aufzuschieben. Unerledigtes, Aufgeschobenes kann sich sonst leicht türmen und dann unbewältigbar erscheinen oder tatsächlich werden. Aufgeschobenes hat auch die unangenehme Eigenschaft, dass das Feierabendgefühl, das Gefühl des Fertigseins sich nicht einstellt. Es bleibt dann eine unangenehme Hintergrundunruhe, die belastend wirkt. Es empfiehlt sich also, größere Projekte zu stückeln, schnell mit ihrer Abarbeitung zu beginnen und unangenehme Tätigkeiten nicht aufzuschieben.

Ist allerdings die Gesamtbelastung zu hoch, sollte man schnell das offene Gespräch mit der Schulleitung suchen und gemeinsam nach vorübergehenden oder dauerhaften Entlastungen suchen. Das bedeutet, Prioritäten zu setzen. Vielleicht bittet man um (vorübergehende) Entbindung von einem Amt, das man (freiwillig) übernommen hat. Vielleicht lässt sich im Folgejahr die Zahl der unterrichteten Jahrgangsstufen durch die Übernahme von Parallelklassen senken, sodass man weniger zu leisten hat. Vielleicht ist es auch angezeigt, das Deputat zu reduzieren, damit man den verbleibenden Unterricht so gestalten kann, dass man seinen Selbstansprüchen vollumfänglich genügt.

- Verzicht auf Perfektionismus

Jeder Perfektionismus ist anstrengend und trägt in sich den Keim des Selbstruins. Man kann die gewünschten Resultate auf hohem Niveau in aller Regel mit gesundem Aufwand erzielen. Perfektionismus ist ein Fass ohne Boden. Natürlich kann man alles immer noch etwas besser machen, aber man sollte sich immer wieder fragen, wann weiterer Aufwand keine signifikante Verbesserung der Wirkung mehr erzielt. Das hat viel mit dem Selbstbild und dem Vertrauen in die eigene Person zu tun. Wenn ich mir meiner Wirkung im Unterricht, im Gegenüber zu den Schülern sicher bin, wenn ich zu ihnen eine tragfähige Beziehung aufgebaut habe, entscheidet nicht die Perfektion der Detailplanung und die Schönheit der Arbeitsblätter über den Erfolg der Stunde. Das ist kein Plädoyer für eine laxe Unterrichtsvorbereitung, sondern gegen jede Art von Detailbesessenheit, die auf Kosten der Unmittelbarkeit und Spontaneität im Unterricht geht. Hier bringt jede Lehrkraft eine andere Veranlagung und Prägung mit. Sicherheitsorientierte Personen sind gut beraten, sich coachen zu lassen und wirksame Strategien des Arbeitens und Unterrichtens zu erlernen und zu trainieren. Es gibt auch Fälle, die umgekehrt liegen und bei denen es darum geht, der Planung mehr Sorgfalt zu widmen und die Qualität methodisch und bezüglich der Materialseite des Unterrichts zu erhöhen.

Außerschulische Entlastung. Strategien der Entlastung treffen nicht nur die berufliche Seite, denn als Person ist man unteilbar. So sehr der Beruf auch Spaß machen mag, als sinnstiftend empfunden wird, ein wichtiger Teil des Lebensinhalts sein kann und als Berufung aufgefasst werden mag, so sehr ist auch das Private zu kultivieren. Das bedeutet Abgrenzung, Entspannung, anderweitige Interessen, Zugang zu anderweitigen gesellschaftlichen Kontexten (Familie, Freundeskreis außerhalb der Schule, Sport, Kunst, Kultur etc.). Schule darf nicht alles sein. Der Feierabend, die Freizeit müssen ihren eigenen Wert und ihre eigene Kultur haben und entsprechend gepflegt werden. Hier können kleine Rituale hilfreich sein: Kleiderwechsel, eine Kerze, die man am Abend anzündet, ein Glas Wein, mit dem man das Wochenende einleitet usw. Auch Dinge, auf die man sich die ganze Woche freuen kann, der Theater- oder Kinobesuch am Wochenende, die Bergtour mit Freunden, gehören zu einer guten Balance zwischen Arbeit und Freizeit. Und sie tragen dem Umstand Rechnung, dass auch gern verrichtete Arbeit mühsam und in Teilen Pflichterfüllung ist. Eine gute Work-Life-Balance hilft, auch die als Pflicht empfundenen Teile gut und solide zu erledigen.

Seit Jahren werden die Anforderungen an den Beruf durch die Politik immer höher geschraubt. Während auf der einen Seite die Anforderungen an das steigen, was man heute als professionellen Unterricht versteht, werden die Leistungen der Schule im unterrichtlichen Bereich zunehmend evaluiert. Gleichzeitig verändern sich die gesellschaftlichen Rahmenbedingungen. Hinzu kommt die Dynamik in der Informationstechnologie. Es obliegt den Lehrkräften, mit diesen Herausforderungen irgendwie auch noch zurechtzukommen, womit sie natürlich an die Grenzen der Professionalität stoßen. Es liegt deshalb im Interesse des Berufs, zentrale Forderungen – etwa nach Multiprofessionalität in der Schule – auch politisch zu erheben.

3.5 Standes- und bildungspolitische Forderungen

Es gibt nur eins, was auf Dauer teurer ist als Bildung: keine Bildung.
(John F. Kennedy)

Vielfach ist angeklungen, dass an einer Schule nicht alles befriedigend geregelt werden kann, so engagiert auch Kolleginnen und Kollegen sich im Verein mit Schulleitungen darum bemühen mögen, strukturelle und finanzielle Defizite seitens des Staates und der Bildungspolitik zu kompensieren. Es ist deshalb in der Tat notwendig, mit Realitätssinn und Augenmaß, aber beharrlich bestimmte politische Forderungen immer wieder anzumahnen und dafür zu kämpfen. Einige zentrale Postulate seien im Folgenden aufgeführt.

3.5.1 Weiterentwicklung der Lehrerbildung

Schulen sind langfristig angelegte Institutionen. Kurzfristige, nachhaltig wirkende Umsteuerungen sind kaum möglich. Für die Qualität der schulischen Arbeit und ihre zukünftige Wirkung kommt es in besonderer Weise auf die Lehrerbildung an. Die gute Schule lebt von einer guten Lehrerbildung, die in hohem Maße fachlich und pädagogisch ganzheitlich auf die Berufswirklichkeit in ihren vielfältigen Facetten vorbereitet. Es versteht sich von selbst, dass dabei alle Phasen der Lehrerbildung (die primäre Phase: das Studium einschließlich der Praktika, die sekundäre Phase: der Vorbereitungsdienst, die tertiäre Phase im Sinne eines Junglehrermodells) in den Blick genommen werden müssen. Das sollte immer wieder thematisiert und politisch gefordert werden.

3.5.2 Neuregelung der Lehrerarbeitszeit

Das derzeitige Lehrerarbeitszeitmodell ist seit langem schon veraltet und entspricht nicht mehr den Anforderungen an den Beruf. Die Bemessung der komplexen und differenzierten Lehrerarbeitszeit an Deputatsstunden ist in Teilen obsolet. Zum einen ist Unterricht nicht gleich Unterricht, zum anderen werden auf diese Weise andere wichtige Facetten des Lehrerberufs abgewertet. Auch die Aufteilung in Arbeit in der Schule (Unterricht) und Arbeit zuhause (für den Staat billig, für die Lehrkräfte zum Teil angenehm) entspricht nicht mehr den Anforderungen der Profession. Grundsätzlich müssen die politischen Forderungen darauf zielen, die Unterrichtsverpflichtung zurückzufahren – bei gleichzeitiger deutlicher Erhöhung der Präsenz der Lehrkräfte an der Schule. Nur so können die Lehrkräfte den Anforderungen der Profession auch in der Zukunft nachkommen. Nur so lassen sich viele Forderungen, die schon seit längerem im Raum stehen (kollegiales Feedback, Coaching von Schülerinnen und Schülern, Erstellung von Materialien für Lernwerkstätten, Arbeit im Team, intensivierte Kommunikation, Supervision, Elterngespräche etc.), einigermaßen professionell verwirklichen.

3.5.3 Erhöhung der Lehrerzuweisung zum Ausgleich von Fehlzeiten und zur Vermeidung von Unterrichtsausfall

Die Lehrerversorgung oszilliert von Schule zu Schule und innerhalb einer Schule von Jahr zu Jahr um einen Sollwert. Das wird aus unterschiedlichen Gründen auch so bleiben; eine ständig punktgenaue Zuweisung dürfte kaum erreichbar sein. Zu fordern ist eine Erhöhung des Sollwertes deutlich über dem 100%-Wert. Wie in jedem Betrieb gibt es an den Schulen einen permanenten Krankenstand. Hinzu kommen Ausfälle durch Mutterschutz und Elternzeiten, bei denen es in der Regel nicht einfach ist, Ersatz zu finden (das gilt vor allem bei Elternzeiten von relativ kurzer Dauer). Durch Fortbildungen und bestimmte Aktivitäten (Exkursionen, Studienfahrten, Schullandheimaufenthalte) wird die Personaldecke weiter verkürzt. Das führt zum einen zu einem erhöhten Unterrichtsausfall – während die Eltern zunehmend eine höhere Verlässlichkeit der Schule erwarten und einfordern – und zum anderen zu zahlreichen Vertretungsstunden, die die Kolleginnen und Kollegen zusätzlich zu ihrem Alltagsgeschäft bewältigen müssen. Das verdichtet in aller Regel den Vormittag. Eine entsprechende Erhöhung der Sollzahlen würde eine Steigerung von Verlässlichkeit und Qualität der Schule bei gleichzeitiger Entlastung der Lehrkräfte bedeuten.

3.5.4 Weiterentwicklung und Anpassung der Schulgebäude

Schulgebäude sind bisher traditionell darauf ausgerichtet, dass jeweils eine Lehrkraft je eine Klasse unterrichtet. Das ist nicht mehr realitätsgemäß, denn Unterricht und Lernkultur haben sich weiterentwickelt und entwickeln sich auch zukünftig weiter (individualisierende Lernarrangements, kooperatives Lernen, Werkstattunterrichtsformen). Zudem sind Lehrer vermehrt in der Schule präsent und brauchen dort individuelle und gut ausgestattete Arbeitsplätze. Überdies müssen Räume vorhanden sein, die für Einzelgespräche oder Teamsitzungen geeignet sind. Auch die bereits fortgeschrittene Weiterentwicklung der Schulen zu mehr Ganztag erfordert neue Raumkonzepte.

3.5.5 Aufbau von Multiprofessionalität

Die Ausführungen in diesem Buch haben mehrfach gezeigt, dass der Lehrerberuf extrem vielseitig und komplex ist. Die Anforderungen an die Profession, die Erwartungen an die Lehrkräfte sind jetzt schon hoch anspruchsvoll. Die Forderung nach Multiprofessionalität an den Schulen bedeutet nicht, die Komplexität des Lehrerberufs zu reduzieren und die Lehrkräfte auf das Kerngeschäft des Unterrichtens festzulegen, sondern es geht darum, die Professionalität insgesamt durch das Zusammenwirken unterschiedlicher Professionen in der Schule im Interesse der Schülerinnen und Schüler entscheidend zu verbessern. Auf der Agenda muss deshalb stehen, dass Fachkräfte folgender Gebiete an den Schulen präsent sind:

- Sozialpädagogen; in der Aufbauphase zunächst vorrangig an Schulen in sozialen Brennpunkten oder mit einer bestimmten Größe.
- Sonder- oder Förderpädagogen für Schülerinnen und Schüler mit Teilleistungsstörungen oder diagnostiziertem Förderbedarf.
- Unterrichtsassistenten (Unterrichtsassistenz könnte im Übrigen eine sehr interessante Phase im Verlauf eines Lehramtsstudiums sein, die Einführung in den Beruf würde wesentlich ganzheitlicher und mit höherer Beteiligung und Verantwortung stattfinden als etwa in einem Praktikum).
- Medienpädagogen: Jede Schule sollte über ein Selbstlernzentrum verfügen, in dem die Schülerinnen und Schüler unter Anleitung selbstständig arbeiten können. Das Selbstlernzentrum vereint die klassische Schülerbibliothek mit modernen Medien. Die Ausleihe von Büchern sollte möglich sein. Es muss während des Unterrichts und möglichst am Nachmittag zugänglich sein. Selbstlernzentren brauchen eine eigene professionelle Betreuung, die eng mit den Lehrkräften kooperiert.

- Netzwerkbetreuer: Alle Schulen verfügen heute über ein schulisches Netzwerk. Je nach Schulgröße sind zahlreiche PCs, Beamer, Kameras und sonstige Geräte zu warten. Ab einer bestimmten Schulgröße sollte an einer Schule ein entsprechender Techniker vorhanden sein. Es ist nicht einsehbar, dass das eingeschränkte Funktionieren der Technik immer wieder den Unterricht beeinträchtigt oder zu einem zögerlichen Nutzen der vorhandenen technischen Möglichkeiten führt. Ein entsprechender Techniker wäre natürlich auch für die Schulung und Einweisung der Lehrkräfte zuständig.
- Krankenpfleger: Täglich werden an Schulen unzählige Schülerinnen und Schüler krank oder fühlen sich während des Unterrichts unwohl, leiden an Kopfschmerzen etc. Häufig sind die Eltern während des Unterrichtsvormittags nicht oder nur schwer erreichbar und können infolgedessen ihre Kinder nicht abholen. Insofern erscheint es dringlich, an den Schulen zu den Kernzeiten auch eine Krankenpflege aufzubauen.
- Rektoratsassistenten: Auch das Vorhandensein einer Schulverwaltungsfachkraft für Rektorats- oder Schulleitungsassistenz könnte zu einer Entlastung der Lehrerschaft (z.B. durch Reduzierung bürokratischer Aufgaben) beitragen.

3.5.6 Schaffung vergleichbarer informationstechnischer Grundlagen und Gewährleistung der kontinuierlichen Anpassung

Darüber hinaus sollten die informationstechnischen Standards an den Schulen vereinheitlicht werden. Es ist schwer hinnehmbar, dass Kommunen mit größeren finanziellen Spielräumen ihre Schulen deutlich besser ausstatten können als ärmere Kommunen. Die Entwicklung der modernen Medien ist voller Dynamik. Das wird natürlich immer wieder zu Pilotprojekten führen, um Expertise zu gewinnen. Gleichwohl ist es Aufgabe des Staates, an den Schulen für hohe und weitgehend einheitliche und vergleichbare Standards zu sorgen.

Zwei hier nicht gesondert aufgeführte Aspekte sollen ergänzend noch erwähnt werden: Die Ganztagsschule ist ein Trend, der den Veränderungen in der Gesellschaft Rechnung trägt; selbst wenn sie auf Seiten der Lehrerschaft nicht überall gewollt ist, ist sie doch auf dem Vormarsch und zieht damit politische Forderungen nach sich, beispielsweise im Hinblick auf den Aufbau von Multiprofessionalität und die architektonische Weiterentwicklung der Schulen.

Auch die voranschreitende Inklusion – eine Reaktion auf die UN-Behindertenrechtskonvention – stellt die Schulen vor neue Herausforderungen. Auch hier geht es um Fachpersonal und räumliche Anpassungen. Seitens der Schulleitungen und der Lehrerschaft muss gefordert werden, dass die politisch Verantwortlichen auch die professionellen Standards dafür in dem Maße schaffen, wie die skizzierten Entwicklungen voranschreiten.

Im Übrigen sollten Lehrkräfte darauf achten, dass ihre Professionalität durch Kompetenz und Engagement auch öffentlich wahrgenommen wird – nicht nur von Eltern, sondern über die Schule hinaus. Ein stets klagender, chronisch unzufriedener und mit dem eigenen Beruf oder der Klientel hadernder Berufsstand wird nicht positiv wahrgenommen. Entscheidend ist die Seriosität. Nur auf diese Weise können Schulnahe (Eltern) und die Öffentlichkeit auch als Verbündete für zentrale politische Forderungen gewonnen werden. Da sich längst nicht alle zur Diskussion stehenden Forderungen über die Verbände und Berufsvertretungen wirksam einbringen lassen, ist die positive Wahrnehmung und Unterstützung durch die Öffentlichkeit notwendig.

3.6 Mit Fehlern konstruktiv umgehen – zur Fehlerkultur in der Schule

Wir helfen einem Menschen mehr, wenn wir ihm ein günstiges Bild seiner selbst vorhalten, als wenn wir ihn unablässig mit seinen Fehlern konfrontieren.
(Albert Camus)

Man muss eine Tür aufzustoßen versucht haben, ehe man erkennen kann, dass sie uns verschlossen ist.
(Michel de Montaigne)

Erfahrung nennt man die Summe aller unserer Irrtümer.
(Thomas Alva Edison)

Beschäme niemals einen Menschen, so töricht und unwissend er auch sein mag.
(Charles Kingsley)

Wenn jeder Fehler angemerkt wird, hört jeder Umgang auf.
(Indischer Spruch)

Das Streben nach Wahrheit ist köstlicher als deren gesicherter Besitz.
(Gotthold Ephraim Lessing)

Fehler sind Stufen, auf denen Kluge emporsteigen.
(Blaise Pascal)

„Lernen ist schmerzhaft" lautet der Titel eines Buchs von Fritz Oser und Maria Spychiger (2005), das sich einer an Schulen zu etablierenden Fehlerkultur widmet. Die Erfahrung des schmerzhaften Lernens ist für Schülerinnen und Schüler allerdings kaum im lehrergeleiteten Unterricht zu machen, sondern erst dann, wenn sie selbst versuchen, komplexere Sachverhalte zu durchdringen oder zu rekonstruieren. Hierbei können sie auf Holzwege geraten oder auf Scheinlösungen bzw. vorschnelle Antworten stoßen, die den weiteren Erkenntnisfortschritt hemmen oder der Überprüfung nicht standhalten. Betroffen sind also alle Formen des forschenden Lernens. Fehler und schmerzhafte Durststrecken, wenn sich die Lösung nicht gleich einstellt, sind ein unvermeidliches Korrelat der Neugier. Allerdings ist der Lohn der Mühe groß: Die Ergebnisse sind authentisch, in einem mühsamen Konstruktionsprozess entstanden, nicht nur etwas Auswendiggelerntes. Diese Art des vertieften Lernens gilt es, an den Schulen wo immer möglich zu kultivieren. Das Interesse an den vielleicht falschen oder irreführenden Denkwegen muss hierbei zur Neugier der Lehrer gehören, genauso wie die nur zurückhaltende (wenn auch immer aufmunternde) Begleitung und behutsame Korrektur durch die Lehrkräfte.

Fehler tauchen auch im normalen Unterricht und bei Hausaufgaben auf. Nicht immer sind sie das Ergebnis von Neugier und intensiver Arbeit der Schülerinnen und Schüler, sondern zeigen oft einfach ein vorschnelles falsches Verständnis, manchmal aber auch originelle Denkwege. Damit sind sie für Lehrkräfte wichtige Indikatoren im Hinblick darauf, wie ihre bisherigen Ausführungen von den Schülerinnen und Schülern aufgenommen wurden, welche Missverständnisse sie vielleicht ausgelöst haben. Fehler sind also selten mutwillig und sollten daher keine moralisch-enttäuschte Reaktion der Lehrkraft nach sich ziehen („Warum hast du das immer noch nicht begriffen?!"), sondern darauf abgeklopft werden, was sie über eventuelle Verständnisprobleme aussagen. Diese betreffen häufig nicht nur einen Einzelnen (wobei auch das schon eine hilfreiche Erkenntnis sein kann), sondern möglicherweise eine ganze Reihe von Schülerinnen und Schülern. Anstatt bloßstellend sollte also die Lehrkraft den Fehler konstruktiv aufgreifen und – im Sinne von adaptivem Unterricht – als Gelegenheit für eine erneute, modifizierte Erklärung nutzen oder die Schülerinnen und Schüler um nochmaliges Nachdenken nach veränderter Hilfestellung bitten. So können Fehler zu wichtigen Lerngelegenheiten werden.

Natürlich kann es auch zu provokativen Fehlern oder zu Fehlern aus Faulheit kommen. Mit ihnen ist selbstverständlich anders – aber auch hier nicht bloßstellend – umzugehen. Und selbstverständlich stellt sich auch hier die Frage: Was ist der Hintergrund der Provokation? Wie kann der Faulheit, dem dahinterstehenden Desinteresse, der fehlenden Neugier und Motivation möglicherweise begegnet werden.

Es gibt wenig vorgefertigte Schemata, wie mit Fehlern auf Lehrerseite – egal welcher Art – umzugehen ist. Sie lösen im Idealfall ein Handeln ins Ungewisse, eine Art experimentelles Vorgehen aus, das seinerseits sehr fehleranfällig ist (Versuch und Irrtum). Das gilt es auszuhalten. Fehler sind großzügig – und vielleicht mit Humor – einzugestehen. Die Schüler können in die Reflexion und Analyse einbezogen werden („Meine Absicht war, aber das hat nicht geklappt ...", „Wie könnte man das das nächste Mal besser machen?", „Warum hat mein Ansatz nicht weitergeholfen?").

4 Hintergrund: Schultheorie und Schulentwicklung

Unter Bildung verstehe ich den notwendigen und wünschenswerten Vorgang, im Laufe dessen wir erstens unsere Anlagen, also unsere Person, entfalten, zweitens taugliche Bürger werden und drittens an unserer historischen Lebensform, also unserer Kultur, teilhaben als deren erfreute Nutzer und erfreuliche Fortzeuger und Kritiker.
(Hartmut von Hentig)

4.1 Wozu ist die Schule da? – Funktionen, Prozesse, Ziele[19]

Die tägliche Arbeit von Schulen ist von vielfältigen, zum Teil sich widersprechenden oder gar ausschließenden Erwartungen geprägt, die historisch – im Wesentlichen seit der Mitte des 19. Jahrhunderts – gewachsen sind. Dass die Akteure – nicht nur die Akteure in der Schule, sondern auch Bildungspolitiker und Bildungswissenschaftler – sich der Vielfalt dieser Interessen und Erwartungen in der Regel nicht bewusst sind, trägt nicht zur Vereinfachung des Systems bei und bringt gelegentlich auch nicht intendierte Nebeneffekte hervor.

Ausgehend von der naiv erscheinenden Frage, wozu die Schule eigentlich da ist, will ich im Folgenden zunächst unterschiedliche, sich teils widersprechende Funktionen von Schule vorstellen. In einem zweiten Schritt werden einige Prozesse näher beschrieben, die in jeder Schule – zutiefst ineinander verwoben und unauflösbar verschlungen – ablaufen. Schließlich soll in einem dritten Schritt ein Blick auf mögliche Ziele geworfen werden, die mit den Funktionen eng verbunden sind. Diese schultheoretischen Überlegungen führen – wie wir sehen werden – zu einem sehr disparaten Bild von Schule.

4.1.1 Schulische Funktionen

Unabhängig von der Frage der Schulart kommen der Schule in der Gesellschaft unterschiedliche Funktionen zu bzw. werden ihr zugeschrieben. Acht dieser Funktionen werden vorgestellt und zueinander in Beziehung gesetzt. Schnell zeigt sich dabei, dass die Schule eine sehr vielschichtige, multivalente Einrichtung ist.

Entfaltung der Persönlichkeit

Fragt man Lehrkräfte, wozu die Schule eigentlich da sei, antworten sie gern – und oft mit einem Anflug von Befremden ob der ungewohnten und banal wirkenden Frage –, sie sei für die Schülerinnen und Schüler da. Schule helfe ihnen, ihre Persönlichkeit zur Entfaltung zu bringen. Sie biete die Gelegenheit zur Ausreifung individuell angelegter Begabungen. Sie ermögliche den Schülerinnen und Schülern im späteren Leben durch die vermittelte Bildung eine umfängliche Teilhabe.

19 Dieses Kapitel folgt in enger Anlehnung den Ausführungen in Baumann/Götz 2016.

Enkulturation

Im weitesten Sinne geht es hierbei um die Selbstvermittlung der Gesellschaft im Hinblick auf ihre Verfasstheit und die sie leitenden und zusammenhaltenden Werte, wie sie im Falle der Bundesrepublik z. B. im Grundgesetz niedergelegt sind und sich in der vielfältigen kulturellen Praxis (u. a. auch in Kunst, Theater, Literatur etc.) niederschlagen. So soll in der Schule in die freiheitlich-demokratische Grundordnung eingeführt und sollen diese Grundwerte reflexiv vermittelt werden (etwa im Politikunterricht). Die jungen Menschen sollen Werte wie Achtung der Menschenwürde, Gerechtigkeitsprinzipien, Fairness und Toleranz (gegenüber Menschen mit anderer Prägung, anderer Herkunft, anderer Religion) und Verantwortung in ökologischer oder globaler Hinsicht in ihrer Genese (Tradition der Aufklärung mit ihren christlich-humanistischen Wurzeln) übernehmen. Enkulturation hat dabei nicht nur einen gesellschaftlich-erzieherischen Aspekt, sondern schafft in hohem Maße auch Teilhabefähigkeit. Man lernt, sich angepasst, nicht (negativ) auffallend und souverän in einer Gesellschaft zu bewegen – eine zentrale Leistung der Schule, an der neben der Schule natürlich auch die Familie nicht unmaßgeblich beteiligt ist.

Entwicklung des Humankapitals

Die Wettbewerbsfähigkeit eines Landes beginnt
nicht in der Fabrikhalle oder im Forschungslabor.
Sie beginnt im Klassenzimmer.
(Henry Ford)

In der Schule geht es auch um die Entwicklung des Humankapitals. Dabei wird die Schule nicht aus der Perspektive des einzelnen Schülers und der harmonischen Entfaltung seiner Persönlichkeit gesehen, sondern aus ökonomisch-volkswirtschaftlicher Perspektive. Bei Schülerinnen und Schülern handelt es sich in dieser Sicht um zu entwickelndes Humankapital. Der Staat steht ständig vor der Herausforderung, durch eine entsprechende Schulbildung die Grundlagen für den Fortbestand und Wohlstand der sich demografisch wandelnden Gesellschaft in einer globalisierten Welt zu schaffen. Alle Begabungsressourcen sollen bestmöglich entwickelt und verfügbar gemacht werden. Deshalb gibt es auch die Schulpflicht. Schule ist damit eine Reproduktionsagentur, die sich in hohem Maße rentiert (gute Schule rechnet sich, schlechte Schule rächt sich). In diesem Paradigma ist Bildung ein Wachstumsfaktor. Investitionen in Bildung sind Zukunftsinvestitionen mit der Erwartung eines Return on Investment.

Allokation

Dass Schülerinnen und Schüler sehr unterschiedlich sind und sein sollen, ist selbstverständlich und gesellschaftsförderlich. Im Laufe der Schulzeit sollen ihre Begabungen und Stärken nicht nur zum Vorschein kommen, sondern gezielt entfaltet und gefördert werden. Unter Allokationsgesichtspunkten wird davon ausgegangen, dass sich so anbahnt, dass der einzelne später dort seine Arbeit tut, wo seine Kompetenzen liegen. Allokation zielt auf die fachliche und funktionale Passung in die spätere Arbeitswelt.

Selektion

Mit Selektion ist die hierarchische Zuordnung nach der Schulzeit entsprechend den schulischen Abschlüssen bzw. Leistungen gemeint. Zu diesem Zweck vergibt die Schule Noten.

Eltern antizipieren die Selektionsfunktion der Schule insofern, als sie soziale Distinktion anstreben und sich daher um eine hochwertige schulische Platzierung ihres Kindes bemühen. Dabei spielen gelegentlich auch die institutionelle Form der Schule (z.B. lieber eine private, z.B. kirchliche, als eine staatliche Schule), die Schulart (z.B. lieber ein Gymnasium als eine Gemeinschafts- oder Realschule), bestimmter Züge (z.B. lieber ein altsprachlich-humanistischer als ein neusprachlicher oder naturwissenschaftlicher Zug), die Auswahl oder Abfolge der zu erlernenden Fremdsprachen (lieber Latein statt Französisch) und die Inanspruchnahme von Nachhilfe eine große Rolle.

Für die Schülerinnen und Schüler sind in der Regel derartige Zusammenhänge erfreulicherweise bis in die Oberstufenklassen hinein noch sehr weit weg und wenig relevant. Aus einer leistungsorientierten Perspektive gilt ihr schulisches Verhalten (oft auch zum Leidwesen der Eltern) daher häufig als suboptimal.

Schule als Treffpunkt

Die Attraktivität der Schule ergibt sich aus der Perspektive der Schülerinnen und Schüler in hohem Maße dadurch, dass sie auch ein Treffpunkt der Kinder und Jugendlichen ist. Hier werden zahlreiche Beziehungen und Freundschaften gepflegt. Im großen Organismus der Schule gibt es unzählige kleine und bedeutsame Beziehungsgeflechte. Jeden Tag werden tausende von Neuigkeiten ausgetauscht. Man trifft sich, man zeigt sich. Man erprobt sich. Man lernt seine Wirkung auf andere und in der sozialen Gemeinschaft kennen. Meist hat man seine Freundschaften an der Schule. Sie ist ein Kosmos der Jugendlichen. Das Ganze ist wunderbar organisiert. Busse bringen einen dorthin. Die Räume sind im Winter beheizt. Natürlich sind die Pausen nicht ausreichend. Häufig sind die Schülerinnen und Schüler noch während des Unterrichts im Kommunikations- oder Treffpunktmodus, während die Lehrkräfte sich ausschließlich im Unterrichtsmodus bewegen wollen, was natürlich nicht konfliktfrei zusammengeht.

Aufbewahrung

Und dann müssen wir noch Schulen einführen, um die Kinder aus dem Weg zu schaffen: der eigentliche Zweck von Schulen.
(Karl Popper)

Schulen sind auch ein Aufbewahrungsort für Menschen (Kinder und Jugendliche durchaus bis zum Alter von 18 Jahren), die die Gesellschaft (der Arbeitsmarkt) noch nicht braucht. Man stelle sich nur einen mehrwöchigen kompletten Unterrichtsausfall vor. Womit wären die Schülerinnen und Schüler beschäftigt? Wer würde sie beaufsichtigen? Eltern könnten nicht mehr wie selbstverständlich (und notwendig) zur Arbeit gehen. Der augenblickliche und sicher kaum umkehrbare Trend zur Ganztagsschule unterstreicht diese elementare Bedeutung von Schule als Aufbewahrungsort.[20] Lehrkräfte werden als Fachlehrer ausgebildet und meinen oft, sie würden im Wesentlichen für ihre fachunterrichtliche Tätigkeit bezahlt. Das mag wohl sein, genauso richtig ist aber, dass sie für ihre kustodialen Funktionen bezahlt werden. Sie beschäftigen und beaufsichtigen – möglichst sinnvoll – die Schülerinnen und Schüler, während sie unterrichten. Sie üben während ihres Unterrichts (anders etwa als an einer Universität) und darüber hinaus eine Aufsichtsfunktion aus. Schülerinnen und Schüler dürfen sich nicht unerlaubt aus dem Unterricht entfernen.

Initiation

Nicht für das Leben, sondern für die Schule lernen wir.
(Seneca)

Eine im Allgemeinen und vor allem im täglichen Geschäft wenig bewusste und reflektierte Funktion von Schule ist die der Initiation – eine Funktion, die im weitesten Sinne auch unter die Enkulturationsfunktion gerechnet werden könnte, hier aber nicht ohne Absicht gesondert aufgeführt wird. Grundsätzlich gibt es diese Funktion in jeder Gesellschaft. Sie ist in hohem Maße vorrational und konterkariert vielfach ausgeprägt das, was man vernünftiger Weise mit Schule in ihrer idealen Bedeutung assoziiert. Während Schule vielfach zu einem Hort der Bildung und des bedeutungsvollen Lernens von wichtigen Inhalten für Leben und Beruf hochstilisiert wird, erscheint sie unter dem Blickwinkel der Initiation als Ritual, als ein Ort des ganz anderen Lernens. Nicht die Inhalte an sich sind wichtig, sondern der eigentliche Ertrag besteht darin, die ungeschriebenen Ge-

20 Während noch bis weit ins 19. Jahrhundert die Schulpflicht vor allem in ländlichen Räumen die Kinder dem häuslich-landwirtschaftlichen Betrieb als wichtige Arbeitshilfe entzog und deshalb mühsam durchgesetzt werden musste, hat sich die Situation heute ins Gegenteil verkehrt: Kinder und Jugendliche werden weder im Haushalt noch auf dem Arbeitsmarkt gebraucht.

setze gelernt, die Zeit der Schule und alle ihre Prüfungen und Schikanen bestanden zu haben. Nur mit dem Absolvieren der Schule und ihrer Abschlüsse gehört man richtig dazu. Mit Initiationsritualen verbinden sich in allen Gesellschaften unhinterfragte Formalismen sowie Zumutungen an die Ritualteilnehmer – beispielsweise die Zumutung, einer Gruppe über einen längeren Zeitraum zwangsweise zugeteilt zu sein, die man nicht selbst ausgesucht hat. Eine andere Zumutung besteht darin, fremdgesetzte und auferlegte Pflichten (pünktlicher und früher Beginn, Hausaufgaben, Klausuren, Schulpflicht) zu erfüllen und Bewertungen (leistungsmäßige Einsortierung, Verhaltensbeurteilungen) über sich ergehen zu lassen. Die Liste dieser teils inhumanen, jedenfalls nicht am einzelnen Schüler, seinen Bedürfnissen und seinem individuellen Fortschritt orientierten und wenig aufgeklärt anmutenden Zumutungen ließe sich fortsetzen. Es gibt offensichtlich so etwas wie einen archaischen Unterstrom der Schule. Der Gegensatz zu häufig idealisierten Leitbildern guter Schulen könnte kaum größer sein. Dennoch ist diese Unterströmung massiv präsent. Häufig wird Schülerinnen und Schülern (nicht nur von Eltern) signalisiert, dass sie das Gelernte gerne nach der Klausur wieder vergessen könnten, aber sie sollten sich bitte für die Klausur anstrengen, schließlich gehe es um Noten. Auch Lehrkräfte tun dies, wenn sie mit ihrem Unwissen in den Fächern, die sie nicht unterrichten, gelegentlich kokettieren. Auf diese Weise werden Jugendliche im Sinne eines hidden curriculum in die Gesellschaft und ihre oft unausgesprochenen Regeln eingeführt. Damit stabilisiert sich die Gesellschaft[21]; die gleichen Regeln werden von der neuen Generation an die zukünftige weitergegeben. So werden die unausgesprochenen Regeln des richtigen Dazugehörens gelernt und transportiert.

Zu diesen vielfältigen Funktionen der Schule, wie sie hierüber genannt wurden, mag man im Einzelnen stehen, wie man will. Man mag sie kennen oder nicht, man mag sie gut finden oder sich empören – sie sind doch präsent und wirksam, also wirklich. Teilweise verstärken sich einzelne Funktionen untereinander, andere hemmen oder lähmen sich gegenseitig. Das ist die Wirklichkeit der Schule, das ist ein Aspekt ihrer Komplexität, die kein einzelner – auch kein Schulleiter, auch kein gemeinsam entschlossenes Kollegium – zu ändern vermag. Allerdings schafft erst die Kenntnis ein Wissen um die Grundbedingungen schulischer Tätigkeit und damit die Möglichkeit der Reflexion, aus der Handlungsmöglich-

21 „Schließlich haben wir alle im Lauf unseres Lebens eine Reihe von ‚Disziplinaranstalten' durchlaufen und tun es noch – vom Kindergarten bis zum Job, aber das ist uns als ‚Erziehung', ‚Bildung', ‚Entwicklung', ‚Qualifizierung', ‚Kompetenzerwerb', ‚lebenslanges Lernen' usw. so selbstverständlich, dass wir uns nicht vorstellen können, dass das alles erstens nicht ‚Natur' und zweitens historisch ziemlich neu ist. … Die Geschichte der Zurichtung der Menschen zu Arbeitskräften lässt sich als Verinnerlichung äußerer Zwänge beschreiben: dass die Arbeiter zu Beginn der Industrialisierung mit der Peitsche zur Arbeit geprügelt werden mussten und sich nur schwer dem Takt der Maschinen fügen wollten, scheint heute fast unvorstellbar. Nur in der Pubertät, der Lebensphase der größten Intelligenz, dämmert vielen auch heute noch die Frage auf, wozu denn das mit dem Arbeiten und so bitte alles gut sein soll? Aber das ist, im Angesicht der großen Aufgabe, ‚etwas aus sich zu machen', dann bald vergessen." (Welzer 2016, S. 48)

keiten, Optionalitäten erwachsen. Zwar ist die Komplexität nicht reduzierbar, denn es handelt sich um gesellschaftliche Funktionen und Zuschreibungen, und einzelne Funktionen können nicht aufgehoben werden, so widersprüchlich und kontraproduktiv sie sein mögen. Aber es besteht die Möglichkeit, in dieser Komplexität Akzente zu setzen, indem man bestimmte Funktionen stärkt und andere schwächt.

4.1.2 Prozesse in der Schule

Die Schule erfüllt, wie wir gesehen haben, unterschiedliche Funktionen. Sie realisieren sich in verschiedenen Prozessen, die es ebenfalls zu kennen gilt. Auch hier ist es wichtig, sich der Vielschichtigkeit bewusst zu sein, um Grenzen und Spielräume auszuloten. Hier sind es wohl eher die Grenzen, die sich zeigen, aber ihre Kenntnis kann eine wichtige, entlastende Funktion für die Lehrkräfte haben.

Vier solche Prozesse, sozusagen von unbewussten Vorgängen bis zum selbstbestimmten Arbeiten aufsteigend, lassen sich identifizieren.

Sozialisation

Nichts macht auf die Menschen einen sanfteren
und tieferen Eindruck als das Beispiel.
(John Locke)

Sozialisation findet ständig statt. Wann immer Menschen zusammen sind, wirken Menschen aufeinander ein und etablieren sich – oft unausgesprochen und unbewusst – gewisse Regeln. Das gilt in besonderer Weise auch in Schulen. Schulen sind komplexe Gebilde, sie sind hoch organisiert, haben ihre eigene Gesetzmäßigkeit, arbeiten mit klaren Rollenverteilungen und Rollenerwartungen, in den Klassen entstehen sehr schnell Rollenzuschreibungen. Die Kinder und Jugendlichen sind in einer sehr prägbaren Lebensphase. Die stillschweigende Suche nach Rollenklarheit, Selbstdefinition und die Verortung in einer sozialen Gemeinschaft kennzeichnen die Adoleszenz. Regeln des Zusammenlebens werden im Großen und Ganzen sehr schnell verinnerlicht.

Sozialisationsprozesse laufen im Wesentlichen unbewusst ab. Sozialisation korreliert in hohem Maße auch mit der Initiationsfunktion der Schule. Das bedeutet erstens, dass auch ungeschriebene (vielleicht nicht einmal bewusst gewollte) Regeln der Schule übernommen werden, und zweitens, dass sich widersprechende Regeln (z. B. Regeln verschiedener Lehrkräfte, unterschiedliche Regeln der Schulleitung und der Lehrerschaft oder unterschiedliche Regeln der Lehrer und in der Schülerschaft) mit völlig unkalkulierbarer Wirkung vermengen. Auch die oft wenig beeinflussbare Dynamik in Klassen oder Kleingruppen (Cliquen) wirkt in hohem Maße sozialisierend. Die Liste schulisch wirksamer Sozialisation ist lang: Sie reicht vom schulischen Umgangston über die Art, wie Klassenarbeiten zurückgegeben werden und wie mit gemachten oder nicht gemachten Hausaufgaben umgegangen wird, über den Umgang mit bzw. die Sanktionierung bei Disziplinproblemen und die Handhabung von Konflikten und Beschwerden bis hin zur Art, wie man sich wahrnimmt und grüßt und wie man an der Lehrerzimmertür empfangen wird, aber auch bis hin zu architektonischen Botschaften und den Standards bei der Reinigung. Die Botschaften, die dabei ausgesandt werden, sind selten einheitlich: Zu unterschiedlich sind die Praxis und das Verhalten der Lehrer, zu verschieden sind die Effekte in einzelnen Klassen. Sozialisation an der Schule ist nicht gezielt und schon gar nicht umfassend planbar. Gleichwohl sollte eine Schule sich Mühe geben, ihre sozialisierende Wirkung zu kennen und auf sie Einfluss zu nehmen. Man sollte aber auch die engen Grenzen der Beeinflussbarkeit kennen und realisieren, dass damit auch Vorteile verbunden sind (Pluralitätserfahrung für die Schülerinnen und Schüler, Selbstfindungs- und Selbstdefinitionsmöglichkeit, Handlungsmächtigkeit und Wirksamkeit der Schülerinnen und Schüler).

Erziehung

Erziehung ist die Hilfe zum Selbstwerden in Freiheit.
(Karl Jaspers)

Jedes Wissen schadet dem, der kein Wissen vom Guten hat.
(Michel de Montaigne)

Erziehung wirkt nicht so im Verborgenen wie Sozialisation. In Abgrenzung von dieser kann man Erziehung als den gezielten Versuch beschreiben, sozialisatorisch Einfluss zu nehmen und prägend zu wirken. Neben bzw. gemeinsam mit dem Elternhaus hat auch die Schule einen klaren Erziehungsauftrag. Die Grundorientierung für den schulisch-gesellschaftlichen Erziehungsauftrag kann man aus den im Grundgesetz und in den Landesverfassungen niedergelegten Grundwerten ableiten – unbeschadet der Verpflichtung zu weltanschaulicher Neutralität.

Allerdings wird über die bewusste Wahrnehmung des schulischen Erziehungsauftrags an den Schulen eher wenig reflektiert. Schon die Ausbildung der Lehrkräfte zielt eindeutig auf ihre fachliche und didaktische Kompetenz. Gelegentliche Auseinandersetzungen zu Erziehungsfragen finden dann während der Ausübung des Berufs vorwiegend aus Anlass von Krisenfällen oder im Rahmen von Leitbildprozessen statt. Dabei bleibt eine offene Frage, wie stark erziehungsbezogene Leitbildformulierungen tatsächlich auf das entsprechende Verhalten der Lehrkräfte in konkreten Situationen Einfluss haben. Klar ist auch, dass die erzieherischen Möglichkeiten mit fortschreitendem Alter der Schülerinnen und Schüler abnehmen – mit anderen Worten: Die Erziehbarkeit verringert sich.

Sozialisation und Erziehung zielen auf im Prinzip nicht-kognitive Lernprozesse. Es wird also nicht das sog. deklarative Gedächtnis (Wissen, was; reproduzierbares Wissen) angesprochen. Vielmehr geht es um das prozedurale oder implizite Gedächtnis. Lernen durch sich wiederholende Muster (Regelübernahme) und am Vorbild (wobei neben den Lehrkräften insbesondere auch ältere Schülerinnen und Schüler, z. B. Verantwortliche aus der SMV, als Vorbilder fungieren können) und in spezifischen Arrangements (z. B. Klassenrat, Vollversammlungen/ Schülerparlament) spielen hier eine besondere Rolle, während die dominierenden klassischen Unterrichtssituationen vermutlich noch wenig erzieherisch wirken (sehr häufig stehen in der unterrichtlichen Aktion disziplinarische Aspekte zur Gewährleistung des geplanten Unterrichtsablaufs im Vordergrund).

Kognitives Lernen

Man erstickt den Verstand der Kinder unter einem Ballast unnützer Kenntnisse.
(Voltaire)

Schule und Lernen im Sinne von Wissens- und Horizonterweiterung hängen aufs Engste miteinander zusammen. Was Schulen – hauptsächlich weiterführende Schulen – prägt und auszeichnet, womit Schulen auch von Eltern und der Öffentlichkeit schlechterdings assoziiert und von politischer Seite immer wieder identifiziert werden, ist das kognitive Lernen (Erweiterung des Wissens). Bildungspläne heißen zwar Bildungspläne, ihre Quantität verdankt sich aber schlicht und einfach dem zu lernenden Stoff. Und tatsächlich wird in einer Schule im Laufe der Jahre viel gelernt. Dieser Vorgang korrespondiert in hohem Maße mit der Reproduktionsfunktion der Schule (wobei kritisch zu fragen bleibt, welches Wissen denn dafür elementar ist). Lehrerinnen und Lehrer werden während ihrer Ausbildung – in der ersten Phase schwerpunktmäßig fachlich, in der zweiten didaktisch – darauf vorbereitet. Überblickt man die Entwicklung der Schulen in den zurückliegenden 25 Jahren, so fällt insbesondere die Erweiterung der didaktisch-methodischen Kompetenz der Lehrkräfte auf; im gleichen Zeitraum hat sich auch das Übergangsverhalten auf die weiterführenden Schulen drastisch verändert. Lehrkräfte verfügen heute über ein breites Wissen, wie Stoff didaktisch aufbereitet werden kann (Darstellung der Sinnhaftigkeit des zu Lernenden, Herstellung lebensweltlicher Bezüge, Reduzierung und Fokussierung des Stoffs, Handlungsorientierung) und über hervorragende methodische Kompetenzen (Lernzirkel, Lernpläne, Werkstattunterricht, sehr elaborierte und differenzierende Gruppenarbeitsformen, kooperatives Lernen etc.).

Der kognitive Lernerfolg der Schülerinnen und Schüler wird in Klassenarbeiten und Tests, durch zahlreiche mündliche Bewertungen und teilweise durch zentrale Testverfahren (Lernstand 5, VERA 8) gemessen. In der Regel gibt es dafür Noten, die mit der Selektionsfunktion der Schule korrespondieren. Das allerdings hat systemische Rückwirkungen auf das Lernen: Es gibt an jeder Schule eine breite Tendenz zum Lernen für den Zweck, Nachteile (schlechte Noten, Ärger mit Eltern und Lehrern etc.) zu vermeiden (learning to the test) bzw. Vorteile zu erlangen (gute Noten, Belohnung, angesehene Position in der Klasse etc.). Hieraus ergibt sich eine Art Spirale: Der zu vermittelnde Stoff muss immer noch motivierender und anregender vermittelt werden, um die Schranken des sogenannten defensiven Lernens zu überwinden. Die Erfolge sind bescheiden. Verschiedene Autoren weisen auf die extrem hohe Vergessensrate des gelernten Stoffes einige Jahre nach den Abschlussprüfungen hin (vgl. Roth 2011, S. 297) – dieser Effekt korrespondiert mit der Initiationsfunktion: Wichtig ist nicht der gelernte Stoff an sich, sondern das alles durchgemacht und den Abschluss geschafft zu haben. Andere Forscher vermissen beim Lernen die nötige Tiefe bzw. beklagen die kognitive Schlagseite des schulischen Lernens (vgl. Nida-Rümelin 2013, S. 11, 232). Man tut sich schwer, bei dieser Art schulischen Lernens, die einen wesentlichen Teil der schulischen Prozesse ausmacht, von Bildung zu reden.

Bildung als Prozess

Ich behaupte nun: Erziehung ist sich erziehen, Bildung ist sich bilden.
(Hans-Georg Gadamer)

Bildung ist ein hochrangiges Ziel von Schule. Doch ist Bildung auch ein an den Schulen beobachtbarer Prozess? Zunächst ist festzuhalten, dass Bildung ein hoch komplexer und wohl auch sehr diffuser Begriff ist (vgl. Baumann 2012, S. 20 f.). Mal wird er gebraucht, um das Wissen eines Menschen zu würdigen („Frau X ist eine hoch gebildete Person."), mal denkt man eher an die vollendeten Umgangsformen einer Person („Herr Y ist ein wahrhaft gebildeter Mensch."). Der Begriff wird situativ sehr unterschiedlich verwendet, wahrscheinlich lebt er von seinem schillernden Charakter, seiner Vieldeutigkeit und seinem impliziten Anspruch auf Ganzheitlichkeit.

Bildung soll hier nicht als ein Ergebnis angeschaut werden, sondern – in Rekurs auf Humboldt (vgl. Baumann 2014, S. 6) – als Prozess der Selbstbildung und in näherer Eingrenzung als eigenmotiviertes, an der Sache interessiertes kognitives Lernen, das aber im schulischen (und natürlich auch außerschulischen) Kontext vielfältig angeregt und gefördert werden kann.

Täglich findet in jedem Unterricht auch Selbstbildung statt. In jeder Klasse gibt es einige – leider manchmal wenige – interessierte Schülerinnen und Schüler. Sie bringen Interesse am Thema mit und verfügen meist schon über erhebliches Vorwissen, das oft aus außerschulischen Kontexten (Familie, Bücher, Internet, Fernsehen etc.) stammt. Die elaborierte didaktische Aufbereitung des Stoffs wirkt auf diese interessierten und sich selbst bildenden Schüler gelegentlich sogar hinderlich: Sie interessiert der Stoff. Sie können ganz andere Pensen bewältigen. Manchmal wissen sie schon kurz nach Beginn einer Stunde, was Ergebnis und Ertrag sein wird – und langweilen sich dann (zur Langeweile in der Schule vgl. Götz/Baumann 2015, S. 4). Im Unterricht sind sie die bevorzugten Gesprächspartner der Lehrkräfte. Häufig tragen sie zum positiven Selbstwirksamkeitsgefühl der

Lehrerinnen und Lehrer bei, was trügerisch sein kann, wenn dabei die meist größere Gruppe der Uninteressierten ausgeblendet wird, die sich nicht aus eigener Initiative am Unterricht beteiligen. Es bleibt also festzuhalten, dass ein (meist kleinerer) Teil der Schülerinnen und Schüler einer Klasse den Unterricht als Chance der Selbstbildung nutzt, zumindest in den favorisierten Fächern (dass dies in sämtlichen Fächern geschieht, ist extrem selten). Währenddessen bringt der in der Regel größere Teil der Lerngruppe keine Eigenmotivation für die aktuelle Thematik mit und muss sehr aufwändig an das kognitive Lernen herangeführt werden. Dies bereits für Bildung zu halten, kann ein Trugschluss sein.

Man kann zusammenfassend sagen, dass Schulen auch auf der Prozessebene eine hohe Komplexität aufweisen und von Widersprüchlichkeiten oder vielfältigen Unterströmungen geprägt sind. Auch im Hinblick auf die Prozesse, die ja mit einzelnen Funktionen korrespondieren, gilt, dass sie den schulischen Akteuren in ihrer täglichen Praxis und meist auch bei wichtigen Entscheidungen zur Schulentwicklung nicht bewusst sind. Hierbei handelt es sich um ein Professionsdefizit, das Optionalität einschränkt.

4.1.3 Ziele von Schule

Wenn Funktionen, wie wir gesehen haben, kollektive gesellschaftliche Zuschreibungen an die Schule sind, wird es niemanden mehr überraschen, dass auch im Hinblick auf die öffentlich formulierten Ziele von Schule alles andere als abschließende Klarheit herrscht. Das möchte ich im Hinblick auf die weiterführenden Schulen, insbesondere das Gymnasium, zeigen. Hier sind es vorwiegend drei Ziele, die – teilweise je nach Bedarf und Gesprächspartner – in Stellung gebracht werden.

Bildung als Ziel

Bildung kann sowohl als schulischer Prozess wie auch als ein Ziel von Schule aufgefasst werden – auch das trägt zum schillernden Charakter dieses Begriffs bei. Als Prozess und Ziel korrespondiert Bildung in hohem Maße mit der Funktion der Persönlichkeitsentfaltung. Bildung als Ziel von Schule wird meist als ganzheitliche und – um Humboldt zu zitieren – als „proportionirlichste" Entfaltung der Persönlichkeit verstanden. Dann beinhaltet der Begriff meist auch die Charakterbildung. Irgendwie hofft man, dass ein längerer Bildungsgang auch eine ganzheitliche Bildung, die des Charakters eingeschlossen, hervorbringt. Dieser Ansatz ist so falsch nicht, hat aber nicht viel mit der Schule und ihrer Arbeit zu tun. Elternhaus, Umwelt, Medien usw. sind neben der Schule maßgeblich prägende Akteure.

Allgemeinbildung als Ziel

Nichts macht den Menschen argwöhnischer, als wenig zu wissen.
(Francis Bacon)

Etwas konkreter gefasst und sehr eng mit dem Wissensaufbau, dem Lernen und Verstehen von fachlichen Inhalten und ihrer Vernetzung verbunden ist der Begriff der Allgemeinbildung. Allgemeinbildung ist dezidiert der Auftrag der weiterführenden Schulen. Das Gymnasium soll dabei sogar eine breite (quantitativ: mehr Wissen, mehr Überblick) und vertiefte (qualitativ: Erkenntnis von Strukturen und Zusammenhängen) Allgemeinbildung vermitteln, nach Möglichkeit im Sinne von Kompetenzorientierung. Damit liegt der Fokus auf dem Wissen und fachlichen Können, auf dem innerhalb der Fächer zu Lernenden. Etwas einseitig wird auch die Leistungsorientierung der Schulen am Gelernten bzw. der fachlichen Kompetenz festgemacht. Natürlich herrscht dabei die Hoffnung, dass das Lernen von bestimmten Inhalten eines Faches zu einer zunehmend eigenverantwortlichen Auseinandersetzung mit diesen Inhalten und Fragestellungen führt. So ging beispielsweise Humboldt, der diesen Ansatz stark geprägt hat, davon aus, dass beim Lernen des Griechischen durch die Lektüre antiker Autoren eine exemplarische Auseinandersetzung mit den Grundfragen des Lebens und die Ausprägung einer humanen Grundhaltung – also Charakterbildung – stattfindet. Heute besteht die Hoffnung, dass beispielsweise ein guter Gemeinschaftskundeunterricht über die freiheitlich-demokratische Grundordnung wesentlich dazu beiträgt, dass die Schüler zu guten Demokraten werden. Im Geographie-Unterricht soll in der Auseinandersetzung mit Aspekten der Globalisierung die Verantwortlichkeit der Schülerinnen und Schüler gestärkt werden. Ebenso soll nachhaltiges Denken und vieles andere mehr durch fachliches Lernen und in der Auseinandersetzung mit Fachinhalten angeregt werden.

Allerdings müssen sich solche Ansätze kritische Fragen gefallen lassen. Natürlich wird es Schülerinnen und Schüler geben, die für sich – sozusagen im Selbstbildungsmodus – diesen Transfer vom Wissen zur Haltung/Grundeinstellung vollziehen. Nur: Trifft das auf den Unterricht zu, in dem sich Schülerinnen und Schüler zum bloß kognitiven Lernen herausgefordert sehen und ihr Lernverhalten in hohem Maße an den bevorstehenden Klausuren ausrichten? Mit Sicherheit kann man nicht von einem Automatismus von Allgemeinbildung zur Bildung ausgehen! Das bedeutet, dass der Allgemeinbildungsansatz häufig über den quantitativen Modus des (maximalen und vor allem auch abprüfbaren) Lernens von Schulstoff nicht hinauskommt.

Dass der Begriff der Allgemeinbildung darüber hinaus problematisch ist, wird ungern diskutiert. Der Kern dessen, was wir auch heute noch unter Allgemeinbildung verstehen, stammt aus dem 19. Jahrhundert und repräsentierte in hohem Maße das bildungsbürgerliche Wissensideal. Damit kam dem Allgemeinbildungsansatz ein deutlich initiatorischer Charakter zu.[22] Wenn man zu bestimmten Kreisen dazugehören wollte, musste man bestimmte sprachliche Codes beherrschen. Allgemeinbildung war also nicht Bildung der Allgemeinheit, sondern Ausbildung eines möglichst breit gefächerten Wissens mit dem etwas fraglichen Anspruch, dass solcherart auch Charakterbildung – und die Herausbildung einer gesellschaftlich verantwortlichen Elite – sich ereignen sollte. Der Allgemeinbildungsansatz, der eng mit ihm verbundene Fächerkanon auf der einen Seite (und die sich damit verbindenden Erwartungen nach Charakterbildung bei gleichzeitiger Kognitionslastigkeit) und die Dynamik des Wissens (Wissensexplosion) seit der zweiten Hälfte des 19. Jahrhunderts auf der anderen Seite bis hin zu den Anforderungen einer globalisierten Welt führen zu einer Krise des traditionellen Allgemeinbildungskonzepts. Die Kompetenzorientierung ist zwar ein Schritt in die richtige Richtung, löst aber die mit dem Allgemeinbildungsansatz verbundenen Probleme nicht.

Elemente der Studierfähigkeit bzw. schulische Bildung als Plattform der persönlichen Weiterentwicklung

Der Gedanke der Schule als Plattform, die Zugänge zur Welt eröffnet, gehört ohne Frage zum klaren Auftrag aller weiterführenden Schulen, konkreter gefasst als Studierfähigkeit insbesondere zum Auftrag der allgemeinbildenden und der beruflichen Gymnasien. Doch Studierfähigkeit bzw. Schule als Plattform ist ein anderes Konzept als das der breiten und vertieften Allgemeinbildung. Beide Konzepte konkurrieren um die kostbare Ressource Unterrichtszeit; die Stärkung des einen Konzepts bedeutet eine Schwächung des anderen; da beide Konzepte gleichzeitig zum Auftrag der Schule gehören, hat die einzelne Schule hier durchaus Spielräume bei der schulinternen Gewichtung. Als zentrale Bausteine für die Studierfähigkeit bzw. für Schule als Plattform lassen sich folgende Aspekte benennen:

Grundlegende Allgemeinbildung als Element der Studier- und Berufsfähigkeit. Es ist ein vermintes Feld, sich über Allgemeinbildung öffentlich Gedanken zu machen. Jeder Fachlehrer pflegt die Bedeutung seines Faches für die Allgemeinbildung zu betonen. Von einer höheren Warte aus könnte man dem die Frage entgegenhalten, warum denn bestimmte Fächer gar nicht oder nur sehr randständig im Fächerkanon vorkommen. Gehört ein fundiertes Wissen in Philosophie oder Psychologie oder Soziologie nicht zur Allgemeinbildung? Wie sieht es mit halbwegs fundierten juristischen Kenntnissen aus? Wie viel ökonomisches Wissen sollte eigentlich zur Allgemeinbildung gehören? Was ist mit dem

22 Im 19. Jahrhundert wurde von bürgerlichen, politischen und universitären Kreisen dem Allgemeinbildungsansatz Vorrang vor den sog. Realien (Naturwissenschaften, moderne Fremdsprachen) gegeben (was sich z. B. an der Frage der Zugangsberechtigung – Vorrang des Gymnasium vor der Oberrealschule – für die Universität im 19. Jahrhundert ablesen lässt. Allerdings ließen sich die Realien (heute neben den Naturwissenschaften auch Informatik, Technik) nicht wirklich aus der Schule heraushalten und haben – höchst pragmatisch – sukzessive Eingang auch in die Gymnasien erhalten.

großen Bereich des lebenspraktischen Wissens (Versicherungsfragen, Steuererklärung, Berufskunde)? Welche kulturelle Umjustierung im Bereich der Allgemeinbildung ist angesichts der Herausforderungen der Globalisierung notwendig? Auf welche Formen der Spezialbildung – gemeint sind hier die sog. Leistungs- oder Neigungskurse, die je nach Bundesland vier- oder fünfstündig angeboten werden –, die möglicherweise hilfreich, aber für ein Studium nicht notwendig sind, könnte verzichtet werden (das ist eine Frage an die Bildungspolitik)? Gehört Mathematik auf dem derzeitigen gymnasialen Oberstufenniveau zur grundlegenden, für die Studierfähigkeit notwendigen Allgemeinbildung?

Andererseits ist auch unter dem Gesichtspunkt der Studierfähigkeit eine grundlegende Allgemeinbildung natürlich unabdingbar. Auch der Jurist sollte Grundkenntnisse in Fächern haben, die an der Schule nur randständig, wenn überhaupt gelehrt werden, z. B. in Philosophie und Psychologie, das gilt natürlich auch für zum Kanon gehörende Fächer wie Biologie, Geschichte, Mathematik usw. Ähnlich lässt sich auch für viele andere Studiengänge argumentieren.

Im Sinne einer wirklich fundierten Wissenschaftspropädeutik ist nicht die breitestmögliche Allgemeinbildung wichtig, wichtig sind vielmehr die Tiefe der Durchdringung von exemplarischen Themenfeldern aus verschiedenen Gebieten eines Fachs und die entsprechenden Arbeitsformen und Methoden.[23] Methoden wissenschaftlichen Arbeitens – mit unterschiedlichen Akzenten je nach Fachgebiet – gehören allerdings zu den Metakompetenzen.

Die in diesem Abschnitt gestellten Fragen sind provokativ. Mittelfristig sollten sie auf bildungspolitischer Ebene für die weitere Schulentwicklung relevant sein.

Lesen macht vielseitig, Verhandeln geistesgegenwärtig und Schreiben genau.
(Francis Bacon)

Lesen und Schreiben im Kontext der Studier- und Berufsfähigkeit. Beim Lesen und Schreiben geht es um weit mehr als um die basalen Fähigkeiten, einen Text lesen oder etwas aufschreiben zu können. Lesen ist ein Zugang zur Welt und ermöglicht die selbstbestimmte Erweiterung des eigenen Horizonts, die Selbstbildung. Gerade im Kontext der Studierfähigkeit kommt es darauf an, sich schnell auch anspruchsvolle und abstrakte Sachverhalte zu erschließen. Treffsicher den Sinn eines Textes erfassen zu können, ist eine wichtige Fertigkeit. Ob die schulische Lesekultur mit dem derzeitigen Mix aus Literatur und funktionalen Texten das Optimum darstellt, ist eine zu klärende Frage.

Schreiben hat viele Funktionen (Auseinandersetzung mit einem Thema, Selbstmitteilung, Informationsweitergabe, Einflussnahme etc.) und ist ein komplexer Vorgang. Lesen und Schreiben sind zutiefst ineinander verwoben, etwa beim Anfertigen einer komplexeren Hausarbeit. Hier stehen die Schulen – auch angesichts der sich ändernden Medienlandschaft – vor großen Herausforderungen.

23 Hattie (2014, S. 43) spricht einmal beiläufig von höheren Niveaus des Denkens.

Zentrale und anschlussfähige mathematische Kompetenz. In nahezu allen Studiengängen werden heute in bestimmten Bereichen mathematische Kompetenzen vorausgesetzt. Das geht weit über die Ingenieurwissenschaften hinaus. So spielen z. B. statistische Verfahren in vielen Studiengängen eine Rolle. Mathematische Modellierungen gehören vielfach zum Standard. Hier muss die Schule die notwendigen und anschlussfähigen Grundkenntnisse und nach Möglichkeit die entsprechende motivationale Grundhaltung (Neugier und Erfahrung der Selbstwirksamkeit) aufbauen – leider wirken die Schulen heute häufig eher demotivierend. Ob allerdings alle Schülerinnen und Schüler Mathematik auf dem gleichen Niveau bis zum Abitur lernen sollten, ist des Nachdenkens wert.

Sprachkompetenz in Englisch. Englisch ist die lingua franca des Wissenschaftsbetriebs und nicht nur in wissenschaftlichen Kontexten relevant. Ein Studium ohne eine ausreichende Sprachkompetenz in Englisch ist kaum mehr vorstellbar. Auch kleinere mittelständische Unternehmen agieren teilweise global und müssen auf Englisch als Verkehrssprache zurückgreifen können. Wie sich früher mit dem Lernen von Griechisch oder Latein der antike Kulturkreis (griechische Philosophie, Idee der Demokratie oder des Tragischen) sowie geschichtliche und erdkundliche Aspekte erschlossen haben, so transportiert das Erlernen der englischen Sprache heute im Idealfall ebenfalls einen Kosmos: den einer interkulturellen und globalisierten Welt. Schulisch kommt es nicht darauf an, Schülerinnen und Schüler in der englischen Sprachkompetenz zu perfektionieren. Es sollte eine anschlussfähige Plattform auf hohem Niveau erreicht werden, die motivational und fachlich das Potenzial hat, nach der Schule eigenverantwortlich weiter ausgebaut zu werden.

Medienkompetenz. Im Lauf der letzten Jahrzehnte hat sich ein eigenes, an Bedeutung nicht zu unterschätzendes neues Kompetenzfeld aufgetan, die Medienkompetenz. War es früher ausreichend, lesen, schreiben und sich in einer Bibliothek zurechtfinden zu können, muss man sich heute im Netz mit seinen vielfältigen Möglichkeiten bewegen und es effektiv nutzen können. Für die Kompetenz, mit spezifischen Programmen und ihren immer wieder neuen Generationen, zu arbeiten, müssen in den Schulen die Grundlagen vermittelt werden.

Selbst- und Sozialkompetenz im Hinblick auf Studier- und Berufsfähigkeit. Ganz sicher kommt den Metakompetenzen nicht nur im Hinblick auf die Studierfähigkeit die größte und nachhaltigste Bedeutung zu. Zu studieren, einen Beruf zu erlernen, sich in der Welt zu orientieren, setzt voraus, selbstständig arbeiten zu können. Man benötigt Ausdauer und die Kompetenz, sich schwierige und komplexe Sachverhalte anzueignen. Immer wieder ist man in Situationen, in denen die Teamfähigkeit von großer Bedeutung ist. Ohne eigene Neugier und die Bereitschaft, sich auf Fremdes einzulassen, bleibt ein Studium, der Weg in den Beruf und auch der Zugang zur Welt suboptimal (man absolviert das Studium mit den gleichen Strategien, mit denen man die Schule einigermaßen erfolgreich hinter sich gebracht hat). Wichtig für ein Studium ist auch das Einbringen der eigenen Kreativität. Auftreten, sich selbst und eine Sache präsentieren zu können, sind ebenfalls wichtig für den Erfolg. Es bleibt also zu fragen, wie gut die Schulen, insbesondere die Gymnasien die Fähigkeit zur Selbstregulation (Götz 2011, S. 146) und Sozialkompetenzen vermitteln. Dies muss selbstverständlich immer am Beispiel von fachlichen Inhalten geschehen, denn anders können Strategien und Methoden wissenschaftlichen Arbeitens nicht gelernt werden. Allerdings hat – im Unterschied zum Allgemeinbildungsansatz – dann der qualitative Aspekt deutlichen Vorrang vor dem quantitativen, die exemplarisch zu erreichende Tiefe und die dabei zur Geltung kommenden Methoden werden höher bewertet als die Masse des Stoffes. Es ist an den Schulen, sich hier zu positionieren und intern einen Konsens auszubilden, wofür sie stehen wollen.

An den Schulen wird, wie bereits angedeutet, je nach Bedarf mit den Begriffen Bildung, Allgemeinbildung und Studierfähigkeit jongliert. Die Schülerinnen und Schüler erleben das täglich als Unklarheit über die eigentliche Ausrichtung der Schule, was sicher zu ihrer eingeschränkten Effektivität beiträgt.

Eine klare und nachvollziehbare Ausrichtung auf das Ziel der Studierfähigkeit bzw. Schule als Plattform für die eigene berufliche Weiterbildung wäre eine schlüssige Ausrichtung aller weiterführenden Schulen und würde insbesondere im Hinblick auf die Gymnasien zur Auftragsklarheit (Studierfähigkeit) nach innen und außen beitragen. Schüler wüssten, woran sie sind, worauf es in der Schule wirklich ankommt. Und die Schule wäre effizienter in der Lage, das angestrebte Ziel zu erreichen. Eine solche Schärfung des Profils würde allerdings eine grundlegende Überarbeitung der KMK-Bildungsstandards notwendig und in Folge dessen eine Verschlankung der Bildungspläne der Länder möglich machen.

Weitere Ziele und Erwartungen

Natürlich kann sich eine Schule – je nach Schulart und Klientel, aber auch mit Blick auf regionale Besonderheiten – weitere Ziele setzen. Neben der Berufsvorbereitung und -fähigkeit (welche Kompetenzen werden im späteren beruflichen Leben erwartet?) können eine dezidierte Berufsorientierung (Kennenlernen von unterschiedlichen Berufsfeldern und ihren Anforderungen) oder Studienorientierung (Wie funktioniert eine Hochschule? Welche Studiengänge gibt es?) hochrangige Ziele sein. Man kann aber auch – und das durchaus schon sehr früh – den Ansatz auf forschendes und entdeckendes Lernen legen, man kann Arrangements anbieten, die das Wecken von Neugier und damit verbunden ein hohes Maß an eigenverantwortlichem Arbeiten zum Ziel haben. Einige Schulen – nicht nur Waldorfschulen – bieten aus guten Gründen ihren Schülern auch praktisch-handwerkliche Ausbildungsmöglichkeiten an. Auch Humboldt war davon überzeugt, dass nicht nur jeder Mann eine Universität besucht haben sollte, sondern auch jeder Akademiker sich sein eigenes Bett schreinern können sollte.

4.2 Schul- und Unterrichtsentwicklung

Wer etwas will, findet Wege. Wer nicht will, findet Gründe.
(Albert Camus)

Lass dir von keinem Fachmann imponieren, der dir erzählt:
„Lieber Freund, das mache ich schon seit 20 Jahren so!"
Man kann eine Sache auch 20 Jahre falsch machen.
(Kurt Tucholsky)

Lehrersein ist ein ganzheitlicher Beruf mit vielfältigen Tätigkeitsbereichen, die weit über das bloße Unterrichten, das allerdings im Zentrum steht, hinausgehen. Deshalb ist es wichtig, von Schul- und Unterrichtsentwicklung zu sprechen. Beides sind Aufgaben, die die Lehrerschaft einer Schule im engen Miteinander mit der Schulleitung sich zu eigen machen und umsetzen sollte. Wir werden sehen, dass es nicht eine Aufgabe weniger einzelner ist. Es geht in der Schul- und Unterrichtsentwicklung um die Qualität der schulischen Arbeit, diese kann nur gemeinsam verantwortet werden, werden doch auch die Schülerinnen und Schüler von den Lehrkräften während ihrer Schulzeit gemeinsam unterrichtet.

4.2.1 Schulentwicklung

Die Schulentwicklung ist im Hinblick auf die Unterrichtsentwicklung der weitere Begriff. Die Unterrichtsentwicklung ist ein Teil der Schulentwicklung und wird auch von nicht direkt auf den Unterricht zielenden Veränderungen des schulischen Zusammenlebens beeinflusst. Der Schulentwicklung liegt ganzheitliches Denken und ein erweiterter Lernbegriff[24] zugrunde. Im Wesentlichen geht es bei der Schulentwicklung um Änderungen in der Strukturqualität. Es gibt eine Schulentwicklung im engeren Sinne (Schulprogrammarbeit mit unmittelbarer Auswirkung auf die Schülerinnen und Schüler) und eine Schulentwicklung im weiteren Sinne. Zu letzterer gehören die Öffentlichkeitsarbeit, die Weiterentwicklung des Leitbildes der Schule, die Entwicklung von Grundsätzen für die Personalentwicklung, das Austauschprogramm, die Konzeption von außerunterrichtlichen Veranstaltungen (Schulfeste, Sportveranstaltungen, Theateraufführungen etc.) im Jahresverlauf, Schullandheimaufenthalte und Studienfahrten, der Ganztagsbereich und seine Angebote (Spielemöglichkeiten, Ruhebereiche, Schulsozialarbeit etc.). Auch Fragen der Architektur und der ästhetischen Gestaltung der Schule sowie der Ausstattung fallen unter die Schulentwicklung im weiteren Sinne. Der

24 Der Deutsche Schulpreis spricht von einem „umfassenden Verständnis von Lernen und Leistung", das in folgenden sechs Qualitätsbereichen zum Ausdruck kommt: (1) Leistung, (2) Umgang mit Vielfalt, (3) Unterrichtsqualität, (4) Verantwortung, (5) Schulklima, Schulleben und außerschulische Partner, (6) Schule als lernende Institution (http://schulpreis.bosch-stiftung.de/content/language1/html/53139.asp). Wenn man über Jahre eine an den Schülerinnen und Schülern orientierte Schulentwicklung betrieben hat, wofür die Kriterien des Deutschen Schulpreises sehr hilfreich sind, dann sollte man nicht davor zurückschrecken, sich zu bewerben.

Förderung der Schülermitverantwortung kommt ebenfalls große Bedeutung zu. Schulentwicklung im engeren Sinne beschäftigt sich mit Fragen, die unabhängig von der einzelnen Person Auswirkungen auf die Bedingungen des Unterrichts haben. Hier geht es um Grundsätze der Stundenplangestaltung, des Vormittags- und Nachmittagsunterrichts, die Frage, ob in Doppelstunden unterrichtet wird. Weitere Aspekte sind: Etablierung besonderer Lernformen, wie z.B. Freiarbeit, Werkstattunterricht, Lernlabors, Projektunterrichtsphasen, Epochenunterricht, Einbeziehung von externen Kräften im Rahmen der Öffnung der Schule. Schulentwicklung ist also ein weites Feld. Sie ist Aufgabe des gesamten Kollegiums und zeigt damit auch, wie einem Kollegium, das gemeinsam über die Gesamtlehrerkonferenz die entsprechenden Beschlüsse fasst, eine hohe Verantwortung zukommt. Schule ist eben mehr als Unterricht!

4.2.2 Unterrichtsentwicklung

Ich gestehe am besten gleich, dass ich über den Unterrichtserfolg sehr besorgt bin, ohne allerdings zu verkennen, wie viel gewissenhafte und ernste Arbeit in diesen Schulen meist getan wird, von Lehrern und Schülern. Das Bild wird dadurch nur tragischer.
(Martin Wagenschein)

Die Unterrichtsentwicklung setzt bei der Frage an, wie die Tätigkeit der Lehrkräfte in unterrichtlichen Kontexten, wenn sie also mit den Schülerinnen und Schülern in der triadischen Konstellation (Lehrkraft – Stoff – Schüler) in Beziehung treten, weiterentwickelt werden kann. Ziel hierbei ist, das Lernen der Schülerinnen und Schüler so effektiv wie möglich zu machen. Das unterrichtliche Geschehen findet weithin immer noch hinter geschlossenen Klassenzimmertüren (Blackbox Klassenzimmer) statt, die konkrete Praxis des Unterrichts liegt in eigenartiger Weise im Dunkeln. Da eindeutig zuordenbare Lernstanderhebungen – sie würden eine Messung der Lernausgangslage notwendig machen – nicht vorliegen, ist auch wenig über die tatsächliche Wirksamkeit und Qualität des Unterrichts einer Lehrkraft bekannt. Noten sind weder für den Lernstand noch für die Arbeit von Lehrkräften ein zuverlässiger Indikator. Auch der Ruf einer Lehrkraft an der Schule („Frau X ist eine hervorragende und engagierte Lehrerin.", „Bei Herrn Y lernt man viel.") und das, was über jede Lehrkraft als schulöffentliche Person kolportiert wird, sagen wenig Objektives aus. Damit sind auch Maßnahmen der Unterrichtsentwicklung an einer Schule nur eingeschränkt verifizierbar und in hohem Maße von der Umsetzungsbereitschaft der einzelnen Lehrkräfte abhängig.

4.2.3 Warum die Unterrichtsentwicklung eine gemeinsame Aufgabe ist

Damit ist auch klar, dass einzelne gute Lehrkräfte, die wirklich guten Unterricht machen, noch keine gute Schule ausmachen können. Eine gute Lehrkraft ist gut für die Schülerinnen und Schüler, die sie aktuell unterrichtet, aber sofort stellt sich die Frage, was mit den Schülerinnen und Schülern im Nebenraum ist oder mit der eigenen Klasse, die im folgenden Schuljahr von einer anderen Lehrkraft unterrichtet wird. Von einer Lehrkraft wird aber erwartet, dass sie für die ganze Schule einsteht. Ihre eigene langfristige Wirkung wird potenziert oder eben auch konterkariert durch die Arbeit der Kolleginnen und Kollegen. Deshalb sollten Lehrkräfte über ihren eigenen Unterricht hinaus in hohem Maße am Dialog über den Unterricht und seine Qualität an der Schule, an der sie unterrichten, interessiert sein – das ist leider noch nicht selbstverständliche Praxis. Seinen eigenen Unterricht zu zeigen und den Rat der Kolleginnen und Kollegen zu hören, ist absolut im Interesse einer guten Schule. Neugierig sein auf den Unterricht der anderen Kollegen erweitert den eigenen Horizont. Natürlich sind Verständigung und Diskurs über die vielfältigen Formen guten Unterrichts erforderlich, dazu kann man sich immer wieder auch Fachleute einladen. Und es bedarf der Expertise, wie fokussiertes und konstruktives Feedback stattfinden kann – auch auf dem Hintergrund einer etablierten Fehlerkultur, der es nicht um grenzenlose Toleranz geht, sondern die in Fehlern hervorragende Lerngelegenheiten sieht.

4.2.4 Weiterentwicklung der Lernkultur

Ein Kind lernt dreimal so viel, wenn es in Stimmung ist, als es bei doppelter Zeit und Mühe lernt, wenn es verdrossen an die Arbeit geht oder unwillig herangezerrt wird.
(John Locke)

Nur aus Enthusiasmus kann Neugierde entstehen, und nur wer neugierig ist, besitzt den Willen zu lernen.
(Leonard Bernstein)

Für Lehrkräfte stehen herkömmlicherweise der Stoff und seine Vermittlung (das Lehren) im Vordergrund ihres Bemühens. Nach und nach rückt aber das Lernen der Schüler in den Mittelpunkt. Die entscheidende Frage lautet also, welche Arrangements zu schaffen sind, damit diese möglichst schnell und intensiv zum Lernen kommen. „Durch die Illusion der Machbarkeit von Lernen werden die Aneignungsaktivitäten der Lernenden eher behindert als gefördert. Notwendig ist der Wandel von einer objektiven Instruktionstheorie hin zu einer subjektiven Aneignungstheorie des Lernens", schrieben Arnold/Schüßler schon 1998 (S. 9). Erkenntnisse aus der Gehirnforschung zum Lernen legen nahe, dass dieses letztlich ein konstruktiver Prozess ist, der in jedem Gehirn auf unterschiedliche Weise, auch auf der Basis unterschiedlichen Vorwissens stattfindet.

4.2.5 Leitbild und Leitbildentwicklung

Auch die Arbeit am schulischen Leitbild ist im besten Falle wirkliche Schulentwicklung. Im Leitbild beschreibt eine Schule, wofür sie steht, was die gemeinsamen Ziele der an der Schule Mitwirkenden sind.

Die Bedeutung eines Leitbildes nach innen und außen

Die Intention des Leitbildes ist es, die gemeinsame Zielsetzung in einer nach innen und außen verbindlichen Weise bekannt zu machen. Das setzt einen intensiven Verständigungsprozess im Kollegium voraus. Diesen Prozess sollte man ca. alle fünf Jahre anstreben und dafür sehr viel Sorgfalt aufwenden. Nur so ist gewährleistet, dass ein Leitbild mehr ist als das Papier, auf dem es steht.

Das Vokabular für ein Leitbild ist längst erfunden. Das Leitbild lebt nicht unbedingt von der Originalität der beschriebenen Ziele und der Brillanz der Formulierungen. Es ist einerseits so gut, wie der Aushandlungsprozess der Beteiligten ehrlich und intensiv war, und andererseits so gut, wie es gelingt, die Ziele im schulischen Alltag sozusagen in kleiner Münze umzusetzen.

Der Leitbildprozess

Leitbildprozesse sind aufwändig und zeitintensiv. Man vergibt eine Chance, wenn man sie nur pro forma durchzieht. Der Ablauf eines Leitbildprozesses könnte so aussehen: Die Gesamtlehrerkonferenz beschließt die Erstellung oder Überarbeitung eines Leitbilds. Idealerweise bildet sich aus der Mitte der Konferenz eine Arbeitsgruppe mit dem Mandat, den Prozess innerhalb eines definierten Zeitraums zu moderieren. In einem ersten Schritt sollten sehr offen Ideen für ein Leitbild gesammelt werden. Die meist vielfältigen Ideen können dann geclustert, d. h. thematisch geordnet werden. Damit hat man im Idealfall eine erste Struktur für ein Leitbild. Nun sollte im Wechselspiel von Plenum, thematischen Arbeitsgruppen und Diskussion von Vorschlägen und Zwischenergebnissen z. B. über Plakate im Lehrerzimmer ein intensiver Diskussions- und Selbstverständigungsprozess des Kollegiums stattfinden. Hierfür ist viel Zeit einzuräumen. Je mehr dem Kollegium klar ist, dass das Leitbild eine hohe Aussagekraft und viel praktische Relevanz bekommen soll, desto höher ist die Akzeptanz, allerdings nehmen im gleichen Maß auch Bedenken und Widerstand von Einzelnen gegen bestimmte Aussagen zu. Wichtig ist, den Prozess sehr offen zu gestalten, alle Kolleginnen und Kollegen einzuladen, Anregungen zu geben und diese nach Möglichkeit in die Zwischenentwürfe einzuarbeiten. Diese Zwischenentwürfe sind regelmäßig (am besten in Konferenzen) vorzustellen und weitere Anregungen werden erbeten. Gleichzeitig wird signalisiert, dass Anregungen und Bedenken in den Prozess eingebracht werden müssen und dass im Zusammenhang des finalen Beschlusses keine inhaltliche Diskussion mehr vorgesehen ist. Insbesondere Kritiker und Zauderer sollten sehr eng in den Prozess eingebunden werden. Die Verabschiedung des Leitbildes ist ein guter Anlass, die Sektkorken knallen zu lassen und miteinander zu feiern.

Umgang mit dem Leitbild/Evaluation

Es erhöht die Verbindlichkeit der Diskussion, wenn man bereits im Prozess mitdiskutiert und am Ende mit beschließt, in welcher Weise man die Umsetzung des Leitbildes verifizieren möchte. Besonders wichtige Aspekte des Leitbildes sollten möglichst gleich nach Beschluss und dann nach einem angemessenen Zeitraum als Fokusevaluation gemessen werden (Vorher-Nachher-Vergleich). Nach der Ausgangsevaluation sollte dann die Möglichkeit der gezielten Fortbildung und Qualifikation entsprechend den Bedürfnissen bestehen. Hierfür sind u. U. auch finanzielle Mittel einzuplanen.

4.2.6 Kriterien für die Schulentwicklung

Schulentwicklung (einschließlich der Unterrichtsentwicklung) ist für jede Schule unabdingbar. Die Akteure sind durch Personalfluktuation in einem ständigen Wandel. Die Gesellschaft und damit auch die Jugendlichen sind einem kontinuierlichen Wandel unterworfen. Der Staat verändert die Rahmenbedingungen durch neue Bildungspläne oder Stundentafeln oder sonstige Anforderungen. Hier ist man gut beraten, wenn man für die Schulentwicklung klare und dauerhafte Kriterien hat. Das ermöglicht kontinuierliche solide Arbeit. Natürlich handelt es sich dabei um formale Kriterien.

Konvergenz

Konvergenz bedeutet die Übereinstimmung der Schulentwicklungsschritte bzw. des schulischen Handelns mit den Bildungsplänen und sonstigen Vorgaben – also mit dem politisch-gesellschaftlichen Auftrag der Schule –, aber auch mit den Leitvorstellungen einer Schule, wie sie im Leitbild niedergelegt sind. Auch die Übereinstimmung mit den berufsethischen Vorstellungen der Lehrkräfte ist eine Frage der Konvergenz. Damit ist klar, dass die Freiräume einer Schule zwar groß, aber nicht beliebig sind, dass sich ein Kollegium immer wieder auf seinen Auftrag besinnen muss und Leitbildvorstellungen und berufsethische Überzeugungen immer wieder neu diskutiert werden müssen.

Konsistenz/Kohärenz

Das Kriterium der Konsistenz fragt nach der Stimmigkeit des schulischen Konzepts. Hier geht es um die Frage, inwieweit Strukturen, Maßnahmen und das Handeln der Beteiligten zueinander passen, aufeinander abgestimmt sind, sich gegenseitig hemmen oder stärken (synergetisch wirken). Dass die Herstellung von Konsistenz insbesondere in einem großen Kollegium, dessen Mitglieder sich als Individualisten und häufig als Einzelkämpfer verstehen, kein einfacher Prozess ist, liegt auf der Hand. Häufig gibt es in den Kollegien auch noch kein ausreichendes Bewusstsein für Fragen der Konsistenz. Aber die Konsistenz trägt zur gemeinsamen Wirkung einer Schule bei. Auch wenn man sich angesichts der Vielfalt in einem Kollegium einem konsistenten Handeln nur annähern kann, wird dieses Bemühen der Schule ein klares Gesicht oder Profil geben und auch zur Erhöhung des Wirksamkeitsgefühls der Lehrkräfte beitragen.

Nachhaltigkeit/Effektivität

Schulen heute wirken in aller Regel wie lebendige Organismen. Lehrkräfte starten als Junglehrer voll Tatendrang und bringen eine Vielzahl neuer Ideen mit in die Schule.

Kriterien	Erklärung im Kontext von Schule	Charakteristische Fragen
Konvergenz	Übereinstimmung mit den gesetzlichen Vorgaben, den Leitlinien der Schule und berufsethischen Überzeugungen	Tun wir das Richtige?
Konsistenz Kohärenz	Stimmigkeit/Passung des Agierens der Lehrkräfte, der Maßnahmen und Strukturen	Hat, was wir tun, eine Richtung?
Transparenz	Offenheit, Erkennbarkeit und Nachvollziehbarkeit von Strukturen und Maßnahmen	Ist, was wir tun, erkennbar und nachvollziehbar?
Effektivität Nachhaltigkeit	Ausmaß (Breite und Tiefe), in dem die beabsichtigten Wirkungen/Ziele (dauerhaft/nachhaltig) erreicht werden; Verhältnis von erreichtem zu geplantem Ziel	Erreichen wir unsere Ziele?
Effizienz	Verhältnis von Aufwand und Nutzen	Tun wir, was wir tun, richtig? Stehen Aufwand und Ertrag in einem angemessenen Verhältnis?

Tab. 2: Formale Kriterien für die Schulentwicklung (eigene Zusammenstellung)

Zahlreiche engagierte Lehrkräfte verwirklichen neue Ansätze und experimentieren mit neuen Methoden. Unterschiedliche Schulentwicklungsschritte werden vorgeschlagen und beschlossen. Es gibt an vielen Schulen eine beeindruckende Vielfalt. Neben der Frage der Konsistenz bzw. Kohärenz stellt sich allerdings auch die Frage der Nachhaltigkeit und Effektivität. Die Nachhaltigkeit von Maßnahmen erhöht sich dann, wenn sie wiederholend angeboten werden oder verschiedene Maßnahmen auf die gleichen Kompetenzen zielen und deren Festigung fördern. Zur Nachhaltigkeit gehört aber auch, dass die Maßnahme nicht eine Inselerscheinung an der Schule ist, von der nur vergleichsweise wenige Schülerinnen und Schüler erreicht werden. Wenn also eine Lehrkraft in ihrer Klasse z. B. eine Projektunterrichtsphase durchführt und damit die Eigenverantwortlichkeit der Schülerinnen und Schüler stärken möchte, so ist das nicht unbedingt nachhaltig wirksam. Zum einen wird nur eine Klasse erreicht. Zum anderen findet die Förderung des eigenverantwortlichen Arbeitens in der Folgeklasse möglicherweise keine Fortsetzung, die sich im Aufbau befindende Kompetenz wird nicht weiter gefördert oder gefestigt. Insofern ist keine Nachhaltigkeit gegeben. Damit wird auch die Effektivität der schulischen Arbeit fraglich: Werden die Ziele tatsächlich erreicht?

Transparenz

Transparenz nach innen ist wichtig. Nur wenn Schulentwicklungsschritte und pädagogische Innovationen von einzelnen Lehrkräften oder Arbeitsgruppen im Kollegium bekannt gemacht und kommuniziert werden, entsteht auch ein Dialog und eine gewisse Innovationsbereitschaft. Die Dialogbereitschaft ist ein hohes Gut. Man weiß und lernt voneinander. Die gezielte Transparenz kann auch von einzelnen Lehrkräften als Druck empfunden werden. Das ist in Kauf zu nehmen (denn der Druck kann dazu führen, dass Lehrkräfte sich anpassen und Innovationen übernehmen), solange die Stimmung nicht kippt und die Innovationsbereiten ins Abseits geraten. Die Kommunikation nach außen (durch eine entsprechende Öffentlichkeitsarbeit) schafft Transparenz gegenüber den Eltern, dem Träger der Schule und der Schulaufsicht. Das erhöht die Reputation der Schule. Eltern schicken ihre Kinder vermehrt in diese Schule (natürlich mit bestimmten Erwartungen, die dann auch bedient werden müssen; insofern wirkt die Transparenz nach außen auch bindend für die Kolleginnen und Kollegen, die zunächst weniger innovationsbereit sind). Die Schule verbessert im Kampf um knappe Ressourcen ihre Position und hat klare Vorteile in der Personalentwicklung: Engagierte Lehrkräfte bewerben sich eher an innovativen Schulen.

Effizienz

Bei allen Schulentwicklungsmaßnahmen ist auch die Frage nach der Effizienz zu stellen. Sind die gestellten Ziele überhaupt zu erreichen und mit welchem Aufwand sind sie zu erreichen? Es kann durchaus sein, dass der angestrebte Ertrag die zu investierende Arbeit nicht rechtfertigt. Bei Fragen des Aufwandes ist es wichtig, hier alles in die Waagschale zu werfen: Welche finanziellen Ressourcen werden verbraucht? Welche zeitlichen Ressourcen werden benötigt? Wie sieht es mit den motivationalen Ressourcen aus (es kann sein, dass Innovationen in Teilen eines Kollegiums großen Unmut auslösen)? Welche nichtintendierten Nebenwirkungen (sog. Kollateralschäden) der Innovation können möglicherweise eintreten? Manchmal empfiehlt es sich, eine Politik der kleinen, aber kohärenten Schritte zu verfolgen, die kleinen Erfolge zu würdigen und zu feiern und so die Bereitschaft zur Innovation zu fördern.

Natürlich sind diese Kriterien in allererster Linie für das Agieren von Schulleitungen wichtig. Diese sind aber immer auf motivierte und auch im strategischen Denken informierte und geschulte Kolleginnen und Kollegen angewiesen. Gute Schulleitungen schätzen und suchen den Rat ihrer Lehrkräfte.

4.3 Struktur- und Prozessqualität

Mit den folgenden Überlegungen wird an das Kapitel zur Schulentwicklung angeknüpft. Die Unterscheidung zwischen Struktur- und Prozessqualität ist aber auch im Kontext von Evaluation und Qualitätsmanagement relevant. Für Schulleitungen und ihr Bemühen um hohe Standards und eine gute Ergebnisqualität ist es unabdingbar, diese zwei Prozessebenen zu kennen und zu wissen, wo Strukturveränderungen vorangetrieben werden müssen und wo in die Prozessqualität investiert werden muss. Aber auch für die Lehrkräfte ist es in mehrfacher Hinsicht wichtig, diese beiden Prozessebenen unterscheiden zu können und die Wechselwirkungen zwischen den beiden Ebenen zu kennen. Man kann das eigene Tun besser einschätzen, Forderungen nach Strukturveränderungen stellen, die bessere Entfaltungen auf der Prozessebene ermöglichen, und Hilfestellungen für Kolleginnen und Kollegen gezielter anbieten .

4.3.1 Strukturqualität

Mit Veränderungen in der Strukturqualität lassen sich an einer Schule wichtige Weichen stellen. Je nach Zielsetzung können Strukturveränderungen sehr unterschiedlich sein. Den Schulen sind natürlich zahlreiche Strukturen vorgegeben, doch in den meisten Fällen sind diese gestaltbar oder in einem gewissen Umfang veränderbar. Jahrzehntelang galt an deutschen Schulen das Einzelstundenprinzip, von dem sich heute die meisten Schulen zugunsten von Doppelstunden verabschiedet haben. Ebenso erscheint der Klassenverband als eine fixe Größe. Doch auch hier ist beobachtbar, dass der Klassenverband in kleinen Umfängen zugunsten von klassen- und teilweise jahrgangsübergreifenden Arrangements aufgebrochen wird. Einige weitere Beispiele sollen verdeutlichen, wie Zielsetzung und strukturelle Veränderung die Qualität der schulischen Arbeit verändern können bzw. verbessern sollen. Die meisten der aufgeführten Begriffe (Differenzierung, Förderung der Eigenverantwortlichkeit, Schulgestaltung etc.) sind bestens geeignet für ein schulisches Leitbild. Die folgenden Ausführungen zeigen aber, dass diese Ziele nur erreicht werden können, wenn auf der strukturellen Ebene ausreichende Maßnahmen ergriffen werden. Fast alle strukturellen Veränderungen haben ihren Preis; sie kosten entweder Geld oder Zeit (Lehrerwochenstunden, Verdrängung von Unterricht, Schülerzeit etc.). Damit sind Strukturveränderungen immer auch mit Prioritätsentscheidungen verbunden.

Maßnahmen zur Differenzierung

- Individuelle Lernstandrückmeldungen

  Die Etablierung von individuellen Lernstandrückmeldungen ist eine strukturelle Veränderung der Schule. Die bisherigen Rückmeldesysteme – Rückgabe und Besprechung einer Klassenarbeit, Noten, Zeugnisse und Elternsprechtag (vielleicht schon unter Beteiligung der Schülerinnen und Schüler) – werden verändert. Möglicherweise sollen in Zukunft einzelne Lehrkräfte eine überschaubare Anzahl von Schülerinnen und Schülern (als Coaches) intensiver begleiten und regelmäßig Rückmeldegespräche mit den Schülern führen. Es können aber auch die Klassenlehrer sein, die diese Aufgabe übernehmen. Je nach Schulart und Alter setzt das vermehrte Gespräche der Lehrkräfte einer Klasse – etwa in der Klassenkonferenz – voraus. Regelmäßige Gespräche mit Schülerinnen und Schülern helfen nicht nur, die Schüler besser kennenzulernen, sie sind auch Gelegenheiten, über ihre Lernentwicklung zu reflektieren und ihnen aufgrund aller beobachteten Leistungen (Beteiligung, Rolle in Gruppen, Referate, gezeigte Kompetenzen, Lernstanderhebungen etc.) im Sinne einer formativen Evaluation Feedback zu geben. Für diese Gespräche ist zu klären, wann und wo sie stattfinden sollen: Am Nachmittag? Während des Unterrichts? In der Klasse, in einem Besprechungszimmer? Während eines Schülersprechtags? In Form von Lehrersprechstunden? An zu Schüler-Eltern-Sprechtagen weiterentwickelten Elternsprechtagen? Ferner ist zu klären, ob die Gespräche eine bestimmte Struktur haben oder völlig offen sein sollen. Sollen die Schüler das Gespräch – wenn ja, wie – vorbereiten? Es ist keine Frage: Vertiefte Kenntnisse des Lernstands der Schüler und Einsicht der Schüler in ihr eigenes Lernen erhöhen die Wirksamkeit von differenzierenden Ansätzen!

- Einrichten eines Lernbandes
  Auch das Arbeiten mit Lernbändern, die es in unterschiedlichen Formen gibt, ist eine strukturelle Maßnahme. Ein Lernband kann so aussehen, dass der Fachunterricht eines Fachs mehrerer Klassen in Teilen parallel (also in ein Band oder eine Schiene) gelegt wird. Das schafft die Möglichkeit, in den gleichzeitig stattfindenden Lerngruppen Lerngelegenheiten und spezielle Förderung auf unterschiedlichem Niveau anzubieten. Manche Schulen legen mehrere Fächer in das Lernband. Dann können die Schüler selbst entscheiden, wo sie für sich vorrangigen Bedarf sehen und in welches Fach sie gehen. Natürlich ist es sinnvoll, in diesen differenzierenden Stunden nicht nur Unterricht (auf einem bestimmten Niveau) anzubieten, sondern nach Möglichkeit individualisierte Selbstlernmaterialien zur Verfügung zu stellen.
- Werkstätten/Lernateliers
  Manche Schulen richten außerhalb des Unterrichts (meist am Nachmittag) als zusätzliche (Wahlpflicht-)Angebote Werkstätten oder Lernateliers ein. Naheliegend sind Englischwerkstätten, eine Grammatik- oder eine Mathewerkstatt. Diese Angebote können im Sinne der vertikalen Differenzierung so gestaltet sein, dass sie nicht nur Fördermöglichkeiten für schwächere Schülerinnen und Schüler bieten, die Defizite aufarbeiten wollen, sondern auch Lern- und Arbeitsgelegenheiten für interessierte und sehr begabte Schülerinnen und Schüler eröffnen. Idealerweise ist in der Werkstatt der gesamte Lernstoff eines Jahrgangs oder mehrerer Jahrgänge in Form von Selbstlernmaterialien hinterlegt. Diese Materialien können erarbeitet oder eingekauft werden, sollten aber

sorgfältig geprüft und am besten von eher lernschwachen Schülern auf ihre Verständlichkeit hin getestet sein. Mittlerweile gibt es viele computergestützte Programme und Lernfilme, die ebenfalls sinnvoll genutzt werden können. Hilfreich ist die Anwesenheit von (älteren) Schülermentoren, die im Bedarfsfall herangezogen werden können. Diese Mentoren sollten dringend vorher dahingehend ausgebildet werden, dass sie bei Schwierigkeiten nicht einfach die Lösung präsentieren, sondern herausbekommen, wo die Verständnisschwierigkeiten liegen und was nächste hilfreiche Schritte zur Problemlösung sein könnten. Natürlich ist es wichtig, dass auch ein Fachlehrer anwesend ist. Für begabte und interessierte Schüler müssen selbstverständlich andere, herausfordernde Materialien zur Verfügung stehen.

Förderung der Eigenverantwortlichkeit

Zur Förderung der Eigenverantwortlichkeit steht eine Vielzahl von Möglichkeiten zur Verfügung. Die Etablierung von speziellen oder zusätzlichen Maßnahmen zur Erhöhung der Nachhaltigkeit ist ein schulstruktureller Eingriff, der nicht ohne Wirkung bleibt.

- Jahresarbeit in der Kursstufe oder vergleichbare Angebote
  Die Jahresarbeiten (oder auch wiederholte kleinere Formate) verlangen von den Schülerinnen und Schülern ein hohes Maß an selbstständigem und komplexem Arbeiten. Themensuche in Absprache mit den betreuenden Lehrkräften, Schreiben eines Exposés, Erstellung einer Gliederung, Recherche im Netz und in Bibliotheken, Exzerpieren, Clustern und schließlich das Schreiben sind Kompetenzen, die selbstständig unter einer losen Begleitung durch die Lehrkraft zu erbringen sind. Hinzu kommt in den meisten Fällen die Darstellung der wesentlichen Ergebnisse in Form einer adressatenbezogenen Präsentation. Schließlich gehört auch die Reflexion des Arbeitsprozesses, des persönlichen Gewinns (personal growth: was habe ich persönlich inhaltlich und methodisch gelernt?) und der zukünftigen Verbesserungsmöglichkeiten hinzu.
- Seminarfach
  In vielen Bundesländern gibt es – freiwillig oder verpflichtend – sog. Seminarfächer. In ihnen wird in der Regel projektartig gearbeitet. Entweder hat jeder sein eigenes Projekt oder alle Teilnehmer arbeiten an einem gemeinsamen Projekt.
- Projektunterrichtsphasen oder Arbeit mit Lernplänen
  Viele Lehrkräfte arbeiten innerhalb ihres Fachunterrichts mit Projektunterrichtsphasen. Vereinbart eine Schule, dass pro Jahrgang ein bestimmter Prozentsatz der Unterrichtszeit in Projektform zu erfolgen hat, ist dies eine schulstrukturelle Maßnahme. Auch sie ist in hohem Maße geeignet, die Selbstständigkeit und Eigenverantwortlichkeit der Schülerinnen und Schüler zu fördern.

- Schülerfirmen
  Ganz außerhalb des Unterrichts oder lose an den Unterricht angebunden bieten zahlreiche Schulen eine oder mehrere Schülerfirmen an. Hier werden die Schüler nicht nur an bestimmte inhaltliche Kompetenzen im Zusammenhang der Geschäftsidee (z. B. Betrieb eines Schülercafés) der Schülerfirma herangeführt, sondern werden darüber hinaus in persönlichkeitsbezogenen Kompetenzen (Verantwortungsübernahme, Teamleitung, Erstellung eines Projektplans etc.) gestärkt.
- SMV-Arbeit
  Auch die Arbeit der SMV an einer Schule – jeder Schule rechtlich vorgegeben und deshalb an allen Schulen strukturell vorhanden – lässt sich strukturell ausbauen. Die Schulleitung kann z. B. einen monatlichen jour fixe mit den Schülersprechern vereinbaren. Klassenlehrerstunden können der SMV zu Informations- und Beratungszwecken zur Verfügung stehen. Man kann regelmäßige Schülervollversammlungen einführen, die von den Schülersprechern mit Tagesordnung einberufen und geleitet werden. Man kann die Schülersprecher in regelmäßigen Abständen zu geeigneten Tagesordnungspunkten in die Gesamtlehrerkonferenz einladen. All das sind strukturelle Maßnahmen, die die SMV-Arbeit stärken und dem Demokratielernen zugute kommen. Gleichzeitig wird die Selbstständigkeit und Verantwortlichkeit der Schülerinnen und Schüler gestärkt, insbesondere dann, wenn die so gestärkte SMV unter Einbeziehung vieler Schülerinnen und Schüler zahlreiche Projekte (Disco, Tanzkurs, Fußballturnier für die umliegenden Schulen, Sponsorenlauf etc.) auf die Beine stellt.

Soziales Lernen

Auch im Bereich des Sozialen Lernens kann man mit strukturellen Veränderungen erwünschte Ziele erreichen oder ihre Erreichung ermöglichen oder wahrscheinlicher machen.

- Etablierung einer Klassenlehrerstunde
  Zahlreiche Schulen haben in den unteren Klassenstufen der Sek. I (manche auch für die gesamte Sek. I) eine Klassenlehrerstunde eingeführt. Hier ist ein Freiraum, der auch durch ein Curriculum ‚Soziales Lernen' gefüllt werden und in dem auch entsprechendes Lernen stattfinden kann. Hier hat eine Klasse Zeit, interne Prozesse zu klären und Projekte nach außen gemeinsam zu planen. Interne Prozesse können klasseninterne Konflikte sein, die mit dem Instrument und Setting der Klassenlehrerstunde auch zu wirklich guten Lerngelegenheiten und damit Chancen werden können. Es können Mobbingfälle aufgearbeitet werden. Auch das Inangriffnehmen bestimmter Projekte als Klassengemeinschaft, die Verteilung von Aufgaben und Rollen und die Übernahme von Verantwortung nach außen ist im Hinblick auf soziales Lernen förderlich. Es kann sich dabei um die Übernahme von Patenschaften innerhalb oder außerhalb der Schule handeln (z. B. für Senioren in einem Alters-

heim, für eine Schule oder Klasse in einem Entwicklungsland), oder Projekte innerhalb der Schule (Aufführung eines kleinen Stückes, Erstellen einer Ausstellung oder einer Zeitung).

- Soziales Praktikum
  In der zweiten Hälfte der Sek. I gehört an zahlreichen Schulen ein soziales Praktikum zum Programm.
- Mentorensysteme
  Immer mehr Schulen setzen ältere Schülerinnen und Schüler fachspezifisch oder in der Hausaufgabenbetreuung als Mentoren ein. Das ist für die Mentoren eine hervorragende fachliche und soziale Lerngelegenheit. Wenn ältere Schülerinnen und Schüler sich derart an einer Schule einsetzen und Verantwortung übernehmen, ist auch die Vorbildwirkung nicht zu unterschätzen.

Demokratielernen

Auch im Bereich Demokratielernen lassen sich durch strukturelle Maßnahmen erwünschte Wirkungen besser erreichen.

- Stärkung der SMV
  Die SMV spielt für das Demokratielernen eine große Rolle an einer Schule. Das gilt allerdings nur, wenn sie sich frei entfalten und etwas auf die Beine stellen kann. Neben einer guten Begleitung durch engagierte Lehrkräfte braucht die SMV insbesondere zeitliche und andere Ressourcen (SMV-Klausur, Hallenkapazitäten für ein Fußballturnier etc.).
- Arbeit mit dem Klassenrat
  Die Arbeit im Klassenrat setzt sehr basisdemokratisch an. Der Klassenrat kann regelmäßig in einer Klassenlehrerstunde stattfinden.
- Abhaltung von Schülervollversammlungen
  Schülervollversammlungen brauchen einen hierfür geeigneten Raum, eine Sporthalle – die Schüler können auf dem Boden sitzen – ist ausreichend, wenn es keine entsprechend große Aula gibt.

Wecken von Neugier

Ich habe keine besondere Begabung, sondern ich bin nur leidenschaftlich neugierig.
(Albert Einstein)

Es ist in der Tat fast ein Wunder, dass die modernen Methoden der Ausbildung die heilige Neugier des Forschens noch nicht völlig erstickt haben; denn diese zarte, kleine Pflanze bedarf – neben dem Ansporn – hauptsächlich der Freiheit; ohne diese geht sie ohne Zweifel zugrunde.
(Albert Einstein)

Wenn eine Schule es für wichtig erachtet, nicht nur den Pflichtstoff entsprechend dem Bildungsplan zu vermitteln, sondern darüber hinaus die Neugier der Schüler zu wecken, so kommen auch hier Angebote auf der strukturellen Ebene in Betracht.

- Angebot von interessanten Wahlpflichtmodulen
  Besonders geeignet sind Wahl- oder Wahlpflichtmodule, in denen auf wenige Schüler zugeschnittene Angebote mit besonderen herausfordernden Inhalten gemacht werden. Das ist in den unterschiedlichsten Themenbereichen möglich. Gut geeignet sind naturwissenschaftliche oder technische Angebote (z.B. Robotics). Teilweise müssen Materialien oder entsprechende Lernkästen eigens hierfür angeschafft werden.
- Zusammenarbeit mit Schülerforschungszentren
  An manchen Schulen lässt sich die Zusammenarbeit mit einem Schülerforschungszentrum aufbauen oder vertiefen. Gelegentlich bieten auch Universitäten vor allem in den naturwissenschaftlichen Fächern entsprechende Veranstaltungen an, in denen Schülerinnen und Schüler unter Anleitung experimentieren können.

Gestaltung der Schule als Lebensraum

Auch hier lässt sich strukturell manches verändern.

- Gestaltung der Klassen, Flure und des Schulgeländes
  Wenn man Schule auch als einen Lebensraum der Schülerinnen und Schüler versteht – immerhin verbringen sie einen erheblichen Teil ihrer Tages- und Wochenzeit in der Schule –, sollte man keine Mühe scheuen, die Räume, also die Klassenzimmer und Aufenthaltsbereiche, so zu gestalten, dass sie attraktiv wirken und nicht nur unterrichtlich funktional ausgestattet sind. Das ist insbesondere im Hinblick auf Flure und Freizeitflächen wichtig, die natürlich in ausreichender Weise vorhanden sein sollten. Manches lässt sich sicher mit kleinem Budget regeln (Aufstellung von Pflanzen, gemütliche Sitzgelegenheiten, Ruhebereiche, in denen auch ungestört Hausaufgaben gemacht werden können). Anderes (z.B. Spiel- und Bewegungsmöglichkeiten) kann unter Umständen etwas mehr Geld kosten. Vielleicht gibt es Sponsoren, möglicherweise kann die SMV durch eine größere Aktion Geld erwirtschaften. An der konkreten Ausgestaltung sollten immer die Schülerinnen und Schüler selbst beteiligt sein.
- Anpassung des Raumkonzepts
  Hinsichtlich des Raumkonzepts haben viele Schulen, deren Baulichkeiten in die Jahre gekommen sind, einen erheblichen strukturellen Anpassungsbedarf. Die Funktionen von Schulen, die Schülerschaft und die gesellschaftlichen Anforderungen an die Schulen haben sich gewandelt. Auch unterrichtlich stehen die Schulen vor neuen Herausforderungen (Integration neuer Medien, Formen eigenverantwortlichen Lernens, Differenzierungserfordernis), die sich im Raumprogramm niederschlagen. Neben der Mensa kann ein Schülercafé (das z.B. durch eine Schülerfirma betrieben wird) eine wichtige und zentrale Räumlichkeit in der Schule sein. Der Einsatz hierfür lohnt sich.

- Schaffung von attraktiven Angeboten (Wahlmodule)
  Räume und inhaltliche Angebote hängen oft eng zusammen. Zur Schule als Lebensraum gehören auch inhaltliche Angebote – auch das sind Maßnahmen auf der Strukturebene –, die das Schulleben bereichern. Das kann die Einrichtung von Arbeitsgemeinschaften betreffen, es kann sich um kürzere Wahlmodule oder um einen Wahlpflichtbereich handeln. Der Phantasie sind hier keine Grenzen gesetzt, entsprechend vielfältig ist, was an vielen Schulen bereits praktiziert wird.

Ganztagsschule

Eine sehr einschneidende strukturelle Veränderung einer Schule ist die zur Ganztagsschule, insbesondere wenn es sich um eine gebundene Form handelt. Mit solch einer umfassenden Veränderung gehen idealerweise zahlreiche der oben beschriebenen Veränderungen einher.

Schulstruktur

Mehr als früher sehen sich einzelne Schulen vor der Frage eines tiefgreifenden Paradigmenwechsels – sei es aus demografischen Gründen, sei es aus pädagogischen Überlegungen heraus. Die Weiterentwicklung einer Schule zu einer Gemeinschaftsschule, die Bildung von Verbundschulen oder Schulverbünden sowie die Zusammenlegung von Schulen sind strukturelle Herausforderungen.

4.3.2 Prozessqualität

Die Strukturen einer Schule gehören immer wieder auf den Prüfstand und müssen auf notwendige Anpassungen untersucht werden, damit sie mit dem gesellschaftlichen Wandel schritthalten. In manchen Fällen ist es auch vergleichsweise einfach, eine strukturelle Anpassung oder Innovation vorzunehmen. Ressourcen werden umgeschichtet, man lässt sich das eine oder andere durchaus etwas kosten. Doch bei fast allen strukturellen Maßnahmen stellt sich die Frage nach der Prozessqualität. Damit ist die Frage nach der Qualität der alltäglichen Arbeit in den neuen Strukturen gestellt. Während man für eine strukturelle Veränderung einige Beschlüsse, vielleicht sogar einen Beschluss der Gesamtlehrerkonferenz oder weiterer Konferenzen und Gremien braucht, entsteht die Qualität in den neuen Strukturen erst durch das Engagement von Lehrkräften, die mit innerer Überzeugung und Engagement in diesen Strukturen arbeiten, sie mit Leben im Sinne der Beschlüsse füllen. Das gilt bekanntermaßen immer auch für die Arbeit in den alten und hergebrachten Strukturen: Man kann auch das Gewohnte – den normalen Unterricht – gut oder schlecht machen! Allerdings ist man dort auch gewohnt, dass es einige gut, andere weniger gut machen. Mit neuen Strukturen verbindet sich hingegen die Erwartung eines erheblichen Mehrwerts oder eines deutlichen Plus in der Ergebnisqualität. Dieses ist nur zu erreichen, wenn auch im Sinne der neuen Strukturen gearbeitet wird. Ansonsten entsteht die Gefahr, dass Strukturveränderungen Maßnahmen für das Schaufenster der Schule werden (nach dem Motto: „Das machen wir auch!"), ohne einen wirklich qualitativen Mehrwert zu schaffen. Schlimmer noch, es besteht die Gefahr von Aktionismus, der viel Kraft und Ressourcen kostet – bei zweifelhaftem Erfolg.

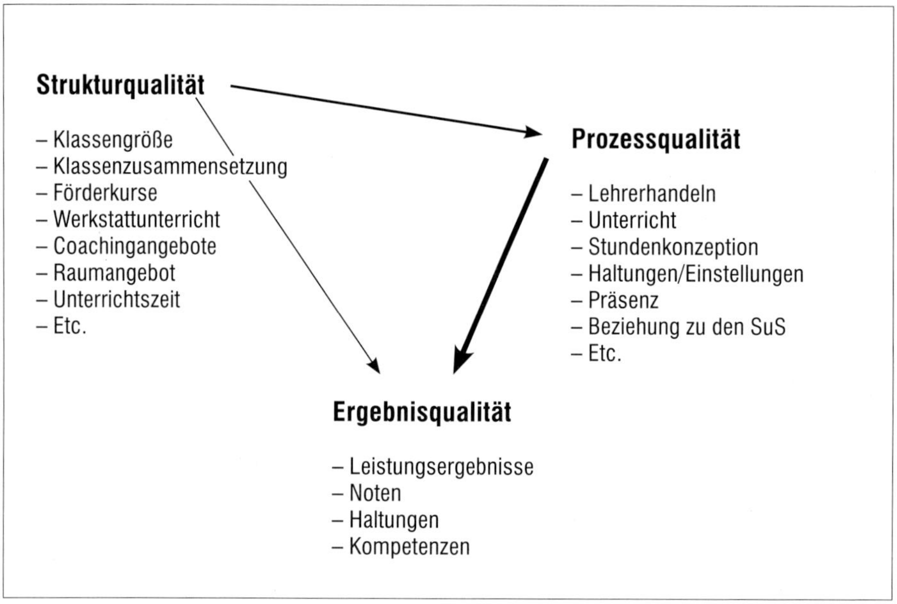

Abb. 2: Qualitätsebenen (eigene Darstellung)

Was also ist zu tun? Bei geplanten Strukturveränderungen gilt es, einen breiten Konsens in der Lehrerschaft herzustellen. Das kann einen längeren Vorlauf mit intensiven Diskussionen im Kollegium notwendig machen. Mit der Einsicht in die Notwendigkeit von Veränderungen – selbst schon ein hoher Wert und wichtiger Schritt – ist es aber nicht getan. Zum Verstehen und Wollen müssen auch das Können und die Bereitschaft zum persönlichen Engagement, zum Überdenken und Überwinden von Routinen kommen. Hier können Fortbildungen und kollegiale Hospitationen sehr hilfreich sein.

An einem Beispiel möchte ich verdeutlichen, worum es geht. Angenommen, eine Schule entschließt sich, in Ergänzung des Mathematikunterrichts eine Mathematikwerkstatt aufzubauen. Eine kleine Gruppe von Lehrkräften fordert das schon seit langem und freut sich, endlich grünes Licht für den Aufbau dieser Werkstatt zu bekommen. Sie erhält ein finanzielles Budget und für die Aufbauphase einige Anrechnungsstunden. Auch ein Raum für die Mathewerkstatt wird zur Verfügung gestellt. Liebevoll werden die Materialien zusammengestellt. Die Schränke füllen sich. Entsprechend der angedachten Konzeption werden ältere Schülerinnen und Schüler zu Mathementoren ausgebildet, die das bereitstehende Material kennen und darauf achten, behutsame Hilfestellungen anzubieten. Nach dem Start erfreut sich die Mathewerkstatt großer Beliebtheit. Es gibt positive Rückmeldungen von Schülern und Eltern. Der kommerzielle Mathenachhilfeunterricht im Umkreis der Schule geht zurück. Wegen dieser und vielleicht einiger anderer Innovationen – die Schule hat sie mit Hilfe einer ansprechenden Öffentlichkeitsarbeit nach außen vermittelt – steigt die Schülerzahl stetig. Zudem erweitert man das Angebot und dehnt es von den ersten drei Jahrgängen auf die gesamte Sek. I aus. Es müssen weitere Lehrkräfte in der Mathewerkstatt eingesetzt werden. Nach einiger Zeit ist zu beobachten, dass die Rückmeldungen von Schülern und Eltern schlechter ausfallen. Die Mentorenausbildung lässt zu wünschen übrig. Die Materialien werden nicht sorgfältig gepflegt. Die anfängliche Willkommenskultur und der Ehrgeiz, jedem Schüler in der Mathewerkstatt weiterzuhelfen, sind nicht mehr gegeben. Galten vorher klare Regeln und herrschte in der Mathewerkstatt dank eines guten Arbeitsbündnisses eine hervorragende Arbeitsdisziplin, so bringen jetzt Schülerinnen und Schüler Getränke und Süßigkeiten mit. Statt der stillen Arbeit der Schüler und ihrer individuellen Beratung erklären die Lehrer bestimmte Themen in Quasi-Unterrichtssituationen. Sie tun das, was sie gewohnt sind. Der intendierte Mehrwert wird nur noch eingeschränkt erreicht.

Ähnliches lässt sich unschwer an vielen Schulen beobachten. Deshalb muss bei der Schul- und insbesondere bei der Unterrichtsentwicklung in besonderer Weise das Augenmerk immer auf der Prozessqualität liegen. Nur die Verbindung von Strukturqualität und Prozessqualität lässt auf eine verbesserte Ergebnisqualität hoffen. Wie oben im Kontext der Schul- und Unterrichtsentwicklung bereits ausgeführt, entscheidet die Prozess- und Umsetzungsqualität über Nachhaltigkeit und Effizienz. Für die einzelne Lehrkraft, die den Selbstanspruch hat, diesen Beruf motiviert und professionell anzugehen, bedeutet das, sich in Innovationen einzudenken, sich auch Rat bei den entsprechenden Fachleuten in der Schule zu holen, natürlich auch Weiterentwicklungen und Verbesserungen von Strukturmaßnahmen in deren eigener Logik vorzunehmen.

4.4 Auf dem Weg zur Ganztagsschule

Der allmähliche Wandel der Schulen zu Ganztagsschulen stellt nicht nur eine Angleichung der deutschen Schulen an internationale Standards dar, sondern hat auch Auswirkungen auf das Lehrerbild und auf die Anforderungen an die Profession.

4.4.1 Die deutsche Tradition der Halbtagsschule

Die deutschen Schulen sind traditionell Halbtagsschulen. Auch wenn seit Jahren angesichts eines rapiden gesellschaftlichen Wandels dieses Paradigma nicht mehr zu halten ist, entsprechen das Selbstbild der Akteure, insbesondere der Lehrkräfte, und Strukturen (bzw. fehlende Strukturen) vielfach noch einem Schulverständnis, das von der Halbtagsschule geprägt ist. Zwar wurde mittlerweile an vielen Schulen eine Mensa eingerichtet. Insbesondere an den Gymnasien wurde durch die vielfach eingeführte Achtjährigkeit der Regelunterricht in den Nachmittag ausgedehnt. Mittlerweile gibt es unterschiedliche Arten der Ganztagsschule (offen, teilgebunden, gebunden). All das zeigt, dass diesbezüglich Bewegung in die Schullandschaft gekommen ist. Fehlende Strukturen und Ressourcen und ein nicht zum Ganztag passendes Selbstverständnis der Lehrkräfte verhindern aber größere Erfolge oder schwächen den Erfolg zumindest ab.

4.4.2 Motoren für den Ganztag

Hier hat in den zurückliegenden Jahren ein Wechsel in der Philosophie stattgefunden. Die Frage der Ganztagsschule wird heute nicht mehr ideologisch oder parteipolitisch diskutiert. Längst ist allen Akteuren klar geworden, dass unsere Gesellschaft sich nachhaltig gewandelt hat und dass diese Änderungen nicht spurlos an der schulischen Praxis vorbeigehen. So ist die Notwendigkeit des Ausbaus von Ganztagsschulen inzwischen ein breiter Konsens. Die Diskussionen drehen sich um die Frage der Ausgestaltung, um Zuständigkeiten und die Finanzierung. Diese bedeutenden Sachfragen hinken der sich dramatisch veränderten Realität hinterher. Während in den zurückliegenden Jahren Krippen- und Kindergartenplätze ausgebaut wurden, erwarten Eltern, die von dieser Möglichkeit Gebrauch machen, dass sie ihre Kinder – zumindest bis zu einem gewissen Alter – analog in verlässlichen Ganztagsschulen unterbringen können.

Berufstätigkeit der Eltern

Dem noch lange ins 20. Jahrhundert hineinwirkenden bürgerlichen Familienmodell des 19. Jahrhunderts entsprach komplementär das Paradigma der Halbtagsschule. In diesem Modell war es Aufgabe des Mannes, nach außen zu wirken und die ökonomischen Grundlagen des Haushaltes durch Erwerbsarbeit zu schaffen. Die Frau war für den Haushalt und die Erziehung der Kinder zuständig und nicht berufstätig – und für eine Berufstätigkeit auch nicht ausgebildet. Entsprechend definierte sich Schule nicht schwerpunktmäßig über den Erziehungsansatz (wiewohl eine Schule in gewisser Weise bewusst oder unbewusst immer erzieht), sondern stellte das fachliche Lernen (Vermittlung von Wissen und Kenntnissen) in den Mittelpunkt. Heute sind Frauen genauso gut ausgebildet wie Männer. Und ihre Berufstätigkeit ist in vielen Fällen nicht nur Ausdruck des Bemühens um gesellschaftliche Teilhabe und soziale Integration, sondern auch wirtschaftlich notwendig. Gleichzeitig hinkt die Entwicklung der Vereinbarkeit von Familie und Beruf noch hinterher, was viele junge Paare im Hinblick auf die Betreuung ihrer Kinder bzw. schon bei der Familienplanung in Schwierigkeiten bringt.

Erhöhte Bildungsgerechtigkeit

Ganztagsschulen – wenn sie denn in gebundener Form das dominierende Paradigma darstellen würden – leisten einen Beitrag zur Bildungsgerechtigkeit. Ganztagsschulen lassen sich noch deutlicher als die Halbtagsschule als ‚Schule der Nation' begreifen, die alle in gleicher Weise durchlaufen. Ganztagsschulen vor allem der gebundenen Form bieten für alle ihre Schülerinnen und Schüler sehr viel mehr als nur Unterricht. Sie sind nicht nur ein Lernort, sondern auch ein Lebensraum. Soziales Miteinander, Freundschaften werden zu großen Teilen in der Schule gepflegt. Hausaufgaben und häusliches Lernen sind – wenn es der Ganztagsschule gelingt, das gut zu organisieren – kein sozial differenzierendes Thema mehr, sondern schaffen wesentlich einheitlichere Chancen für alle. In der entsprechend ausgestatten Ganztagsschule sind alle bildungsrelevanten Medien (Bücher, Internet etc.) für jeden in gleicher Weise zugänglich. Schülerinnen und Schüler, die bedingt durch Milieu oder Migrationshintergrund sprachliche Defizite haben, können diese im Kontext einer Ganztagsschule in relativ kurzen Zeiträumen aufholen.

Ermöglichung einer schülergerechten Pädagogik

Wie erwähnt war die Halbtagsschule vor allem dem fachlich-kognitiven Lernen verpflichtet. Vormittags wurde der Stoff durchgenommen und erklärt, Übung und Vertiefung sollten zuhause unter der elterlichen (mütterlichen) Aufsicht stattfinden. Die Dichte des Unterrichtsvormittags – sechs Stunden Fachunterricht, häufig bei wechselnden Lehrkräften – mag gerade noch erträglich gewesen sein. Aber nicht erst seit PISA erscheint der Wirkungsgrad von Schule einigermaßen fraglich, ein Sachverhalt, der sich durch die veränderten Übergangsquoten noch verschärft hat. Hier können Ganztagsschulen insbesondere der gebundenen Form wichtige Beiträge zur Entschleunigung, Nachhaltigkeit und schließlich zur Ganzheitlichkeit von Bildung leisten. Viele Modelle zeigen, wie in Ganztagsschulen die Unterrichtsblöcke aufgebrochen werden können und der Schultag neu strukturiert werden kann. Täglich können unterschiedliche Phasen angeboten werden. So können intensive Inputphasen sich mit Übungs-, Vertiefungs-, Wiederholungsphasen abwechseln. Entspannungs- und Ruhephasen, Spielephasen und kreative Phasen, sportliche und praktische Tätigkeiten und Phasen kulturellen Lernens können zur Tages- oder Wochenstruktur gehören. Insgesamt lässt sich dadurch ein Unterrichtstag bzw. eine Schulwoche realisieren, die an den Bedürfnissen der Schüler orientiert ist und zu nachhaltigem und ganzheitlichem Lernen beiträgt.

4.4.3 Was bedeutet mehr Ganztag für den Lehrberuf?

Gestaltungsverantwortung

Den Lehrkräften einer Ganztagsschule kommt eine wesentlich größere Gestaltungsverantwortung zu. Wenn man davon ausgeht, dass die Lehrkräfte auch in

Zukunft die zentralen Akteure einer Schule sein werden, die zusammen mit der Schulleitung für die Arbeit und den Kurs der Schule verantwortlich sind, dann wird es darauf ankommen, dass sie diese Herausforderung auch annehmen und professionell gestalten (können). Über die Verantwortung für ihren jeweiligen Fachunterricht hinaus sind sie für die Konzeption des Ganzen zuständig. Das wird nicht nur neue Diskussionen in den Gesamtlehrerkonferenzen und veränderte Leitungs- und Organisationsstrukturen notwendig machen, sondern auch ein etwas anders akzentuiertes Berufsverständnis; das gilt insbesondere an den weiterführenden Schulen.

Kooperation im Rahmen von Multiprofessionalität

Ganztagsschulen haben auch einen anderen Personalbedarf als Halbtagsschulen. Qualitativ hochwertige Ganztagsschulen brauchen nicht nur mehr Personal, sie brauchen auch andere Professionen als ausschließlich die des Lehrers sowie Formen der Vernetzung in den lokalen Strukturen.

An Ganztagsschulen ist es wichtig, dass neben den Lehrkräften auch andere Professionen mitarbeiten. Es ist eine Illusion anzunehmen, dass Lehrkräfte für alle Anforderungen einer Ganztagsschule die richtigen Personen wären, denn sie sind dafür nicht ausgebildet. Es würde sie von ihrem Kerngeschäft des Unterrichtens abziehen und in Rollenkonflikte bringen.

Ganztagsschulen brauchen Sozialpädagogen/Sozialarbeiter, die ihren Schwerpunkt in der Gestaltung der außerunterrichtlichen Ganztagszeit sehen. Eine Ganztagsschule lebt von zahlreichen Angeboten unterschiedlichster Art (spielen, kochen, ruhen etc.). Das soziale Miteinander außerhalb des Klassenraums muss gefördert werden. Pflege der Kommunikation und Konfliktmanagement sind wichtig. Hinzu kommt die Organisation und Führung von ehrenamtlich Tätigen, die im Ganztagsbereich mitwirken.

Ganztagsschulen brauchen auch Selbstlernzentren mit Bibliothek und Computerarbeitsplätzen. Diese sollten von Bibliothekaren oder Medienpädagogen betreut werden.

Zu einer Ganztagsschule gehört auch ein Krankenzimmer mit Krankenpflegekräften. Häufig sind die Eltern im Falle von Unwohlsein oder leichteren Beeinträchtigungen der Kinder wegen Berufstätigkeit nicht erreichbar. In vielen anderen Ländern, in denen die Ganztagsschule Tradition hat, ist ein Krankenzimmer selbstverständlicher Standard.

Schulleitung und Lehrkräfte tragen die Hauptverantwortung für eine Schule. Deshalb gehört es auch in den Verantwortungsbereich der Lehrkräfte, die Schulentwicklung politisch voranzubringen und hinsichtlich der konkreten Ausgestaltung des Ganztags vor Ort zu konzipieren. Das macht die Auseinandersetzung mit grundsätzlichen konzeptionellen Notwendigkeiten und Möglichkeiten von Ganztagsschulen erforderlich – bis hin zu Fragen der Architektur und Raumgestaltung. Hier sollten Schulleitung und Lehrerschaft sich gegenseitig unterstützen.

Mehr Präsenz an der Schule

Allerdings hat eine gebundene Ganztagsschule auch Auswirkungen auf die Lehrerarbeitszeit. Wie in den vorstehenden Punkten erwähnt, kann in der Ganztagsschule die vormittägliche Unterrichtsdichte aufgebrochen werden; Entspannungsphasen und Übungszeiten können wohldosiert auch am Vormittag platziert werden. Dafür wird es am Nachmittag Unterrichtszeiten und von Lehrkräften betreute Lernzeiten (z. B. Hausaufgabenzeit) geben. Damit steigt die Arbeitsbelastung der Lehrkräfte insgesamt nicht, aber ihre Arbeitszeit verändert sich; sie arbeiten vermehrt auch am Nachmittag in der Schule statt zuhause, und dies in unterschiedlichen Formaten, nicht mehr nur im herkömmlichen Unterricht. Sinnvollerweise sollten alle Beteiligten sich darum bemühen, hierfür attraktive Arbeitsbedingungen – auch individuelle Lehrerarbeitsplätze, Räume für Kleingruppen und beratende Gespräche – zu schaffen.

4.5 Berufsethos für Lehrerinnen und Lehrer

Es gibt kein verbindliches Berufsethos oder eine allseits akzeptierte Selbstverpflichtung für Lehrerinnen und Lehrer. Allerdings werden in den Leitbildern zahlreicher Schulen – mit unterschiedlichem Verbindlichkeitsgrad – sehr wohl berufsethische Ansprüche formuliert. Im folgenden Abschnitt werden 20 Kernaussagen formuliert, die oben an verschiedenen Stellen dieses Buchs schon angesprochen wurden und sozusagen seine Wertebasis verdichten. Ihnen liegt selbstverständlich die Annahme zugrunde, dass Lehrkräfte ihre Tätigkeit in hoher Verantwortung und mit klaren ethischen Ansprüchen an sich selbst ausüben. Viele Kernsätze mögen also als Selbstverständlichkeiten erscheinen, doch sind sie einerseits in der Praxis – vor allem im Konfliktfall – nicht immer selbstverständlich, andererseits können sie eine gute Gesprächsgrundlage für interne Diskussionen und ein wirksames Signal in Sachen Professionalität nach außen sein. Man sollte sich nicht scheuen, die Verbindlichkeit mit einer klaren Kommunikation von berufsethischen Selbstansprüchen zu erhöhen. Ob es am Ende die folgenden 20 Sätze sein werden oder sich manches noch verdichten und zusammenführen lässt, ist dabei eine nachgeordnete Frage. Darüber hinaus sind diese berufsethischen Sätze, die man auch als Selbstverpflichtung lesen und verwenden kann, gut geeignet zur Selbstprüfung und Klärung der eigenen Motivationslage für Praktikanten und Studierende, die mit dem Gedanken spielen, einmal selbst Lehrkraft zu werden.

4.5.1 Elemente eines Berufsethos

1. Ich begegne den Schülerinnen und Schülern mit einer positiven und von grundsätzlichem Vertrauen geprägten Grundeinstellung.
2. Ich bin der ganzheitlichen Förderung und Entwicklung der Schülerinnen und Schüler verpflichtet.

3. Ich bin einer Bildung verpflichtet, die auf die Fähigkeit zur Reflexion, auf offene und kritische Diskursfähigkeit und die Bereitschaft zur Verantwortungsübernahme zielt.
4. Ich pflege einen stets würdevollen Umgang mit den Schülerinnen und Schülern, das gilt insbesondere auch in Konfliktsituationen.
5. Ich bin mir bewusst, dass ich als Lehrkraft in einer Rolle agiere.
6. Mit adoleszenzbedingten Erscheinungen gehe ich erzieherisch-professionell um.
7. Meine Fächer unterrichte ich mit Leidenschaft.
8. In didaktischen und methodischen Fragen halte ich hohe professionelle Standards ein und bin offen für neue Lernformen.
9. Ich reflektiere mein Bemühen, ein guter Erklärer zu sein, adaptiv und schülerorientiert zu unterrichten und auf verständnisvolles Lernen zu zielen und lasse mir diesbezüglich regelmäßig Feedback geben.
10. Im Interesse einer guten Lernatmosphäre nutze ich Gelegenheiten, um Humor zu zeigen und mit den Schülerinnen und Schülern zu lachen.
11. Ich bin mir meiner Vorbildfunktion als Lehrkraft bewusst und verhalte mich entsprechend.
12. Ich übernehme an der Schule Verantwortung, engagiere mich für die ganze Schule und trage zu ihrer Entwicklung bei.
13. Ich übe meine Tätigkeit transparent für Kolleginnen und Kollegen, Schülerinnen und Schüler, Eltern und die Schulleitung aus.
14. Mit den Eltern arbeite ich vertrauensvoll zusammen.
15. Wo immer möglich arbeite ich in enger Absprache mit den Kolleginnen und Kollegen und in verlässlichen Teams.
16. Im Bedarfsfall ziehe ich Fachpersonal hinzu und arbeite mit ihm konstruktiv zusammen.
17. Ich reflektiere mein Engagement regelmäßig auch unter Inanspruchnahme professioneller Angebote (Supervision, Coaching).
18. Ich bilde mich regelmäßig weiter und achte auf meine persönliche Entwicklung.
19. Ich kenne und respektiere meine Grenzen und achte auf die Erhaltung meiner Gesundheit.
20. Das Berufswissen gebe ich an Praktikanten, Referendare und Junglehrer weiter und fördere deren Entwicklung.

4.5.2 Den Diskurs im Kollegium pflegen

Viel und über alles Mögliche wird in Kollegien diskutiert. Viele auch ganz offizielle Diskussionen zu Schulentwicklungsschritten etwa in Gesamtlehrerkonferenzen finden statt. Oft sind pragmatische Gründe – und damit das Fehlen einer stringenten Argumentation – für wichtige Entscheidungen ausschlaggebend. Man stimmt einer Maßnahme zu, wenn sie für das Gros der Kolleginnen und Kollegen nicht mit Mehrarbeit verbunden ist, wenn sie zum Ansehen der

Schule beiträgt, wenn sich eine Finanzierungsmöglichkeit ergibt etc. Gewiss hat Pragmatik oft ihre Berechtigung, aber man sollte sich die Gefahr vor Augen halten, dass manchmal infolge einer verkürzten pragmatischen Sichtweise wichtige Entwicklungen abgeschnitten werden. Vermutlich würden sie langfristig – aber eben nicht unmittelbar – einen großen Ertrag bringen: ein generell verbessertes Lehrer-Schüler-Verhältnis, effektiveres Lernen, entspannteres Arbeiten, ein nachhaltig verbessertes Ansehen. Unter anderem auch um solcher Effekte willen kann es angezeigt sein, sich im Kollegium immer wieder auf die gemeinsamen Grundwerte der Arbeit als Lehrkraft zu besinnen und die Frage zu stellen, was das für die konkrete Arbeit im Wandel der Zeit – d. h. bei veränderten Herausforderungen durch Politik, Gesellschaft, Jugend etc. – bedeutet. Um mit Rousseau zu sprechen: Vielleicht muss man manchmal „Zeit verlieren, um Zeit zu gewinnen".

Literatur

Allmendinger, Jutta 2012: Schulaufgaben. Wie wir das Bildungssystem verändern müssen, um unseren Kindern gerecht zu werden. München.

Arnold, Rolf/Ingeborg Schüßler 1998: Wandel der Lernkulturen. Ideen und Bausteine für ein lebendiges Lernen. Darmstadt .

Arnold, Rolf 2007: Ich lerne, also bin ich. Eine systemisch-konstruktivistische Didaktik. Heidelberg.

Arnold, Rolf 2010: Selbstbildung oder wer kann ich werden und wenn ja wie? Baltmannsweiler.

Arnold, Rolf 2012: Wie man lehrt, ohne zu belehren. Heidelberg.

Aufhammer, Frank/Thomas Künne 2014: Schüler-Coaching in Kleingruppen – Das Osnabrücker Modell. In: Solzbacher, Claudia et al. (Hrsg.): Selbst – Lernen – Können. Baltmannsweiler, S. 113–124.

Baumann, Grete/Johannes Baumann 2012: Die Bedeutung des Personalauswahlverfahrens. In: Beichel, Johann (Hrsg.): Idee Gemeinschaftsschule, Baltmannsweiler, S. 161–185.

Baumann, Johannes 2012: Schule geht auch besser. Eine kritisch-konstruktive Auseinandersetzung mit Bildung und Schule in Deutschland. Baltmannsweiler.

Baumann, Johannes 2014: Power of Difference – Idee und Konzept eines Pilotprojektes. In: Lehren und Lernen 2-2014, S. 4–5.

Baumann, Johannes (Hrsg.) 2015: Das vernachlässigte Lernen. Was Schulen tun können, um Schülerinnen und Schüler ganzheitlich zu fördern. Lehren und Lernen 2-2015.

Baumann, Johannes/Thomas Götz 2016: Schule leiten! Das Praxisbuch. Weinheim.

Beisswingert, Birgit/Thomas Götz 2014: Power of Difference – Wissenschaftliche Begleitung und Evaluation. In: Lehren und Lernen 2-2014, S. 15–19.

Calmbach, Marc/Peter Martin Thomas/Inga Borchard/Bodo B. Flaig 2012: Wie ticken Jugendliche? Lebenswelten von Jugendlichen im Alter von 14 bis 17 Jahren in Deutschland. Düsseldorf.

Coelho, Paulo: 1998: Der Wanderer. Zürich.

Götz, Thomas (Hrsg.) 2011: Emotion, Motivation und selbstreguliertes Lernen. Paderborn.

Götz, Thomas/Johannes Baumann 2015: Langeweile in der Schule. In: Lehren und Lernen 1-2015, S. 4.

Haag, Ludwig/Doris Streber 2014: Individuelle Förderung. Weinheim.

Haenisch, Hans 2016: Gelingensbedingungen für Unterrichtsentwicklung. In: Steffens, Ulrich/Tino Bargel (Hrsg.): Schulqualität – Bilanz und Perspektiven. Grundlagen der Qualität von Schule I. Münster/New York, S. 235–256.

Hardeland, Hanna 2014: Lerncoaching und Lernberatung. Lernende in ihrem Lernprozess wirksam begleiten und unterstützen. Baltmannsweiler.

Hattie, John 2009: Visible Learning. Abingdon.

Hattie, John 2013: Lernen sichtbar machen. Baltmannsweiler.

Hattie, John 2014: Lernen sichtbar machen für Lehrpersonen. Baltmannsweiler.

Helmke, Andreas 2007: Unterrichtsqualität erfassen, bewerten, verbessern. Seelze.

Krebs, Kristina 2015: Wie Theaterspielen Schülerinnen und Schüler stärkt. In: Lehren und Lernen 2-2015, S. 29–30.

Largo, Remo/Martin Beglinger 2010: Schülerjahre. Wie Kinder besser lernen. München.

Miller, Reinhold 2011: Als Lehrer souverän sein. Von der Hilflosigkeit zur Autonomie. Weinheim.

Mok, Sog Yee/Laura Froelich/Christina Scholz 2015: Leistungsminderung durch negative Stereotype im Schulkontext. In: Lehren und Lernen 1-2015, S. 28.

Nida-Rümelin, Julian 2013: Philosophie einer humanen Bildung, Hamburg.

Oser, Fritz/Maria Spychiger 2005: Lernen ist schmerzhaft. Zur Theorie des Negativen Wissens und zur Praxis der Fehlerkultur. Weinheim.

Prengel, Annedore 2014: Inklusive Didaktische Diagnostik und Leistungsbewertung. In: Lehren und Lernen 8/9-2014, S. 66–71.

Roth, Gerhard 2011: Bildung braucht Persönlichkeit. Stuttgart.
Roth, Gerhard 2015: Persönlichkeit, Entscheidung und Verhalten. Warum es so schwierig ist, sich und andere zu verändern. Stuttgart.
Sacher, Werner 2008: Elternarbeit. Bad Heilbrunn.
Salzmann, Christian Gotthilf 1806: Ameisenbüchlein, oder Anweisung zu einer vernünftigen Erziehung der Erzieher. In: Schumann, Gottlob: Leitfaden der Pädagogik für den Unterricht in Lehrerbildungsanstalten, Hannover 1895, S. 197–209.
Schaarschmidt, Uwe/Ulf Kieschke (Hrsg.) 2007: Gerüstet für den Schulalltag. Weinheim, S. 17–43.
Schuster, Carolin/Maria Havers 2015: Rechnen Mädchen nicht mit positiven Emotionen? Warum Mädchen oft mathematische und technische Fächer vermeiden. In: Lehren und Lernen 1-2015, S. 32.
Streber, Doris 2015: Hausaufgaben? Ja! Aber! In: Lehren und Lernen 2-2015, S. 9–12.
Welzer, Harald 2016: Die smarte Diktatur. Der Angriff auf unsere Freiheit. Frankfurt a. M.
Zierer, Klaus 2014: Leitfaden Schulpraktikum. Baltmannsweiler.

Anhang

Die Ausbildung der eigenen Profession planen

Thema, Aspekt	Beschreibung des Kenntnisstandes	Was soll vertieft werden? Welche Fragen stellen sich? Welche Kompetenzen fehlen noch?	Welche Angebote (Bücher, Fortbildungen, Uni etc.) gibt es?	Zu erledigen bis	erledigt

Stichwortverzeichnis